내면 근력

INNER EXCELLENCE

내면 근력

INNER EXCELLENCE

결국 멘탈 게임이다

짐 머피 지음
지여울 옮김

월북

아버지 도널드 C. 머피께
무엇을 사랑하고 무엇을 놓아줘야
할지에 대해 알려주신 분.
사랑합니다. 곧 다시 뵙게 되겠죠.

어머니 미치코 M. 머피께
삶의 본보기가 되어주신 분.
사랑합니다.

“자, 이제 내 비밀을 말해줄게. 아주 단순한 비밀이야.

 정말 중요한 건 눈에 보이지 않아.

 마음으로 봐야 제대로 볼 수 있어.”

—앙투안 드 생텍쥐페리, 『어린 왕자』

추천의 말

"변호사님은 어떻게 그렇게 단단하세요? 멘탈 진짜 좋으시네요."

이런 말을 많이 듣는다. 웃어 보이지만 돌아서면 그렇지 않다. 스트레스에 시달리고, 매번 괴로워한다. 했던 말을 후회하며 그것들을 흘려보내기 위해 꽤 많은 시간을 할애한다. 변호사, 드라마작가, 아이들의 엄마로 살면서 내면 근력을 열심히 키우고 있다고 생각하지만, 자꾸만 근 손실이 오는 걸 막기가 어렵다. 하지만 『내면 근력』을 읽고 그래도 괜찮다는 위로를 받았다. 구체적인 근거와 경험적 데이터들이 주는 위로랄까. 살아가는 동안 우리는 약해졌다가 단단해지는 일을 계속 반복하겠지만, 그래도 방법을 아는 사람은 언제든 내면의 근력을 키울 수 있다는 확신을 갖게 되었다. 그래서 고마운 책이다.

부끄럽게도 평생 운동을 멀리하다가 작년에 운동에 재미를 붙였다. 운동에 재미를 붙였다는 말은 운동할 때 오는 고통을 즐기기 시작했다는 말과 같은 뜻일 것이다. 이 책은 결국 우리가 매일 같이 마주하는 불안, 트라우마, 남과의 비교, 실패에 대한 두려움 등 우리를 평생 따라다니는 그 고통을 관리하고, 함께 살아내는 방법에 대해 이야기 하고 있다. 몸 근력을 키우는 일과 마음 근력을 키우는 일이 결국 같은 메커니즘을 갖고 있는 것이 아닐까.

평생 행복하게 살기 위해서는 나이 들수록 근력 운동을 더 열심히 해야 하듯이, 좋아하는 일을 하며 성취를 거두고 싶다면 그에 따르는 고통을 과정으로 받아들이고 즐기며 나아가야 한다. 내면 근력은 이 모든 일의 토대가 되는 힘이다. 더 일찍 시작할수록, 오랫동안 해온 사람일수록 근육은 더 깊고 단단하게 길러진다. 이 책은 세계 최고의 선수들이 자신을 다잡기 위해 활용하는 내면 근력 훈련법을 이야기한다. 누구에게나 찾아오는 고통과 실패를 그저 근력 발달을 위한 근육통으로 여기며 훈련한다면 우리 또한 세상에 못 할 것이 없다고 확신한다.

— 최유나 (변호사, 〈굿파트너〉 드라마작가)

이 책을 읽으면 평화로워진다. 그리고 무엇이든 할 수 있다는 믿음을 얻게 된다. 나는 『내면 근력』을 매일 들고 다닌다. 인생의 많은 것들이 그렇듯, 경기력의 많은 부분이 정신력에 달려 있다. 나는 몸 쓰는 일은 못하는 게 없지만, 정신적으로는 그렇지 못할 때도 있다. 그렇기에 잘할 때나 못할 때나 언제나 이 책을 읽으면서 마음을 다잡는다.

— A.J. 브라운 (NFL 프로풋볼 선수)

탁월한 성취를 이루고 싶은 모두에게 이 책을 권한다. 불안을 이겨내고, 정신적 장벽을 없애고, 자기수양을 위한 모든 방법을 알 수 있다. 이 책의 힘은 삶을 새롭게 인식하게 만드는 데 있다.

— 넬리 코다 (세계 랭킹 1위, 올림픽 금메달리스트 골프 선수)

추천의 말

이 책에는 밑줄 치고 표시해두고 싶은 문장이 너무 많아서, 내가 무엇을 배우고 있는지 정리할 새로운 방법이 필요할 정도였다. 프로로서 겪는 압박을 이겨내는 데 큰 도움이 됐다. 필요하다고 느낄 때마다 수시로 꺼내 읽는다.

— 제시카 코다 (LPGA 투어 통산 6회 우승 골프 선수)

이 책은 최고의 역량을 발휘하고, 나아가 최선의 삶을 살 수 있도록 돕는 일종의 '인생 매뉴얼'이다. 평생 곁에 두고 참고할 책이다.

— 테디 스콧 (세계 랭킹 1위 골퍼 스코티 셰플러의 전담 캐디)

내가 가르치는 모든 선수들에게 『내면 근력』을 권한다.

— 매트 킬렌 (타이거 우즈의 골프 코치)

『내면 근력』은 내 인생을 바꿨다. 선수로서 가장 어려운 국면에 처했을 때 짐 머피를 만나 다시 일어설 수 있었다.

— 라이언 도드 (세계 랭킹 1위 수상스키 점프 선수)

성공을 위한 첫 번째 규칙은 이것이다. 짐 머피의 『내면 근력』을 읽을 것.

— 스튜어트 싱크 (PGA 투어 통산 8회 우승 골프 선수)

『내면 근력』을 처음 읽던 순간을 아직도 생생히 기억한다. 그때 나는 애리조나에서 열리는 골프 대회에 참가 중이었다. 사흘 만에 책을 다 읽었고, 그 대회에서 우승했다. 이후로 이 책을 네 번이나 더 읽었다.

— 샘 번스 (세계 랭킹 10위 골프 선수)

『내면 근력』은 내가 삶을 대하는 방식과 경기에 임하는 태도에 커다란
영향을 주었다.

— 케빈 코너튼 (NHL 하키 선수)

이 책의 초판을 열 번이나 읽어 거의 외우다시피 했다. 그런데 놀랍게
도 이번 개정판은 그보다 훨씬 더 훌륭하다.

— 조너선 마이클 (트리니티웨스턴대학교 외래교수)

『내면 근력』은 내 삶의 모든 영역에 심오한 영향을 미쳤다.

— 데이비드 벤틀 (브리티시콜롬비아대학교 외래교수)

차례

INNER
EXCELLENCE

들어가며

알을 깨고 새가 되는 건 무척 힘든 일이다. 그러나 알인 채로는 나는 법을 배울 수 없고, 언제까지고 알로 있을 수도 없다. 알을 깨고 나오거나 썩거나 둘 중 하나다.

—C.S. 루이스, 『고통의 문제』

2011년 6월 27일 이른 새벽, 수상스키 점프 선수 라이언 도드Ryan Dodd는 두개골이 골절된 채 험악한 동네의 술집 앞 골목에서 정신을 차렸다. 인생에서 처음이자 마지막으로 술집에서 싸움을 벌인 결과였다. 상태는 심각했다. 선수 인생에서 가장 큰 승리를 거두고 시상대 위에서 금메달을 머리 위로 높이 치켜든 지 불과 몇 시간 뒤에 일어난 일이었다.

프로 수상스키 점프 선수는 시속 112킬로미터로 점프대에서 도약해 60미터 이상을 날아간다. 라이언은 위험과 마주하는 데 익숙했지만, 그날 밤처럼 큰 위험에 빠진 적은 없었다. 두개골이 골절되고 뇌 세 군데에 출혈이 있었다. 라이언은 외상센터로 긴급 후송되어 두개골 내 압력을 낮추는 응급수술을 받았고, 열두 시간이 지나서야 겨

"

우 출혈이 멈추었다. 많은 이가 그의 선수 생활은 여기서 끝났다고 생각했다.

하지만 라이언은 돌아왔다. 전보다 훨씬 강해진 모습으로. 사고가 있은 이듬해 5월, 그는 물 위로 복귀한 첫 경기에서부터 승리를 거머쥐었고, 리그에서 가장 큰 대회이자 전엔 한 번도 우승한 적 없던 마스터스 대회에서 챔피언 타이틀을 차지했다. 선수가 된 이래 최고의 한 해였다.

그의 성장은 더욱 가팔라졌다. 2017년엔 마침내 세계 신기록을 세우고 세계 1위에 올랐고, 2016년부터 2019년까지 출전한 대회의 87퍼센트에서 우승했다. 또한, 3년 연속 세계선수권대회에서 금메달을 목에 걸었다. 이는 라이언 자신도 상상하지 못했던 성취였다.

한때 뒷골목에서 머리가 깨진 채 정신을 잃었던 사람이 어떻게 이런 변화를 이뤄낸 것일까? 무엇이 이런 성장을 가능하게 했을까? 라이언의 연습 방식과 훈련량은 별반 달라지지 않았다. 다만 한 가지가 달라졌을 뿐이다. 단지 그 한 가지만으로 라이언은 선수로서도, 한 인간으로서도 극적인 변화를 겪었다. 바로 '내면 근력Inner Excellence' 훈련이었다.

내면 근력 훈련은 정상의 자리에 오른 사람들의 마인드셋과 훈련법, 루틴을 배우는 수련 체계다. 더불어 외적인 성공과 관계없이 깊은 만족감과 자신감을 느끼며 살아가는 법을 익히는 과정이다. 나는 멘탈 코치로서 세계 정상급 선수들을 지도하며 수년간의 현장 경험과 연구를 통해 이 훈련 체계를 발전시켜왔다. 종목을 막론하고 이 훈련을 경험한 선수들 가운데 상당수가 첫해에 커리어 하이를 기록하거나 최근 몇 년 사이 최고의 성적을 거두었다. 내면 근력 훈련만큼 숙련도와 집중력, 강인한 정신력을 기르는 동시에 더 좋은 삶을 살아가는 법을 배우게 하는 강력한 시스템은 드물다.

이 훈련은 세 가지 중요한 변화를 가져온다.

첫째, 성과가 달라진다. 내면 근력을 기르면 스스로 만든 한계를 넘어설 수 있다. 최고의 선수들이 결정적인 순간에도 평정심을 유지하며 실력을 발휘하는 이유가 여기에 있다. 탁월함은 내면의 강인함에서 비롯된 집중이 만들어내는 결과다.

둘째, 생각의 주도권을 찾는다. 많은 사람이 일상적인 걱정과 스트레스, 불안이라는 관성에 이끌려 산다. 그러나 내면 근력을 기르면 생각의 방향을 스스로 결정하게 된다. 자기 자신을 믿게 되는 것이다. 내면 근력은 단순히 긍정적인 생각을 하는 것이 아니라, 관점을 스스로 결정하는 힘이다.

셋째, 더 행복하고 충만한 삶을 산다. 멘탈 코치로서 수많은 성공한 사람들을 만나며 나는 한 가지 사실을 깨달았다. 탁월한 성취를 이루는 길과 충만한 삶을 사는 길은 서로 다른 길이 아니라는 점이다. 충만한 삶이란 가치 있게 산다는 느낌을 지니고, 자기 자신을 믿으며, 주변 사람들과 의미 있는 관계를 맺고, 기쁨과 활력을 느끼는 삶이다. 통념에 따르면 성공은 적자생존의 경쟁 속에서 얻어지는 결과이며, 행복은 그 뒤에 따라오는 보상처럼 여겨진다. 그러나 사실은 그 반대다. 결과에 집착하는 태도를 내려놓고 과정에 몰입할 때 비로소 성공과 충만한 삶에 가까워진다. 내면 근력을 기르는 과정에서 우리는 이러한 새로운 깨달음을 얻게 될 것이다.

나는 일반적인 멘탈 코치와는 조금 다른 이력을 가지고 있다. 나는 실패한 야구 선수였다. 메이저리그 시카고 컵스의 외야수로 첫 커리어를 시작했지만, 성적에 따라 자존감이 요동치는 삶을 살았다. 공을 잘 친 날엔 넘치는 자신감을 주체하지 못한 채 고개를 빳빳하게 들고 다녔고, 부진한 날엔 어깨를 늘어뜨리고 어두운 생각에서 헤어 나오지 못했다. 인생이 마치 롤러코스터를 탄 것 같았다. 성과의 노예가 됐기에 실력을 제대로 발휘할 수가 없었다. 실패가 너무나 두려웠기 때문이다.

은퇴 후엔 지도자로 성장하기 위해 대학원에서 코칭 과학을 연구하며 석사 과정을 밟았다. 이후 텍사스 레인저스와 남아프리카공화국 올림픽 대표팀 선수들의 코치를 맡으면서, 선수들에게서 과거의 나와 똑같은 두려움을 발견했다. 많은 선수가 경기를 잘 해내야 한다는 압박감에 짓눌려 잠재력을 제대로 펼치지 못했다. 결정적인 순간에 집중하지 못했고, 경기장에서는 물론 삶에서도 기쁨과 열정을 잃어버렸다. 그들은 자신을 믿지 못했고, 두려움에 사로잡혀 있었다.

반면 처음에는 그다지 주목받지 못했으나 투지와 끈기로 놀라운 성장을 이뤄내는 선수들을 목격하기도 했다. 이런 선수들은 누가 보아주지 않아도 불굴의 의지로 목표에 전념했고, 그 결과 자신을 가로막고 있던 장벽을 뚫고 나온 듯했다.

나는 묻기 시작했다. 재능을 타고나야만 최고가 될 수 있는가? 압박에 무너지지 않고 탁월한 성취를 이루는 사람들은 무엇이 다른가? 저점에서 고점으로 놀랍게 뛰어올라 성장하는 이들의 비결은 무엇인가? 이 질문의 답을 구하기 위해 나는 5년간 연구와 인터뷰, 집필에 매달렸다. 인간의 동기와 행동을 연구하는 전문가와 심리학자 들을 찾아갔고, 세계 최고의 선수와 코치, 전설적인 감독을 만나 이야기를 나누었다. 수년간의 연구와 현장 경험, 그리고 다양한 데이터들을 정리한 끝에 '내면 근력 훈련'의 이론과 실천 체계를 만들 수 있었고, 마침내 2009년 이 책의 초판을 출간했다.

책이 출간된 이후 예상치 못한 변화들이 이어졌다. 타이거 우즈를 비롯해 세계 최고 선수들을 지도하는 골프 코치 숀 폴리가 『내면 근력』을 인상 깊게 읽었다며 많은 선수에게 나를 멘탈 코치로 추천했다. 나와 함께한 선수들은 계속해서 놀라운 성과를 냈다. 커리어에 어려움을 겪고 있던 골프 선수 헌터 마한은 내면 근력 훈련을 시작한 지 6개월 만에 세계 골프 챔피언십을 비롯한 큰 대회에서 우승했다. 미국 프로골프(PGA) 투어의 최정상급 선수인 샘 번스는 대회 도중 이 책을 읽고 우승을 거뒀고, 세계 랭킹 1위를 기록한 선수이자 올림픽 금메달리스트인 골프 선수 넬리 코다 역시 마음을 다잡기 위해 이 책을 여러 번 다시 읽는다고 말했다.

이러한 이야기들이 퍼지면서 다양한 종목의 선수들이 나를 멘탈 코치로 찾기 시작했다. 나아가 세계적인 기업의 경영진들도 내면 근력 훈련에 관심을 보였다. 타코벨과 피자헛을 소유한 YUM 브랜드의 최고 경영자 데이비드 노박은 경영진과 함께 내 책을 읽었다며 기업을 위한 내면 근력 워크숍을 요청해왔다. 이후 테슬라 모터스, 유나이티드 캐피탈 등 여러 기업에서 다양한 사람들과 내면 근력 훈련을 나누고 있다.

이 모든 경험을 통해 내가 얻은 결론은 분명하다. 탁월한 성취를 만드는 힘은 내면의 변화에서 시작된다는 것이다. 우리의 가장 큰 걸림돌은 외부 환경이 아니다. 두려움이다. 그리고 그 두려움의 뿌리에는 자기중심성이 있다. 자신의 성과와 이미지에 집착할수록 시야는 좁아지고, 실패는 과장되며, 가능성은 줄어든다. '나는 이런 사람이다'라는 고정된 이야기 속에 갇히게 되는 것이다. 내면 근력 훈련은 바로 이 잠재의식을 근본적으로 재설계하는 과정이다. 그 과정에서 결과와 승부에 집착하는 마음을 내려두고 지금 이 순간에 온전히 머무는 법을 배우게 된다. 그리고 역설적이게도, 바로 그 태도 덕분에 전보다 훨씬 더 자주 승리하게 될 것이다. 피상적인 목표와 욕망에 몰두했던 자기중심적인 근심을 털어내게 될 것이다. 역량은 높이 쌓여갈 것이다.

이 책을 쓴 이유는 단 하나다. 내면 근력을 일상에서 기르는 방법을 나누기 위해서다. 내면 근력 훈련은 누구에게나 필요하다. 우리는 모두 무언가를 해내는 사람들이기 때문이다. 당신은 팀에 기여하고, 맡은 일을 잘 해내고, 마감을 지키기 위해 노력하고 있을 것이다. 동시에 타인의 평가에 흔들리지 않고 건강한 자존감을 지키며 진실한 삶을 살아가고 싶을 것이다. 이 모든 벅찬 과정에서, 내면 근력 훈련은 확실한 도움이 될 것이다.

2025년 나는 그동안의 경험과 배움을 정리해 이 책의 개정판을 출간했다. 지금 여러분이 들고 있는 책이 바로 그 결과다.

내면 근력은 정상에 오르기 위한 기술이 아니라, 정상을 향해 나아가는 여정에서 진정한 자신의 길을 발견하는 삶의 방식이다. 내면 근력을 기른다는 것은 스스로를 바꿀 힘을 기르는 것이다. 결과는 물론 삶의 질까지 근본적으로 달라질 것이다.

매일의 삶이 우리의 무대이자 경기장이다.
이제 그 여정을 시작하자.

INNER
EXCELLENCE

1부

누구나
내면 근력이
필요하다

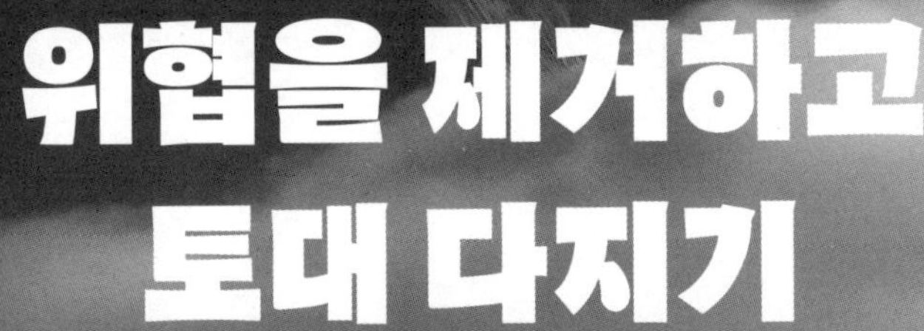

INNER
EXCELLENCE

혁명적 변화를
만드는 마인드셋

한 인간의 참된 가치는 그가 무엇을 추구하는지에 따라 가늠된다.
인생의 행복은 하루를 어떤 생각으로 채우느냐에 달려 있다.

—마르쿠스 아우렐리우스

'삶'의 질은 다음 세 가지에 달려 있다.

1 내면 (감정과 욕망으로 이루어져 있다)
2 마인드셋 (세계를 바라보는 사고의 틀)
3 관계 (자신, 타인, 세상과 맺어온 상태)

우리가 발휘하는 '역량'의 질은 다음 세 가지에 따라 달라진다.

1 자기확신 (자신의 가능성에 대한 믿음)

2 집중력 (목표에 온전히 몰입하는 힘)

3 회복탄력성 (어려움이 닥쳐도 다시 일어나는 능력)

삶의 질을 결정하는 세 가지(내면, 마인드셋, 관계)와 역량의 질을 결정하는 세 가지(자기확신, 집중력, 회복탄력성)는 마치 씨실과 날실처럼 서로 깊이 얽혀 있다.

사람마다 각자 꿈은 다를 수 있지만 우리 모두가 궁극적으로 원하는 건 자신을 믿고 목표에 몰입하는 것, 그래서 온갖 열매를 풍성하게 거두어들이는 삶으로 귀결될 것이다. 그렇게만 살 수 있다면 정말 비범한 삶이라 할 만한데, 누구나 그럴 수 있는 가능성이 있다. 노력의 방향을 제대로 설정하기만 한다면 말이다. 이를 위해선 뚜렷한 의지와 헌신, 나약함을 기꺼이 인정할 용기가 필요하다. 그래야 내면이 성장하기 시작한다.

내면의 성장은 곧 내면의 변화에서 시작한다. 가장 먼저 해야 할 일은 삶에서 가장 중요한 것이 무엇인지 파악하는 일이다. 진정으로 내게 힘을 주고 의미가 되는 것들을 인생의 우선순위로 두는 훈련을 해야 한다. 그런 뒤에야 비범한 역량을 발휘하기 위한 핵심 요소인 자기확신, 집중력, 회복탄력성을 키울 수 있다.

그러나 놀랍게도 많은 사람이 이 중요한 단계를 건너뛴다. 그리고 무작정 행복해지려고, 성공하려고 애쓴다. 자기 자신을 이해하지도 못한 채 실력을 갈고 닦으며 야망을 이루려 노력한다. 그러나 무엇보다도 최우선으로 해야 할 일은 내면의 성장에 집중하는 것이다. 그래야 원하는 모든 목표에 다다를 힘을 얻을 수 있다. 마음이 먼저고 역량은 그다음이다. 성공은 내면의 성장에 따라 저절로 따라오는 부산물일 뿐이기 때문이다.

따라서 내면 근력을 기르는 우리의 여정은 자신을 이해하는 일, 즉 자신의 관점을 파악하고 재조정하는 단계부터 시작할 것이다. 변화를 이뤄내기 위해서는 먼저 자신이 어떤 사람인지, 무엇을 동력으로 움직이는지 알아야 한다.

위대한 성취를 이룬 인물들에겐 한 가지 공통점이 있다. 이들은 놀라울 만큼 세상을 바라보는 관점이 서로 닮아 있었는데, 이는 평범한 이들과는 확연히 달랐다. 앞으로 그들이 어떻게 내면을 단련하고 마음의 방향을 바로잡았는지, 그 덕분에 어떻게 성장을 이뤄내 성공에 이르렀는지 살펴볼 것이다. 우리 또한 그들과 마찬가지로 마음을 단련한다면 위대한 일을 해낼 수 있다.

우리는 누구나 평생에 걸쳐 자신만의 이야기를 써간다. 이 이야기는 우리가 세상을 보는 관점이 되고, 곧 내 인생의 믿음과 전제가 된다. 그러니 나를 이해하기 위해서는 이 믿음과 전제부터 검토해볼 필요가 있다. 내 믿음과 전제가 정말 옳은 것인지, 나를 끌어내리는 거짓된 믿음은 아닌지 살펴보아야 한다.

만약 내게 힘을 주는 진실한 전제를 토대로 살아간다면, 마치 햇살이 번져 하늘을 밝히듯 인생도 널리 뻗어 나갈 것이다. 그리고 전에는 알지 못했던 아름다움을 볼 수 있게 될 것이다. 그러려면 우선 자신을 한계에 가둬온 전제를 말끔하게 걷어내야 한다. 자신을 얽매지 않는 전제를 토대로 자유롭게 살아갈 때만이 비로소 무한한 가능성을 실현할 수 있기 때문이다. 이것이 내면 근력 수련을 위한 준비 단계다.

버려야 할 전제

우리를 끌어내리는 낡은 생각에는 이런 것들이 있다.

1 내 가치는 성취에 따라 결정된다: 어린 시절부터 가정이나 사회에서 이런 가치관을 우리에게 심어왔다. 하지만 사람의 가치는 성과에 따라 높아지거나 낮아지지 않는다.

2 훌륭한 역량은 타고나는 것이다: 우리는 상상을 훌쩍 뛰어넘는 수준으로 재능을 발전시킬 수 있다. 꾸준하고 성실한 노력이 답이다. 여기에 더해 내면을 수련하며 자신을 조절하고 다스리는 법을 배우면 된다. 이 책에서 바로 그 방법을 알려줄 것이다.

새로운 마인드셋을 위한 전제

자, 이제 삶에 힘이 되는 아홉 가지 전제를 살펴보도록 하자. 이 전제들은 이 책을 통해 배울 새로운 마인드셋의 토대가 되어줄 것이다.

1 정신은 단련할 수 있다: 몸의 움직임을 단련할 수 있듯, 정신도 단련할 수 있다. 우리는 훈련을 통해 생각의 방향을 정하고 통제할 수 있다. 날마다 머릿속을 맴도는 쓸모없고 부정적인 생각에 얽매이지 않고, 삶에 힘이 되는 생각을 선택할 수 있다.

2 믿음은 삶의 기술이다: 믿음은 온도조절장치처럼 잠재의식을 조절하고 유지한다. 지속적이고 효율적으로 역량을 끌어올리고 싶다면, 자신과 자기 앞의 가능성에 대한 '믿음'을 바꿔야 한다.

3 두려움의 가장 깊은 뿌리는 자기중심성이다: 자기중심적 사고는 과도한 자의식과 과잉 분석으로 이어지며 결국엔 자기부정에 이른

다. 삶에서 마주하는 가장 큰 걸림돌은 자기중심성의 산물인 오만과 자기부정이다.

4 사람에겐 누구나 사랑받고 인정받고 싶다는 욕구가 있다: 우리의 거의 모든 행동은 이 욕구를 충족하려는 것이다. 이는 자연스러운 갈망이므로 이를 건강한 방식으로 충족해야 한다.

5 모두가 주어진 한에서 최선을 다하며 산다: 누구나 나름의 성장 배경, 이해관계, 믿음, 두려움, 상처를 품고 살아간다. 그러니 우리는 자신과 타인에게 너그러울 필요가 있다. 타인에게 고통을 주거나 해를 끼치는 것은 사랑이나 기쁨, 평화 같은 자원이 결핍되어 있기 때문이다. 두려움 또는 고통 같은 자기중심적인 관점으로 세상을 보는 것이다.

6 살면서 마주치는 모든 상황과 사람에게서 늘 무언가를 배울 수 있다: 이러한 관점에서는 어떤 경험이나 관계도 헛되지 않으며 각각의 의미를 찾을 수 있다.

7 지도가 곧 땅은 아니다: 우리가 눈으로 보는 이 세계는 '현실'이 아니다. 지금까지 우리가 살아온 경험들을 해석하고 처리했던 기존의 방식에 따라 정신이 재구성한 것이다. 이 두 가지를 구분하는 일은 실로 중요하다.

8 '실패'는 존재하지 않는다: 성공과 실패는 서로 떼려야 뗄 수 없는 관계이며 두 가지 모두 똑같이 중요하다. 다만 사회에서 이 둘을 정반대의 것으로 규정할 뿐이다. 성장은 실패를 기꺼이 포용하는 능력에 정비례한다. 만화가 스티븐 매크레이니Stephen McCranie의 말처럼 "거장은 초심자가 도전한 횟수보다 훨씬 더 많이 실패해본 사람이다."

9 가장 큰 힘은 자신을 다스리는 힘이다: 가장 위대한 도전은 바

1장
혁명적 변화를 만드는 마인드셋

로 자기 에고를 다스리는 것이다. 자신에 대한 집착과 두려움을 내려놓고 비워내는 경지에 이르는 것이야말로 비범한 역량을 키우는 핵심이자 충만한 삶을 이루는 초석이다.

스피드스케이팅 선수인 클래라 휴스Clara Hughes는 올림픽에서 금메달을 딴 날 이렇게 말했다.

> 제가 지치지 않고 계속 출발선 앞에 서는 이유는 아주 명확해요. 메달은 결코 그 이유가 되지 못합니다. 메달은 그저 엄마가 친구와 가족한테 자랑할 수 있도록 집으로 보내줄 선물일 뿐이에요. 중요한 건 스스로 깊은 만족과 성취감을 느끼는 일이죠. 성취감과 메달은 달라요. 성취감이야말로 존재를 충만하게 하고, 삶을 어떻게 살아야 하는지 가르쳐줍니다.

휴스가 스피드스케이팅을 하는 건 그 여정에서 삶을 어떻게 살아야 하는지 배울 수 있기 때문이다. 인생을 사는 가장 위대한 방법은 자기 삶에서 탁월함을 키우고, 배우며 성장하고, 다른 이들에게서도 탁월함을 끌어내는 것이다.

다음의 표는 사회 통념과 '내면 근력' 마인드셋을 비교한 것이다. 내면 근력 훈련이 추구하는 마인드셋은 다음과 같다. "결과를 위해서가 아니라 지금 이 순간을 온전히 누리기 위해, 진정으로 살아 있다는 감각을 실감하고자 몰입하고 경쟁한다."

혹여 이러한 관점이 낯설게 느껴지더라도, 걱정할 필요는 없다. 내면 근력 훈련 과정에 입문해 내 지도를 받고 비범한 성취를 이루었던 프로선수들과 기업의 임원들도 처음엔 똑같은 기분을 느꼈으니까. 지금 평생에 걸쳐 이어질 여정의 초입에 서 있다는 사실을 기억하라. 이 책이 여생 동안 곁에 두고 필요할 때마다 펼쳐볼 수 있는 소중한 길잡이가 되어줄 것이다.

사회 통념	'내면 근력' 마인드셋
이기는 것이 전부다.	자신을 믿고 순간을 온전히 경험하는 일, 앞으로의 성장을 추구하는 일이 당장의 승리보다 중요하다.
결과가 곧 나다.	결과는 성공과 실패를 가늠하는 일관된 잣대가 아니다. 제대로 하지 않고도 이길 수 있고, 제 실력을 한껏 발휘하고도 질 수 있기 때문이다.
경쟁 상대는 그저 적일 뿐이다.	경쟁 상대는 함께 춤을 추는 짝이다.
최대한 실패하지 말아야 한다.	실패는 성장을 위한 필수적인 밑거름이다. 실패하지 않으면 아무것도 이루지 못한다.
치열한 경쟁에서 졌을 때 화를 내는 건 당연하다.	사실 '실패'는 존재하지 않으며, 결과에 대한 반응만이 있을 뿐이다. 최고의 경쟁자란, 평정심을 유지하며 경쟁 상대를 존중하는 사람이다.

1장
혁명적 변화를 만드는 마인드셋

진정한 자유를 누리는 삶

성공을 목표로 삼지 말라. 성공하려고 애쓸수록 성공은 더 멀어질 것이다. 성공은 그저 따라오는 것이어야 한다. 오직 대의를 위해 헌신하거나 타인을 위해 기꺼이 자신을 내어줄 때만이 비로소 의도치 않은 부산물로서 성공이 뒤따를 것이다.

—빅토어 프랑클(홀로코스트 생존자), 『죽음의 수용소에서』

출퇴근, 대출, 세금… 이런 것들이 지긋지긋하다는 말을 우리는 입에 달고 산다. 이로부터 완전히 벗어나 자유롭기를 바란다면, 야생의 자연으로 나가야 할 것이다. 하지만 도망가지 않고, 지금 발 디딘 이곳에서 자유롭게 살고 싶다면 노력이 필요하다.

진정한 자유를 누리는 삶에는 용기가 필요하다. 자신을 단련하고, 두려움과 맞서며, 참 자아에 가닿으려는 용기다. 진정한 성공과 충만한 삶에 이르는 길 곳곳에는 위험이 도사리고 있다. 물질만능주의, 소비주의, 지금 이 순간을 잊게 해줄 즉각적이고 무의미한 만족 등이 걸림돌이 되어 날마다 앞을 가로막을 것이다. 유혹에 빠져 감각을 마비시킨 채 살아간다면 결코 건강하고 자유로운 삶에 이를 수 없다. 자신을 잃어버리고 사회의 기대치나 성공 기준에 맞추어 살아간다면, 어느새 우리는 매일 하는 일과 그 성과로만 정의되는 존재로 전락하고 만다. 오래지 않아 자유를 잃은 것도 모자라 자기 자신마저 잃게 될 것이다.

겁이 나지 않을 수 없다. 굳이 위험을 무릅쓰지 않아도 되는 쉬운 길을 택한다면 마음은 훨씬 편할 것이다. 그 길에선 실패할 일이 없으니까. 가보지 않은 길, 미지의 가능성이 기다리고 있는 길은 두려움을 불러일으킨다. 내가 과연 해낼 수 있을까 하는 의구심이 들 것이다. 그보다 즉각적 만족과 즐거움만을 갈구하는 정신의 속삭임에 굴복해버리는 편이 훨씬 편하다. 마음 깊은 곳의 갈망은 못 본 척하고, 진정 살아 있음을 느낄 수 있는 삶을 외면하는 것이다. 그렇게 우리는 거짓된 우상을 좇고, 돈과 사회적 지위와 타인의 인정을 얻는 일에 타고난 재능을 낭비한다. 이는 충만한 삶을 갈구하는 깊은 갈증을 잘못된 방법으로 해소하려는 헛된 시도다.

최고의 순간은 항상 맑은 정신과 얽매이지 않는 마음에서 온다. 이 두 가지를 갖출 때 우리는 비로소 타고난 모든 잠재력을 온전히 펼칠 수 있다. 누구나 살면서 한 번쯤은, 모든 게 완벽한 조화를 이루며 내가 바라던 그대로 실현되었던 순간을 경험한 적이 있을 것이다. 지금 하는 일에 온전히 몰입한 채 살아 있음을 실감했던 순간 말이다. 이런 순간이 찾아오면, 온 마음을 다해 이 어려운 길을 가보고 싶은 용기가 솟아난다.

그러나 우리는 너무나 자주 자신을 지나치게 몰아붙이고, 실패와 후회를 곱씹느라 자기 앞에 열린 가능성을 보지 못한다. 이럴 때면

2장
진정한 자유를 누리는 삶

우리는 편견에 사로잡히거나 자신의 가능성을 제한하는 믿음을 만들어낸다. 왜 이런 일이 벌어질까? 세상의 모든 걸 좌지우지하는 단 한 가지를 제대로 다스리지 못하기 때문이다. 바로 자신의 생각이다.

불안과 압박감에 굴복해버리기는 너무나 쉽다. 이 세상엔 우리가 어쩌지 못할, 우리 통제에서 벗어난 일이 너무 많으니까. 하지만 통제할 수 없는 것들에 대한 집착을 내려놓으면, 지금 이 순간에 온전히 머무르며 몰입하는 법을 배울 수 있다. 그러면 언제든 최고의 실력을 발휘하며 도전 자체를 사랑할 수 있게 될 것이다. 앞으로 닥칠 시합이나 발표, 해결해야 할 모든 문제는 배우고 성장하며, 각각의 순간을 생생하게 경험할 또 다른 기회가 될 것이다. 다시 강조하지만, 최고의 순간은 항상 맑은 정신과 얽매이지 않는 마음에서 온다.

성공한 사람은
성공을 좇지 않는다

자유로운 삶을 추구하는 데는 기본적으로 두 가지 길이 있다. 먼저 사람들이 많이 찾는, 널찍하고 편안하지만 안주하게 되는 길이다. 다음으로 좁고 바위투성이에 험난하지만 깊은 만족과 기쁨, 자기 확신이 가득한 삶으로 안내하는 길이 있다. 비범한 성취를 이루는 열쇠는 바로 이 두 번째 길에 있다. 이 길에서만 결과나 타인의 생각에 집착하지 않고, 온전한 자유를 발견할 수 있다.

인간 동기와 행동 연구로 심리학의 새로운 지평을 연 미국의 심리학자 에이브러햄 매슬로는 이 두 번째 길을 흥미로운 접근방식으로 연구했다. 매슬로는 『인간 본성의 더 먼 영역들The Farther Reaches of Human Nature』에서 에이브러햄 링컨, 토머스 제퍼슨, 알베르트 아인슈타인 같은 역사상 가장 탁월한 성취를 이룬 인물의 삶에서 나타나는 특징을 분석했다. 이 위대한 인물들은 어떻게 사고하고 어떤 꿈을 품고 어떤 방식으로 살아갔을까? 매슬로의 연구에 따르면 이들은 자기 자신에 대해 잘 알았고, 타인과 깊은 교류를 나누었으며, 문제를 해결하려는 호기심이 강한 동시에 이를 실현할 역량을 갖추고 있었다. 무엇보다 자신의 가치관과 감정, 행동 패턴을 객관적으로 인식하고 성찰하는 '자기 인식' 능력이 높았다. 매슬로는 세상을 바꿀 업적을 세웠을 뿐만 아니라 온전히 충만한 삶을 살았던 이 인물들을 '자아실현자'라 불렀다.

매슬로에 따르면 자아실현자는 모두 삶에 위대한 뜻을 품고 있었다. 순간에 온전히 몰입했고, 창조성을 발휘했으며, 분열적이지 않은 자아로 통합된 감각을 누리며 살았다. 더불어 개인적 차원을 넘어선 목적을 실현하고자 이타적으로 헌신했다. 이런 점을 고려해 이 책에선 이들을 '이타적' 자아실현자라고 부를 것이다. 이들은 자신을 뛰어넘는 폭넓은 시야로 세계를 바라봄으로써 충만한 삶을 누릴 자유를 손에 넣었다. 매슬로가 묘사한 이들의 아홉 가지 특징을 살펴보도록 하자.

1 완전한 몰입: 인생의 중요한 사건마다 그 순간을 충만하고 생생하게 경험하는 법을 안다. 이기심에 갇혀 몰입을 놓치지 않고 순간에 온전히 집중한다.

2 성장 추구: 타인에게 인정받고 싶다는 욕구에 휘둘리지 않고, 그저 삶에서 배우며 성장하기를 바란다. 그 순간을 온전히 경험하는 것을 목표로 삼으며 즉각적인 결과가 보이지 않아도 초조해하지

2장
진정한 자유를 누리는 삶

않는다. 과정 자체가 곧 목적이다. 즐거움은 목적지가 아니라 여정 자체에 있다.

3 자기인식: 자신의 가치관, 감정, 행동 패턴을 명확히 파악하고 성찰하며 내면에서 진정한 동기와 능력을 발견하고자 노력한다. 사회 통념이 아닌 자신의 고유한 가치관에 따라 행동하므로 종종 낯선 땅에 떨어진 이방인 같은 기분을 느끼기도 한다.

4 게마인샤프트: 게마인샤프트Gemeinschaft란 독일어로 연대감, 공동체를 의미한다. 매슬로는 인간에겐 기본적으로 어딘가에 소속되고 싶은 욕구가 있다고 여겼고, 자아를 실현하려면 반드시 타인과 교류하고 연결되어야 한다고 생각했다.

5 감사하는 마음: 매사에 감사할 줄 아는 능력이 있다. 다른 이들은 식상해하는 삶의 소소한 순간에서도 경외감과 기쁨, 황홀감을 느낄 수 있다. 똑같은 노을 지는 풍경을 볼 때도 다른 이들보다 아름다움에 깊이 감동한다. 감사할 줄 아는 이에겐 평범한 일상도 비범한 경험이 될 수 있다.

6 진정한 자기다움을 추구하고 문화적 동화에 저항하는 태도: 외적 보상을 얻으려 하기보단 내면의 잠재력을 실현하는 데 집중한다. 자주적으로 생각하고 행동하며, 남들이 좋다고 하는 것들에 무작정 수동적으로 따르기를 거부한다.

7 고독 추구: 자신의 감정을 느끼며 홀로 있을 수 있다. 누군가를 항상 곁에 두지 않아도 괜찮다. 혼자 고요히 사색하는 시간을 즐길 줄 안다.

8 자아를 넘어선 목적: 오직 자신의 안위와 성공만을 생각하는 게 아니라, 타인과 이웃, 인류 전체의 이익을 위해 어떤 사명이나 과

업을 실천한다. 그리고 개인을 뛰어넘는 문제를 해결하는 데 힘을 쏟는다.

9 자기방어의 부재: 매슬로는 자신을 보호하고자 세운 자기방어의 벽이 실은 자기를 가두는 감옥이 된다고 생각했다. 이타적 자아실현자는 내면의 방어기제를 인식하고 이를 기꺼이 내려놓을 용기를 발휘한다.

매슬로는 자아실현자들의 특징과 행동이 인간 안에 이미 존재하고 있는 잠재력이 발현된 결과라고 보았다.

미켈란젤로가 다비드상을 조각하며 대리석을 끌로 파내는 모습을 상상해보라. 미켈란젤로는 그 돌에서 다비드가 아닌 부분을 전부 파낸 끝에 그 장엄한 인간의 형상을 드러냈다. 마찬가지로 모든 사람은 자기 안에 무언가 놀라운 존재가 될 잠재력을 품은 돌덩이와 같다. 다만 기대와 걱정과 두려움에 얽매여 자신의 참 자아를 드러내지 못할 뿐이다. 사회에선 성공으로 이어지는 경험 자체보다 그 성공이 가져올, 명성과 인기 같은 덧없는 것들이 훨씬 더 중요하다고 가르친다. 그런 믿음 때문에 과정에서의 기쁨과 배움의 가치를 느끼지 못한다. 승리라는 틀에 갇힌 나머지 패배를 두려워하게 된다.

스스로 통제하지 못할 것에 집착하면 끊임없이 결핍감에 시달릴 수밖에 없다. 아무리 노력해도 원하는 걸 얻지 못하리란 두려움에서 벗어날 수 없다. 자기중심적인 근심과 남을 신경 쓰는 자의식이 기운을 흩트리며 힘을 분산한다. 승리를 거머쥐어야 한다는 부담감, 패배할지도 모른다는 두려움 사이에서 갈팡질팡하느라 압박감이 쌓이고 긴장이 높아진다. 하지만 이런 속박 아래에 조각나지 않은 마음, 전

2장
진정한 자유를 누리는 삶

사의 심장이 뛰고 있다. 바로 그곳에 참 자아가 있다. 미켈란젤로가 다비드를 돌에서 꺼내었듯이 자기 자신이 아닌 것은 모두 벗어던지라. 그 밑에서 크나큰 힘과 고요한 평화를 찾게 될 것이다.

눈을 멀게 하는
풍요병 바이러스

하지만 자기 자신이 아닌 걸 모두 벗어던지는 건 여간 어려운 일이 아니다. 그럴듯하게 포장된 허울에 마음을 빼앗겨 자칫 곁길로 빠지기 쉽다. 게다가 현대사회에는 '풍요병' 바이러스가 만연하다. 다음은 풍요병 바이러스에 감염된 이들이 섬기는 다섯 가지 우상이다.

1 소유(Possession)

2 성취(Achievement)

3 외모(Look)

4 돈(Money)

5 지위(Status)

메리엄-웹스터 사전에선 이 다섯 단어들의 머릿글자를 모은 'PALMS'라는 단어를 '승리 혹은 우월의 상징'이라 정의한다. 이 다섯 가지 상징에 현혹되면 진실로 의미 있는 걸 보지 못하고 참된 꿈마저 잃어버릴 수 있다. 끊임없이 더 많은 걸 원하고, 남과 비교하려 드는 갈증에 시달리게 되는 것이다.

꿈의 상징에 매달리면 매달릴수록 자기 안의 진정한 꿈과는 멀어지게 된다니, 역설이 아닐 수 없다. 더 멋진 차, 더 큰 집, 더 많은 팔로워… 인간에겐 본능적으로 자신이 남들과 다른 존재로 돋보이길 바라는 마음이 있다. 하지만 자신의 외적인 조건이나 소유에 자신의 가치를 맡긴다면 진정한 힘, 충만감, 변치 않는 가치가 깃든 삶에서 멀어지고 만다.

매슬로는 말한다. 평생 더 좋은 집, 더 멋진 차를 손에 넣는 걸 목표로 살아간다면 낮은 차원의 욕구만을 충족하는 데 그칠 뿐이라고. 하지만 진짜 문제는 돈이나 성취처럼 본질적으로 덧없고 불안정한 것에 자기 정체성과 신뢰를 의탁한다는 데 있다.

마음은 자신이 가장 강력하게 욕망하는 대상의 특징을 닮아가기 마련이다. 소유, 성취, 외모, 돈, 지위는 본질적으로 덧없고 불안정하다. 이런 일시적인 것에 기반한 마음은 늘 심리적 허기에 시달리며 불안을 곁에 둘 수밖에 없다. 남들이 자신의 성공을 추어올리고 부러워할 때 찰나의 자부심을 느끼며 자신의 가치가 올라갔다고 착각할 수 있다. 그 찬사와 선망을 다시 얻고 싶은 나머지 남들에게 칭찬받을 일을 더 열렬히 좇는다. 하지만 더 많은 걸 손에 넣을수록 갈증은 더 심해진다. 게다가 한때 가슴이 설레었던 일을 진심으로 즐기기가 점차 어려워진다. 자기 정체성을 소유와 성취, 남에게 보이는 모습, 타인의 인정에 맡겨두었기 때문이다. 하지만 그것들은 손에 넣는 순간 빈껍데기에 불과하다는 사실을 깨닫게 된다. 결국 남는 건 공허감뿐이다.

풍요병 바이러스는 어디에나 있다. 이 바이러스의 지독한 점은 단순히 더 많은 게 아니라 '남들보다 더' 많은 걸 갖고 싶다고 욕망하

2장
진정한 자유를 누리는 삶

게 한다는 것이다. 주위 사람들이 전부 독감에 걸렸을 때 혼자 그 병을 피하기란 여간 어려운 일이 아니다. 무언가 대책을 마련해 면역력을 키우지 못한다면 그 병에 굴복할 수밖에 없다. 풍요병 바이러스를 이겨내려면 자기 생각과 감정, 욕망을 다스릴 굳건한 내면의 틀을 마련해야 한다.

가장 사랑하는 것이
삶을 좌우한다

대략 1700년 전에 아우렐리우스 아우구스티누스라는 사람이 살았다. 지혜를 사랑하고 진실에 목말라했다고 전해지는 인물이다. 아우구스티누스는 『참회록』에 흥미로운 통찰을 남겼다. "우리가 사랑하는 것이 우리를 만든다. 누군가를 두고 그가 좋은 사람인지 묻는다면 그가 무엇을 믿는지, 무엇을 소망하는지 묻는 게 아니다. 그가 무엇을 사랑하는지 묻는 것이다."

아우구스티누스는 인생이 불만족스러운 근본적인 원인은 사랑의 우선순위가 잘못된 데 있다고 생각했다. 인기처럼 덧없는 것을 갈망하는 이들에겐 불안이 그림자처럼 따라다닐 것이다. 하지만 훨씬 강하고 변치 않는 무엇을 사랑한다면, 예컨대 조건 없는 사랑 자체를 사랑한다면, 살아갈 힘을 얻을 뿐만 아니라 삶에서 충분한 만족을 느끼게 될 것이다. 삶을 충만하게 누리고 싶다면 사랑의 우선순위를 올바르게 매겨야 한다. 즉, 변치 않는 것에 가장 많은 사랑을 쏟아부어야 한다는 뜻이다.

야구 선수로 뛰던 시절, 나는 내가 홈런을 치고 팬들의 환호를 받는 순간을 가장 사랑한다고 믿었다. 사실 내가 진정으로 사랑했던 건 훈련해온 대로 경기력을 펼치며 살아 있음을 실감하는 것이었지만 그때는 미처 몰랐다. 내가 진심으로 갈망했던 것은 그 순간에 온전히 몰입하고, 열정을 다해 뛰고, 팀의 일원이 되어 공동의 목표를 향해 함께 성장해나가는 것이었다.

지금 자신이 가장 사랑하는 게 무엇인지 헤아려보자. 잘 모르겠다면 다음 세 질문에 답해보자. 무엇이 내 삶을 좌우하고 있는지 알 수 있을 것이다.

1 무엇을 꿈꾸는가?

2 무엇을 걱정하는가? 즉, 요즘 무엇 때문에 불안에 휩싸이는가?

3 무엇이 나를 속상하게 하는가? 즉, 요즘 무엇 때문에 가장 많이 화가 나는가?

이 질문들을 곰곰이 곱씹어본다면 마음 깊은 곳에 어떤 갈망이 숨어 있는지, 자신에게 가장 중요한 게 무엇인지 찾아낼 수 있을 것이다. 그게 무엇일지는 모르겠지만 삶의 안정은 바로 그것의 성질에 달려 있다. 그것이야말로 우리 삶을 세울 주춧돌이기 때문이다.

누구나 성장하고 싶어 하는 욕구, 최고에 다다르려는 열망을 본능적으로 타고난다. 하지만 이 욕구와 열망이 정확히 무엇을 의미하는지, 어떻게 해야 그 목표에 이를 수 있는지에 관해서는 각자의 해석에 혼선이 있을 수 있다. 그렇기에 많은 이가 잠재력을 제대로 발휘하지 못하거나, 낮은 차원의 욕구만을 추구하거나, 목표를 너무 낮게

2장
진정한 자유를 누리는 삶

잡게 된다. 멋진 경험을 하고 의미 있는 삶을 살고 싶은 건 모두 똑같지만, 잘못된 욕망에 현혹되고 타인과 나를 비교하느라 정작 아무 의미도 없는 일에 자신을 소진해버릴 때가 많다. 마음 깊은 곳에 품은 가장 큰 목표와 갈망이 실은 공허한 것에 불과할 때 삶은 그저 무감각한 반복에 그치고 만다.

다른 방식으로 질문해 보겠다. 우리는 무엇을 숭배하는가? 퓰리처상 최종 후보에 올랐던 미국의 작가 데이비드 포스터 월리스는 자신이 아무것도 숭배하지 않는다는 생각은 크나큰 착각이라고 말한다. 월리스의 책 『이것은 물이다』에는 그가 케니언대학교의 졸업식에서 한 인상적인 연설이 담겨 있다. 그 일부를 읽어보자.

성인의 삶에서 무신론은 존재할 수 없습니다. 뭔가를 숭배하지 않곤 살아갈 수 없기 때문이죠. 누구나 무언가를 숭배합니다. 선택할 수 있는 건 무엇을 숭배할 것인가, 그것뿐이죠. 이때 많은 사람이 숭배의 대상을 신이나(예수 그리스도든 알라든 야훼든 위카교의 대지모신이든 불교의 사성제든 그 어떤 불가침의 윤리 원칙이든) 또 다른 영적인 무언가로 삼는 데는 아주 중대한 이유가 있습니다. 그 외의 걸 숭배한다면 그게 우릴 산 채로 집어삼키기 때문이에요.

돈과 물질을 숭배한다면, 다시 말해 돈과 물질에서 삶의 진정한 의미를 찾으려 한다면 평생 만족할 수 없을 겁니다. 지금 가진 것만으로 충분하다고 느끼지 못할 테니까요. 이게 진실이죠. 몸과 외모와 성적 매력을 숭배한다면 늘 자신을 추하다고 여기게 될 거예요. 세월과 노화가 흔적을 남기다 마침내 우릴 저버리기 전부터

1부
누구나 내면 근력이 필요하다

이미 수백만 번을 넘는 죽음을 경험하게 될 겁니다.

사실 이 교훈에 대해서 우린 이미 너무나 잘 압니다. 옛이야기와 속담에서, 진부한 표현에서, 판에 박힌 경구와 우화에서, 모든 위대한 이야기의 뼈대로서 이미 여러 번 되풀이해 왔으니까요. 이 교훈을 잊지 않는 요령은 날마다 이 진실을 의식의 가장 앞자리에 두는 겁니다. 힘을 숭배한다면 마음이 나약해지고 두려움에 사로잡힐 것입니다. 그 두려움을 떨쳐내고자 다른 사람을 마음대로 휘두를 힘을 끊임없이 욕망하게 되겠죠. 지식을 숭배하고 남들 눈에 똑똑하게 보이고 싶은 욕망에 휘둘린다면 날마다 자신이 멍청한 사람, 남을 속이는 사기꾼이라고 느끼며 언제 사기가 들통날지 몰라 불안에 떨며 살게 될 겁니다. 다른 욕망 또한 마찬가지예요.

어쩌면 나는 내 삶의 주인이며 어디에도 집착하지 않고 아무것에도 중독되지 않았다고 말하고 싶을지도 모른다. 그저 행복해지고 싶을 뿐이라고 말할 수도 있다. 그렇다면 행복이 바로 자신이 섬기는 신일 것이다. 자기 욕구를 충족하는 데만 연연한다면, 그 행복 또한 손에 잡히지 않고 마냥 달아나기만 할 것이다. 삶에 더 큰 의미를 부여하고 더 큰 열망을 품지 못한다면, 삶은 그저 더 편안해지고 더 인정받고 더 많은 팔로워를 거느리고 더 바빠지고 싶은 욕망에 끝없이 쫓기는 하루하루에 그치고 말 것이다.

2장
진정한 자유를 누리는 삶

조가 진정으로
바랐던 것

제프리 마크스는 『인생의 계절Season of Life』에서 전미미식축구리그NFL 소속 선수였던 조 에어먼의 이야기를 들려준다. 에어먼은 NFL의 선수 생활이 겉보기엔 아주 화려하고 성공적이었지만, 그 생활이 끝나자 오직 공허감만이 남았다고 회고한다.

> 프로미식축구 선수가 된다면 인생의 모든 목적과 의미를 찾을 거라는 기대가 있었죠. 하지만 NFL에서 뛰기 시작하자 도리어 큰 혼란이 찾아왔어요. 그런데도 믿음을 놓지 못했습니다. 이번 계약이 아니라면 다음 계약 땐 어느 정도 안정과 평화가 찾아오리라고 굳게 믿은 거죠. 다른 여자 친구를 만나면, 더 좋은 집을 사면, 더 멋진 자동차를 타면, 또 다른 상을 타면, 프로볼에 진출하면, 슈퍼볼에 진출하면 꼭 그렇게 되리라고 믿었어요. 아마도 저뿐만 아니라 프로 운동선수라면 누구나 흔히 겪는 일일 테죠. 선수 생활을 하면서 자기 관점을 잃어버리기 시작한 거예요. 성공의 사다리를 따라 열심히 올라갔다고 생각했는데, 막상 꼭대기에 올라가 보니 사다리가 아예 엉뚱한 곳으로 이어진다는 걸 알게 된 거죠.

조는 자신이 지금까지 사회가 정해놓은 허상만을 따라 살아왔다는 사실을 깨달았다. 그는 "우리 사회의 가장 큰 실패는 바로 소년들에게 어떻게 해야 진정한 남자가 되는지 제대로 가르치지 못하는 것"이라고 말한다. '진정한 남자'가 되고 싶었던 조는 운동선수로서 실력을 뽐내고, 여자를 쟁취하고, 경제적으로 성공하는 방식으로 자기 존재를 증명하려고 부단히 애썼다. 그러나 그는 결국 거짓된 남성성만을 좇았을 뿐이다. 조는 단호하게 주장한다.

> 겪어보니, 진정한 성공은 결국 관계 속에서 이뤄집니다. 누구나 자신만의 대의, 큰 뜻을 추구하며 살아야 합니다. 이때 대의는 개인의 소망이나 꿈, 바람, 욕망보다 더 큰 무엇이어야 하죠. 인생의 마지막 순간 지난 인생을 회고할 때 우리가 사랑했기에, 다른 사람을 위해 헌신했기에 이 세상이 어떤 식으로든 전보다 더 나은 곳이 됐다고 말할 수 있어야 합니다.

조가 진정으로 바랐던 건 그저 많은 상패와 돈이 아니라 그보다 훨씬 더 본질적이고 의미 있는 무엇이었다. 프로선수로 활약하는 동안 조는 성공의 매혹적인 외적 상징을 좇을수록, 즉각적 만족은 누릴 수 있을지언정 삶을 오래도록 지탱해주는 근간에선 점점 멀어진다는 사실을 깨달았다.

조가 빠졌던 함정은 우리가 걸려든 함정이기도 하다. 다들 성공하겠다고 안달이지만 과연 그 성공은 도대체 무엇이란 말인가? 사람들은 종종 그저 행복해졌으면 좋겠다고 말하지만, 그 행복이라는 개념 또한 정의하기가 쉽지 않다. 우리는 진정으로 살아 있음을 실감하기는커녕 무엇이 자신을 행복하게 하는지조차 알지 못한다. 변치 않는 진정한 기쁨, 평화, 만족을 진심으로 갈구하면서도 일상에선 정작 이 목표를 향해 달려가지 못하고 샛길로 벗어나기가 십상이다. 저 멀리 지평선엔 항상 순간적인 보상을 약속하며 우리를 꾀어내는 무엇

2장
진정한 자유를 누리는 삶

이 있다. 그 유혹에 넘어간다면 내면의 힘을 키우고자 인격을 수양하는 길에서 멀어질 수밖에 없다.

집착은 두려움만 불러온다

어릴 때부터 장차 운동선수가 되겠다고 장래 희망을 결정했던 나는 소년 시절 내내 영웅이 되기를 꿈꾸었다. 월드시리즈에서 끝내기 홈런을 치거나 슈퍼볼에서 터치다운을 하는 상상을 수도 없이 되풀이했다. 그래서 시카고 컵스가 나를 지명했을 때 어린 시절의 꿈이 마침내 이뤄진 듯했다.

하지만 스타 선수가 되어야 한다는 집념은 어마어마한 압박감이 되어 나를 짓눌렀다. 내 정체성을 모조리 시카고 컵스 유니폼에 의탁했던 탓이다. 주위의 기대에 부응하지 못하고, 나를 위해 준비된 인생을 제대로 살아내지 못할까 봐 두려웠다. 어느새 나는 경기력으로만 정의되는 사람이 되어 있었다. 그날 시합을 얼마나 잘하느냐 못 하느냐에 따라 내 존재 가치가 덧없이 오르내렸다.

배우고 성장하며 온전히 살아 있음을 실감하는 경험과 승리의 짜릿함을 혼동하기는 쉽다. 내 삶을 가장 충만하게 하는 것이 컵스 유니폼도, 야구공을 때리는 순간도 아니라는 사실을 그때는 미처 알지 못했다.

승리는 겉으로 보기에 화려한 매력으로 가득하다. 소셜미디어 중심의 사회가 승리에 집착하는 탓이다. 하지만 단순히 이겼다는 사실 하나만으로 실력이 뛰어나다고도, 그날 최상의 기량을 발휘했다고

도, 심지어 그저 경기를 괜찮게 했다고도 말할 수 없다. 승리란 해결책이기도 하지만 문제 자체이기도 하다. 우리가 진정으로 원하는 것과 풍요병이 우리에게 주입한 환상 사이에 양다리를 걸치고 있기 때문이다. 육상경기를 예로 들어보자. 0.1초 차이로 졌지만 개인 최고기록을 달성한 선수와 승리했지만 자기 최고기록에 미치지 못한 선수 중 누가 더 잘 뛰었다고 말할 수 있을까? 그날 경기에선 더 빨리 들어온 선수가 승자가 되겠지만, 사실은 자기 최고기록을 뛰어넘은 선수가 진정한 승자라고 말할 수 있지 않을까?

물론 승리는 경쟁의 강력한 동기로 작용한다. 하지만 승리는 성공을 가늠하는 최고의 기준이 될 수 없다. 승리를 결정짓는 많은 요소가 우리의 손을 떠나 있기 때문이다. 심지어 전력을 다하지 않은 경기에서도 어쩌다 이길 수 있는데, 이런 승리는 우리를 나태하게만 할 뿐이다. 내 진짜 역량을 성장시키는 일보다 승리 자체에 더 큰 가치를 둔다면 긴장과 의심이 마음을 떠나지 않을 것이며, 결정적인 순간에 약점이 드러나고 말 것이다.

작가 헨리 데이비드 소로는 말했다. "무언가의 값어치는 그걸 얻기 위해 우리가 바치는 삶의 양이다." 금메달을 따는 성취에서 중요한 건 메달이 아니다. 그 성취가 위대한 까닭은 그곳에 이르는 여정에서 우리가 성장할 수 있기 때문이다. 다른 이의 삶에 긍정적인 변화를 불러일으키고, 배우며 성장하고자 자신을 기꺼이 내려놓을 줄 알며, 마침내 자신조차 미처 상상하지 못한 경지에 오르는 사람이 될 것이기 때문이다. 온갖 고난과 역경을 뚫고 사랑, 지혜, 용기 안에서 배우며 성장하는 여정, 즉 온전한 자신에 한층 가까워지는 여정이야말로 모든 성취를 위대하게 하는 이유다.

노스캐롤라이나대학교의 전설적인 농구팀 감독 딘 스미스는
『캐롤라이나 방식The Carolina Way』에서 이렇게 이야기한다.

스미스 감독은 승리에 집중하는 게 동기 부여가 될 수는 있겠
지만, 한편으로 그만큼 걸림돌이 될 수 있다고 말한다. "시합 중엔 우
리 뜻대로 돌아가지 않는 일이 부지기수로 일어납니다. 상대 팀의 재
능이나 경험치가 우리보다 뛰어날 수도 있고, 심판이 판정을 잘못 내
릴 수도 있고, 부상을 당하거나 그저 운이 나쁠 수도 있죠." 자신이 통
제할 수 없는 요소를 기준 삼아 성공을 정의한다면 그 목표에 이르는
과정이 무너질 수밖에 없다.

성공과 실패는 한 끗 차이지만, 우리에게 미치는 감정의 여파
는 극명하게 다르다. 대부분 사람은 시합의 결과에만 집착한 나머지
시야가 좁아지고 집중력이 흐려진다. 그저 승리에 목을 맨 끝에 패배
를 두려워하게 되고, 그 두려움에 자유와 기쁨을 빼앗기기 때문이다.
사실 우리가 진정으로 원하는 것은 단 한 차례의 승리, 단 한 개의 메
달보다 훨씬 더 크고 값진 것이다. 우리는 오래도록 삶을 풍요롭게 살
수 있게 해줄 보상을 원한다. 깊고 위대한 경험, 살아 있다는 느낌, 배
움과 성장, 도전 자체 같은 보상을.

내면 근력 훈련을 통해 보다 높은 차원의 목적을 찾을 필요를

느끼게 될 것이다. 아무리 성공의 목표를 높게 잡는다 한들 우리가 태어난 목적에 비하면 그런 것들은 그저 작은 보상에 불과하기 때문이다.

전국선수권대회에서 다섯 차례 우승한 듀크대학교 농구팀을 이끈 감독 마이크 시셰프스키는 『사슴을 이끄는 사자의 리더십』에서 자신의 지도 철학을 다음과 같이 설명한다.

지금 얼마나 잘하는지 확인하겠다고 승률만 따져댄다면 잘못된 기준을 놓고 생각하는 겁니다. 마냥 남이 정해놓은 성공을 쟁취하려고 애쓴다면 늘 좌절감만 느낄 뿐이죠. 전국선수권대회에서 우승하거나 승리한다고 해도 절대 만족스럽지 않을 거예요. 이런 불행한 결말을 피할 길은 끊임없이 자신만의 성공을 스스로 정의해 나가는 것뿐입니다. 그 성공의 정의는 그저 전국선수권대회 우승 같은 외적 목표보단 더 나은 것이어야 해요. 내 인생이라는 큰 그림을 보았을 때, 진정으로 추구할 만한 것인지 고민해야 합니다. 마음 깊은 곳의 열정이 꿈틀하고 움직일 수 있게요.

시셰프스키의 말처럼 마지막 순간 거둬야 할 가장 큰 승리는 반짝이고 화려한 무엇을 손에 넣는 것과는 거리가 멀다. 금메달을 따는 것도, 넓은 사무실을 혼자 차지하는 것도, 전국선수권대회에서 우승하는 것도 아니다. 궁극적인 승리란 자기 자신과의 싸움에서 이기는 것이다. 그 싸움이란 곧 우리 마음을 건 전투다. 어떤 일을 하든 어떤 경기를 앞두고 있든 우리 앞엔 두 가지 선택지가 있다. 승리에 집착하는 길을 따를 것인가, 마음 가장 깊은 곳에 자리한 갈망을 추구하

2장
진정한 자유를 누리는 삶

는 길을 따를 것인가? 후자의 길을 선택하면 온전히 살아 있음을 실감하고, 배우며 성장할 수 있다. 한층 평화롭고 안정된 삶 속에서 충만한 순간을 더 많이 경험하게 될 것이다. 결과에 연연하는 일 없이 열정과 인내를 품고 자기 역량을 키워나갈 것이다. 그 결과 오히려 더 자주 승리를 거두게 될 것이다.

용기 있게 살아가려면 부단히 자기 자신을 알아나가야 한다. 진정한 나는 누구인가? 내게 진정으로 의미 있는 일은 무엇인가? 진실로 자유를 손에 넣기 위해서는 오직 한 가지 길이 있을 뿐이다. 내면을 들여다보고 내가 무엇을, 어떤 이유로 원하는지를 정확하게 분별하는 것이다. 이때 그 이유는 일시적 쾌락이나 소유욕보다 더 큰 무엇이어야 한다. 이 모험에서 우리는 그 어떤 한계도 없는 자유를 발견하게 될 것이다. 그러면 더는 결과의 노예로 살지 않아도 되며, 성공의 유혹에 현혹될 일도 없다. 그저 삶의 목적과 이 세상을 위해 살아가는 데 헌신할 수 있다.

✓ 인생을 점검해보자. 지금 어떤 길을 걷고 있는가? 혹시 자신이 하는 일이나 소유한 것에 따라 자기 정체성을 규정하는가? 그 길에서 진정한 평화와 만족을 느끼는가? 만일 지금까지 이뤄낸 성취와 소유가 모두 사라진다면 그때는 자신을 어떻게 정의 내릴 셈인가?

✓ 여든 살이 됐을 때 지난 삶을 되돌아보는 장면을 상상해보자. 우리 인생에서 가장 중요했던 건 무엇일까? 지금 방식대로 계속 살아간다면 삶의 마지막 순간 남길 유산에 만족할 수 있는가?

✓ 자기 역량을 최고로 발휘했던 순간을 떠올려보자. 어떤 기분이 들었는가? 무슨 생각을 했는가? 그 순간을 어떻게 설명할 수 있는가?

✓ 직장이나 집에서 얼마나 자유를 누린다고 생각하는가? 지금의 직장이나 환경을 바꾸지 않으면서 자유롭게 살려면 무엇이 필요한가?

두려움을 버리고 자기인식 높이기

우리는 모든 문제가 전부 외부에서 온다고 생각한다. 사실 모든 문제의 깊은 뿌리는 마음에 있다. 우리는 내면을 주재하는 기술이 부족하다. 온통 외적 요소에만 주의가 분산된다는 것은 삶이 내면에서 제대로 통합되지 않는다는 뜻이다.

—토머스 R. 켈리Thomas R. Kelly, 『거룩한 순종』

두려움은 어린 시절에 이미 시작되었을지도 모른다. 초등학생 무렵에는 좋아하는 일을 하며 매일 즐겁게 놀았을 것이다. 어쩌면 공놀이에 재간이 있었을 수도 있고, 리코더를 멋들어지게 불었을지도 모른다. 그러던 어느 날 무언가가 달칵하고 전환된다. 좋아하는 일을 하는데 정신이 참견하기 시작하는 것이다. 농구 시합에서 이제 막 승패를 결정지을 자유투를 쏘려던 참이다. 예전엔 아무 생각 없이 완벽하게 집중한 끝에 득점에 성공했을 것이다. 그런데 지금은 평소에 하던 대로 공을 던지는 대신 문득 머릿속이 생각으로 가득 찬다. '이 공을 반드시 골대에 넣어야만 해.'

이 별것 아닌 듯 보이는 미묘한 변화는 평생 이어지게 될 싸움의 예고편이다. 그 순간을 온전히 누리지 못하고 반드시 성공해야 한다는 생각에 사로잡히는 것이다.

오늘날엔 매일 수천 가지 정보가 우리의 관심을 사로잡으려 달려든다. 아침에 눈을 뜨는 순간부터 밤에 잠이 드는 순간까지 자극의 폭격이 쏟아지는 셈이다. 주의를 산만하게 하는 정보의 홍수 속에서 생각은 여러 갈래로 흩어질 수밖에 없다. 머릿속은 늘 온갖 생각으로 분주한데, 그 생각은 온통 자기 자신에 대한 것뿐이다. 하지만 역설적이게도 자신에 대해 많이 생각할수록 자신을 돕는 길에서는 멀어지고 만다. 과도한 자기중심적 생각은 시야를 좁게 만들고 삶의 진정한 목적에서 멀어지게 하기 때문이다.

생각은 삶의 모든 측면에 큰 영향을 미친다. 어떤 상황에서 집중하는지 산만해지는지, 성공하는지 실패하는지, 충족감을 느끼는지 좌절에 빠지는지는 전부 우리가 생각에 반응하는 방식에 따라 결정된다. 모든 활동이 이 정신의 전투에 달린 셈이다. 우리는 대부분 시간을 정신이 원하는 일을, 정신이 원할 때, 정신이 원하는 방식으로 하며 보낸다. 그러니 정신은 응석을 받아주어 버릇없이 자란 어린아이와 다를 바가 없다. 내면의 통제 센터여야 하는 정신이 실은 통제 불능 상태에 있는 것이다. 따라서 신체를 단련하듯이 정신 또한 단련해야 한다. 매일 정신을 새롭게 가다듬는 한편 필요할 때는 휴식을 취해야 한다. 또한 자신에 대한 집착과 여기에서 비롯한 온갖 자기방어적이고 산만한 생각도 내려놔야 한다.

우리가 마주하게 될 가장 큰 장애물은 바로 우리 정신이다. 좀 더 정확하게 말하자면 정신에서도 항상 자신을 남과 비교하며 판단을 내리는 그 부분, 늘 위협을 느끼며 절대 만족하는 법이 없는 그것, 바로 에고다.

두려움의 뿌리, 자기중심성

나는 멘탈 코치로 활동하며 전 세계에서 가장 뛰어난 축에 속하는 다양한 선수들을 만났다. 그들과의 경험에 비춰보면, 자유를 빼앗고 경기력을 떨어뜨리는 요소로 두려움만 한 게 없다. 실패할지 모른다는 두려움, 거절당할지 모른다는 두려움, 충분하지 못할지 모른다는 두려움. 사실 두려움은 훨씬 더 복잡한 문제에서 생긴 증상인데, 그 뿌리는 바로 자기중심성이다.

나는 별로 자기중심적인 사람이 아니라고 여길지도 모른다. 하지만 한번 생각해보자. 지금 말하고 사고하고 행동하는 모든 게 자신의 경험, 목표, 믿음을 바탕으로 하지 않는가? 자기 존재나 자신이 소유한 무엇이 위협받을 때 기분이 상하지 않는가?

자기 자신을 너무 높이 평가하거나 너무 낮게 평가하는 태도 역시 자기중심성에서 비롯하는 증상이다. 또 다른 증상으로는 과도한 자의식, 고립감, 통찰의 결핍 등이 있다.

자기중심성은 아주 어린 시절부터 모습을 드러낸다. 갓난아기는 울음을 터트리면 음식과 관심을 받을 수 있다는 사실을 습득하며, 이때부터 욕구와 욕망을 토대 삼아 인과의 세계를 창조한다. 이 타고난 생존 본능은 평생 우리 안에 머문다.

이 책에서 말하는 자기중심성은 도덕적 차원에서 말하는 이기주의와는 다르다. 온통 자기 자신에만 몰두한 나머지 인생의 선택지를 좁히고 성장을 가로막는 차원에서의 자기중심성을 의미한다. 누구나 삶에서 일어나는 여러 사건에 해석을 내리고 의미를 부여하는 처리 과정을 수행한다. 여기에서 문제는 그 과정에서 과거의 실패와 고통스러운 기억이라는 렌즈로 삶을 바라본다는 것이다. 이렇게 과거에 초점을 맞추고 남과 비교하는 태도로 살아간다면, 두려움이 기세를 얻고 퍼져나갈 토양을 마련해주는 셈이 된다.

과거에 실패했을 때와 비슷한 상황이라고 해보자. 골프 경기에서 짧은 퍼트를 성공해야 하는 상황일 수도 있고, 연극에서 대사를 기억해야 하는 상황일 수도 있다. 정신은 우리를 보호할 의도에서 과거의 실패를 떠올릴 것이다. 하지만 불쑥 부정적인 기억이 떠오르는 바람에 오히려 눈앞의 일을 해내지 못한다. 현재 상황을 제대로 실력을 발휘할 기회로서 새롭게 인식하는 대신 불안과 두려움에 사로잡힌 채 마주하기 때문이다.

물론 자기중심성이란 지극히 자연스러운 본능이다. 평생에 걸쳐 우리는 오직 자기 눈으로만 이 세상을 보아왔다. 그 누구도 다른 사람이 보는 풍경을 볼 수 없다. 적어도 그 사람과 똑같은 관점으로는 보지 못한다. 게다가 우리의 관점은 지금까지의 경험을 인식해온 방식에 따라 편향되어 있다. 모든 경험은 과거에 겪은 비슷한 사건과 비교되며, 정신이 그 사건에 부여했던 의미에 따라 해석된다. 그게 좋다거나 나쁘다는 게 아니다. 그저 우리가 그 틀에 갇혀 있다는 뜻이다.

데이비드 포스터 월리스는 『이것은 물이다』에서 이 주제에 대해 깊은 지혜를 전한다.

3장
두려움을 버리고 자기인식 높이기

우리가 직접 겪는 경험은 전부 내가 이 우주의 절대적인 중심이라는 확고한 믿음을 거듭 뒷받침합니다. 이 우주에서 가장 생생하고 현실적이며 중요한 존재가 바로 나라는 믿음입니다. 그런데 우리는 자기중심성이라는 이 근본적인 본능에 대해선 좀처럼 이야기하지 않습니다. 우리 사회에서 꺼리는 주제이기 때문이죠. 하지만 인간이라면 마음 깊은 곳에선 크게 다르지 않을 겁니다. 이 성향은 태어날 때부터 우리 안에 새겨진 인간의 기본적인 본능이니까요. 생각해보세요. 지금까지 해왔던 경험에서 나 자신이 절대적인 중심에 있지 않았던 적은 한 번도 없습니다. 우리가 경험하는 세계는 늘 내가 기준입니다. 항상 나를 중심으로 내 앞이나 뒤, 오른쪽이나 왼쪽에서, 내가 보는 텔레비전이나 컴퓨터 모니터, 그 밖의 여러 매체 안에서 펼쳐지죠. 물론 다른 사람의 생각이나 감정을 어떤 식으로든 전달받을 순 있겠지만 가장 직접적이고 긴급하고 생생하게 다가오는 건 바로 내 생각과 감정입니다.

이건 선악의 문제가 아닙니다. 선택의 문제입니다. 태어날 때부터 타고난 이 기본적인 본능을 바꾸고, 말 그대로 오직 자신만을 중심으로 여기고 모든 일을 자기중심적인 시각으로만 보며 해석하려는 성향에서 벗어나기 위해 노력할 것인지를 선택하는 문제입니다.

과도한 자의식에 사로잡히면 어떻게든 그 불편한 감정에서 벗어나고 싶어지기 마련이다. 그럴 때는 보통 어떻게 행동할까? 풍요병 바이러스가 퍼트린 성공 기준, 즉 소유, 성취, 외모, 돈, 지위를 척도로 삼아 내가 가진 것과 남이 가진 것, 내가 이룬 일과 남이 이룬 일을 비

1부
누구나 내면 근력이 필요하다

교한다. 그런데 세상엔 항상 우리보다 더 성공을 거두고, 더 외모가 뛰어난 사람이 존재하기 마련이다. 그러니 정체성이 위험에 처할 수밖에 없고, 이를 해결하고자 더 많은 걸 원하게 된다.

성취를 갈망하는 것 자체가 문제는 아니다. 문제는 자신이 통제하지 못하는 것에 안정감을 의탁할 때 나타난다. 과정보다 결과에 더 큰 의미를 둘 때, 결과만을 좇다 자기 자신을 잃어버릴 때 문제가 생기는 것이다.

상황에 집착하고 어떤 일이 반드시 자기 뜻대로 되어야 한다고 느낄수록 생각의 굴레에 갇히게 된다. 상황이 바라는 대로 돌아가지 않을 때 좌절과 불안이 피어오르고, 지금 느끼는 감정과 느끼고픈 감정 사이에 격차가 벌어진다.

외부적인 요인('난 이 목표를 성취하지 못할 거야')에서 피어난 의심은 자기 자신에게 내리는 판단('난 원하는 걸 해낼 수 없어')으로 옮겨간 끝에 결국 자기 정체성('난 실패자야')에까지 영향을 미친다. 자신도 모르는 새 우리의 꿈은 두려움 속에서 얼어붙어버린다. 간절히 원하지만 통제할 수 없는 것에 집착한다면, 무력과 두려움에 갇히게 된다.

자기의심은 실로 극복하기 어려운 문제다. 이 또한 자기중심성에서 파생한 것이다. 자기의심은 어디에서 피어오를까? 그 누구도 우리가 하찮다고, 무능하다고, 역량이 부족하다고 느끼게 할 수는 없다. 우리 정신이 그 의심을 떠올리고, 인정하고, 확정 짓지 않는다면 말이다. 자기의심을 키우는 건 다름 아닌 우리 자신의 생각이다. 과거에 실패했던 기억이 머릿속에 슬금슬금 기어들어 와 외부의 부정적인 영향에 쉽게 흔들리게 하는 것이다.

3장
두려움을 버리고 자기인식 높이기

매일 아침 눈뜨는 순간 우리 앞엔 선택지가 놓여 있다. 자신의 자기중심성을 인정한 다음 이를 벗어던지고 온전히 충만한 삶을 향해 나아갈 것인가? 혹은 아무 자각 없이 본능에 이끌리는 대로 불안과 의심과 두려움에 점점 잠식될 것인가?

이 선택과 함께 두려움 속에서도 용기를 내어 행동할 기회가 주어진다. 앞으로 자기중심성의 길을 버리고, 시야를 넓게 여는 길을 택한 이에게 어떤 놀라운 순간이 기다리는지 함께 살펴볼 것이다.

내려놓아야 할 과도한 자의식

매일의 삶 속에서 우리가 하는 생각 백 가지 중
아흔아홉 가지는 자기중심적인 것이다.

—스즈키 순류鈴木俊隆(선승), 『선심초심』

그림 3.1에서 보듯이 자기중심성은 과도한 자의식으로 이어지며 에고가 비대해지는 결과를 낳는다. 에고는 앞으로 상대해야 할 삶의 장애물 중에서도 가장 큰 걸림돌이다.

에고가 우리 존재를 오감의 자극과 순전히 개인적인 경험에서 얻은 지식의 한계 속에 가두기 때문이다. 이 좁은 시야에 갇히는 순간 새로운 발상과 더 많은 기회가 차단되며 넓은 시야에서만 보이는 연결 고리가 끊어진다. 시야가 오직 자신의 욕구와 필요를 채우는 데서 벗어나지 못한다면 삶의 목적 또한 그저 자기 이익을 좇는 데 그치고

1부
누구나 내면 근력이 필요하다

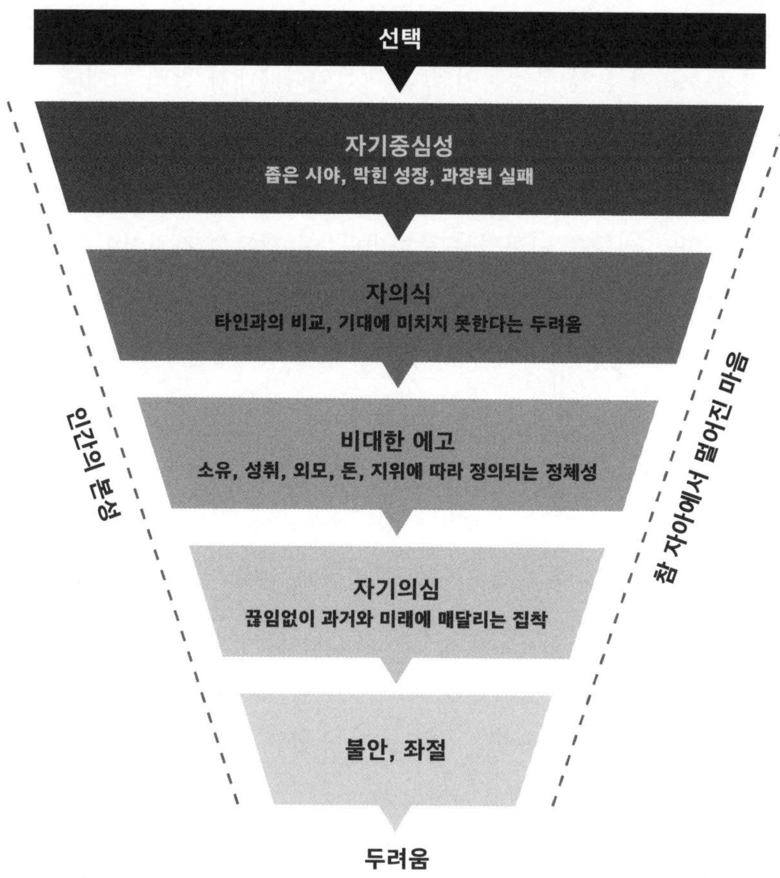

만다. 배우며 성장하고, 다른 이들과 주고받아야 하는 삶이 그저 자신만을 위하고, 탐욕스럽게 축적하며, 자기 것만을 챙기는 삶으로 변질되는 것이다.

비대해진 에고는 더 많은 사람의 인정을 갈구하므로 끊임없이 성공의 상징을 찾아 헤맨다. 그러나 이 세상엔 우리보다 더 크게 성공을 거둔 사람이 늘 있기 마련이다. 그래서 그들을 평가하며 부정적인

3장
두려움을 버리고 자기인식 높이기

판단을 내린다. 하지만 타인에게 매기는 평가는 항상 자기 자신에게도 적용되기 마련이므로, 결국 자신을 '상대보다 더 못난 사람'이라고 느끼게 된다. 정신이 하는 말에 속아 넘어가는 것이다. 머릿속에서 내면의 목소리가 온갖 부정적인 말을 속삭인다. "네가 뭔데 위대해진다는 거야? 넌 한참 부족해."

에고는 점점 비대해진 끝에 자만심과 두려움을 낳는데, 이 두 가지가 바로 기쁨을 앗아가는 주범이다. 이 책에선 자만심이란 용어를 자아를 지나치게 의식하고 자신에게 집착하는 것, 또는 『나니아 연대기』를 쓴 저명한 학자이자 작가인 C.S. 루이스가 표현한 대로 '웃음기 없이 자아에 몰두하는 것'이라는 의미로 사용하겠다. 자만심에 가득 찬 사람은 자신이 남의 눈에 어떻게 보이는지, 자신이 남과 어떻게 비교되는지, 남이 자신을 어떻게 생각하는지에 과도하게 신경을 쓴다. 루이스는 『순전한 기독교』에서 자만심에 대해 이렇게 표현한다.

자만심에 가득 찬 사람은 소유 자체에서 즐거움을 느끼지 못한다. 그들은 오직 옆에 있는 사람보다 더 많은 걸 소유할 때만 즐거움을 느낀다. 흔히 어떤 사람이 부유해서, 머리가 좋아서, 외모가 뛰어나서 자만심을 느낄 것이라 말하지만 실은 그렇지 않다. 그들은 남과 비교해 더 부유하고, 더 머리가 좋고, 더 외모가 뛰어나기에 자신을 자랑스러워한다. 만일 세상 모든 사람이 똑같이 부유하고, 머리가 좋고, 외모가 뛰어나다면 자랑스러워할 만한 게 아무것도 남지 않을 것이다.

강한 자의식과 자아에 대한 집착 속에서 에고는 고속 기어를 넣

1부
누구나 내면 근력이 필요하다

고 전력으로 자기 입지를 넓히기 시작한다. 하지만 에고의 이런 행동은 결국 정반대의 결과를 초래한다. 기쁨을 죽여버리는 것이다. 『복음 안에서 발견한 참된 자유』의 저자 티머시 켈러Timothy Keller 박사는 자만심이 현실에서 즐거움을 누리는 능력을 망가뜨린다고 말한다.

> 에고는 항상 자기 자신에게 관심을 끌려고 안달하며, 공허감을 어떻게든 채우려고 분주하게 움직인다. 특히 두 가지 일을 하느라 바쁜데, 바로 비교와 자랑이다.
>
> 에고는 공허감을 채우려고 늘 타인과 자신을 비교한다. 에고는 한순간도 쉬는 법이 없다. 자만심의 심장엔 바로 경쟁심이 자리 잡고 있다. 그래서 우리보다 더 성공한 사람, 더 지적인 사람, 더 외모가 뛰어난 사람과 함께 있을 때 우리는 자신이 가진 것들을 즐겁게 누릴 힘을 잃고 만다. 애초에 그것들에서 즐거움을 느꼈던 것이 아니기 때문이다. 우리는 그저 자랑스럽게 여겼을 뿐이다.

나보다 먼저 탁월함의 경지에 이른 사람을 동경할 수는 있다. 건강한 동경, 롤모델의 존재는 긍정적인 동기 부여가 될 수 있으며 때로 엄청난 추진력으로 작용한다. 하지만 비교는 두려움을 낳는다. 그리고 두려움은 자유와 열정을 앗아간다는 사실을 명심해야 한다. 자기 자신을 다른 사람과 비교하면서, 남이 자신을 어떻게 생각할지 근심하면서 어떻게 온전히 몰입할 수 있겠는가? 이 책은 비범한 역량을 키우는 법을 다루는 책이지만, 또한 삶을 충만하게 누리는 법을 가르쳐주는 책이기도 하다. 고장 난 에고로는 결코 이 두 가지 목표를 동시에 이룰 수 없다.

3장
두려움을 버리고 자기인식 높이기

단단한 내면 근력의 토대, 자기인식

나는 엉망진창으로 망가진 사람이 아니다. 다만 이 엉망진창인 세상에서 깊이 느끼며 살아가는 사람일 뿐이다. 누군가 나더러 왜 그렇게 자주 우느냐고 물을 때마다 이렇게 대답한다. "자주 웃는 것과 같은 이유에서입니다. 세상에 관심을 기울이며 살기 때문이죠." 나는 그들한테 말한다. 완벽해져서 남들의 찬사를 받으며 살아갈 것인가, 있는 그대로의 모습으로 사랑받으며 살아갈 것인가? 우리는 그 두 가지 중 하나를 선택해야만 한다.

—글레넌 도일 멜턴Glennon Doyle Melton, 『사랑 전사Love Warrior』

스탠퍼드대학교의 심리학 교수 캐럴 드웩이 쓴 책 『마인드셋』에 따르면, 많은 사람이 위대한 천재는 타고난다고 여긴다. 그들은 애써 노력하지 않아도 탁월한 경지에 이른다고 생각하는 것이다. 그러나 사실 천재라 불리는 이들은 최고가 되기 위해 스스로를 믿고 끊임없이 연마한 사람들이다.

드웩은 무수한 연구를 통해 성공한 사람들에겐 '성장 마인드셋'이 있었다고 밝힌다. 성장 마인드셋이 있는 사람은 '인간의 잠재력은 누구도 알 수 없으며, 노력을 통해 무한한 가능성을 펼칠 수 있다'고 믿는다. 이들은 '개인의 능력치는 고정되어 있으며 재능을 타고나지 않으면 한계가 있다'고 믿는 사람보다 성공할 확률이 훨씬 높았다.

성장 마인드셋을 갖춘 사람들은 모두 자기인식 능력이 높다. 앞서 설명했듯, 자기인식이란 자신의 감정, 생각, 행동 패턴, 역량을 '관적으로 인식하고 성찰하는 능력이다. 자기중심성은 성장을 가로

막는 주범인 반면 자기인식은 우리가 성장하는 토대가 된다. 자기인식 능력이 높은 사람은 자신의 부족함에 대한 피드백을 방어적으로 받아들이지 않고, 발전할 수 있는 기회로 받아들인다. 그렇기에 정체되지 않고 유연하게 진화할 수 있다.

우리는 흔히 실수나 실패 앞에서 자신을 가혹하게 몰아세우곤 한다. 하지만 자기인식 능력이 높은 사람은 자기 실수를 인정하면서도, 한 번의 실수로 인해 자신의 가치가 없어진다고 생각하지 않는다. 그리고 경험을 통해 무엇을 배울 수 있을지 고민한다. 이러한 사고방식은 비난에 소모되던 에너지를 문제를 해결하고 배움을 얻는 쪽으로 전환하며, 불안을 낮추고 평정심을 유지하게 한다.

예를 들어 자기중심성에 사로잡힌 사람이 회사에서 중요한 발표를 망쳤다고 해보자. 회의장을 나서는 길에 그는 자기가 사람들 앞에서 말도 제대로 못 하는 사람이라는 자괴감에 빠질 것이다. 그다음부턴 발표해야 할 때마다 마음이 불편할 것이다. 그리고 자기 동료를 보며 '내가 저 사람만큼만 할 수 있다면 얼마나 좋을까. 그러면 모든 사람 앞에서 내 실력을 인정받고 앞서나갈 텐데'라고 생각할 것이다. 한 동료가 발표 내용을 칭찬하자 깜짝 놀라며, 그 말은 그저 예의상 하는 칭찬일 뿐이라고 생각할 것이다. 다음 회의 일정이 잡히자마자 회의실에 들어갈 생각만 해도 벌써 두려워진다. 이렇듯 자기중심성은 눈앞의 가능성을 보지 못하게 시야를 차단하는 장막 같은 존재다. 다른 사람과의 연결을 차단하고, 과도한 자의식 속에 자신을 가두어버린다.

한편 자기인식 능력이 높은 사람이라면 같은 상황에서 어떻게 행동할까? 그 또한 자신의 발표 실력에 비슷한 실망감을 안고 회의장을 나설 테지만, 주위를 살핀 끝에 발표를 잘 해낸 사람들은 자기보다 시간과 수고를 더 많이 들여 준비했다는 사실을 깨닫는다. 제안을 더 효과적으로 전달하기 위해서 자신도 그만큼 노력하겠다고 다짐한다. 동료의 칭찬을 열린 마음으로 받아들인다. 다음 회의 일정이 잡힐 무렵 그는 이미 자신 있게 회의실로 향할 준비가 되어 있다. 자기인식 능력이 높은 사람은 더 많은 선택지를 본다. 그들에게 실패는 없다. 오직 배움의 기회가 있을 뿐이다.

자기인식 능력 높이기

자기인식은 내면의 힘과 성장의 토대다. 그렇다면 자기인식 능력은 어떻게 높일 수 있을까? 자기인식을 구체적인 삶의 양식으로 체화하여 내면의 힘을 기르는 방법에는 크게 세 가지가 있다.

첫 번째, 가장 먼저 내면에서 들려오는 목소리를 객관화해야 한다. 우리는 1장에서 자신의 믿음과 전제를 검토하고, 내게 힘을 주는 마인드셋이 무엇인지 살펴본 바 있다. 우리는 흔히 스스로를 가혹하게 몰아세우는 내면의 비난을 '객관적인 진실'로 오해하곤 하지만, 이는 과거의 상처나 타인의 시선이 투영된 왜곡된 환상일 가능성이 높다. 따라서 자신이 스스로에게 내뱉는 부정적인 말들을 관찰자처럼 거리를 두고 바라보며, 그것이 '사실'이 아닌 단지 순간적인 '생각'일 뿐임을 인지하는 훈련이 필요하다. 최선을 다했으나 일이 잘 풀리지 않았거나 실수를 했다고 가정해보자. '나는 부족한 사람이다'라는 생각이 나도 모르게 몰려들 수 있다. 이때 이 부정적인 생각과 감정에 휩쓸리는 대신, '지금 내가 실수 때문에 스스로 부족하다는 생각을 하고 있구나'라고 그 생각을 인식해보자. 이는 우리의 잠재의식이 부정적인 생각을 곧장 현실로 받아들이는 함정에서 벗어나게 해준다. 또한, 감정의 늪에 빠지지 않고 자신을 직시할 수 있게 되기에 충동적인 반응 대신 침착한 대응을 할 수 있다.

　두 번째 방법은 돈, 사회적 지위, 외모, 타인의 평가처럼 가변적인 요소에 자존감을 의탁하지 않고 흔들리지 않는 내면의 단단한 기준을 세우는 것이다. 이 책의 2장에서 이 부분을 구체적으로 다뤘다. 외적 보상을 추구하기보단 내면의 잠재력을 실현하는 데 집중해야 한다. 삶의 우선순위를 명료하게 인지할 때, 우리는 비로소 외부의 기대에 휘둘리지 않고 자신의 본질과 일치하는 선택을 내릴 수 있다. 이는 소모적인 근심을 줄이고, 목표를 향한 집중력을 강화한다.

　마지막으로, 가장 중요한 세 번째 방법은 자기중심성과 여기에서 비롯한 두려움을 내려놓는 것이다. 3장에서 이를 주요하게 다뤘다. 자기중심성은 시야를 좁게 만들고 성장을 가로막는다. 비대한 에고는 자기인식 능력이 부족하다. 자신을 객관적으로 파악하지 못하고 뿌리 깊은 불안과 결핍에 시달린다. 그 결과 성장에 필수적으로 수반되는 시도하고 실패하고 다시 일어나는 과정에 집중하지 못한다. 이는 자신의 불완전함을 수용하지 못하는 뿌리 깊은 불안과 결핍에 닿아 있다. 비대한 에고는 성장이 아닌 자학의 굴레를 형성할 뿐이다.

　잊지 말자. 실패와 결점을 성장 과정에서 필연적으로 마주하는 이정표로 받아들이고, 매 순간의 최선이 완벽한 결과로 이어지지 않더라도 그 자체로 가치 있음을 인정하자. 그때야 비로소 외부의 평가나 일시적인 실패에 흔들리지 않는 단단한 심리적 맷집이 길러진다.

3장
두려움을 버리고 자기인식 높이기

이러한 내면의 힘은 강력한 추진력이 되어, 어떤 시련 앞에서도 굴하지 않고 나아가 결국 원하는 바를 이뤄내게 하는 핵심적인 동력으로 작용한다.

우리는 항상 자신이 생각하는 대상을 향해 나아간다. 역사의 수많은 위대한 인물들 또한 생각하는 방향을 전환하고, 마음속 깊은 갈망에 집중하고, 이 세계를 있는 그대로의 모습으로 보는 법을 익혔다. 그들은 그렇게 자신을 우주의 중심이라 생각하던 자기중심적인 내면을 길들일 수 있었다. 당장 오늘부터라도 마음과 정신의 방향을 돌려 아름다움과 위대함을 향해 나아가자. 경이로운 꿈과 경험이 우리를 기다리고 있다.

: 내면 근력을 켜는 스위치 :

✓ 스스로 만족스럽지 못했던 순간이나 작은 실수가 자꾸 떠오르는가? 그 일을 '실패' 혹은 '실수'로 기억하기보다는 '배움'이라는 단어로 치환하여 문장을 다시 써보자. 감정의 꼬리표를 떼어내고 사실만을 객관화하는 이 짧은 기록의 반복은 건강한 자기인식에 도움이 될 것이다.

✓ 일상에서 일어나는 사소한 차질에 쉽게 휘둘리지는 않는가? 지금 놓인 상황에 개의치 않고 가장 중요한 문제에 집중할 수 있는가?

✓ 낯선 사람들이 함께하는 저녁 자리나 사교 모임에 참석할 일이 있다면 '나는, 내가, 나의'라는 단어를 입에 올리지 않는 연습을 해보자. 상대가 직접 적으로 묻지 않는 한 자신에 관해 먼저 이야기하지 않고 대화를 원활하게 이어 나갈 수 있는가? 상대에게 호감을 사고, 자기를 좋은 사람으로 보이게 할 만한 말을 한마디도 하지 않을 수 있는가? 이 연습을 통해 에고에 대한 인식을 키우는 한편, 자신에게 몰두하거나 타인의 인정에 휘둘리지 않는 게 얼마나 어려운 일인지 체감할 수 있다.

3장
두려움을 버리고 자기인식 높이기

2부

내면 근력이 불러올 혁명적 변화

**INNER
EXCELLENCE**

도전하는 사람,
안주하는 사람

우리의 시간은 제한되어 있어요. 그러니 남의 인생을 사느라 시간을 낭비하지 마세요. 용기를 내어 자기 마음과 직관을 따르세요. 인생에서 큰 결정을 내릴 때마다 내게 가장 큰 도움이 된 건 이제 곧 죽는다는 사실을 되새기는 일이었습니다.

— 스티브 잡스, 암 선고 후 2005년 스탠퍼드대학교에서 한 졸업사

2007년 7월 15일, 원자력쇄빙선 NS 야말 호는 북극점 위를 항해하고 있었다. 루이스 고든 퓨Lewis Gordon Pugh는 결연한 걸음으로 자기 선실에 들어섰다. 수영복으로 갈아입으면서 이제 곧 자신이 마주할 위험을 떠올리지 않을 수 없었다. 러시아의 쇄빙선은 얼어붙을 듯이 차갑고, 칠흑같이 어두운 파도 위에서 흔들리고 있었다. 퓨는 곧 이 바닷물에 뛰어들어 헤엄쳐야만 했다. 두려움이 그를 엄습했다. 퓨는 아무런 보호 장비도 없이 북극점의 얼음처럼 차가운 바다에 뛰어들어 1킬로미터를 헤엄치는 세계 기록에 도전할 작정이었다루이스 고든 퓨는 정확히 북위 90도의 북극점에서 수영했다. 수온은 약 1.7도였고, 수

영한 시간은 약 18분 50초였다—옮긴이. 3년 전에 시작된 이 대장정은 이제 30분 뒤에 퓨의 인생을 영원히 바꿔놓을 참이었다.

남아프리카공화국의 스포츠 과학자이자 의사인 팀 노크스 교수가 심부 체온 측정 장비를 달려고 퓨의 선실로 들어왔다. 북극곰을 막으려고 배치한 무장 경비원 몇 명을 제외하고, 노크스 박사는 퓨의 수영을 중단시킬 수 있는 유일한 인물이었다. 박사는 오직 이 임무를 위해서 이 자리에 있었다. 사람이 영하의 바닷물에 들어가 수영하면 뇌의 작동 속도가 현저하게 느려진다. 훗날 노크스 박사는 이렇게 설명했다. "뇌는 명료하게 사고하고 정상적으로 반응하는 능력을 잃어버립니다. 물속에 들어간 사람의 심부 체온이 임계점 이하로 떨어져 버리면 그땐 돌이킬 방법이 없습니다. 조금 전까지 아주 멀쩡하게 수영을 잘 하다가도 바로 다음 순간 그대로 대양 바닥으로 가라앉아버릴 위험이 있어요. 내 역할은 퓨가 그 임계점을 넘기지 않도록 막는 일이었습니다."

다시 말해 퓨의 목숨은 노크스 박사의 손에 달려 있었다. "일을 처음으로 되돌릴 방도만 있다면 그렇게 했을 겁니다." 훗날 퓨가 인정했다. "팀의 눈을 보니 그 안에 두려움이 서려 있었어요. 팀이 그런 표정을 짓는 건 처음 봤습니다. 나한테 체온계를 달아주는데, 손이 부들부들 떨리더라고요." 전 세계의 수많은 과학자가 북극점에서의 수영은 불가능하며 사실 목숨을 버리는 자살 행위와 다름없다고 단언했다. 노크스 박사는 퓨의 도전이 가능하다고 주장했던 몇 안 되는 소수에 속했지만, 막상 결전의 순간이 코앞으로 다가오자 그도 두려움을 감추지 못했다. 어쩌면 다른 과학자들의 말이 맞았을지도 몰랐다.

북극점에서의 수영을 3주 앞두고 퓨는 노르웨이의 빙하가 녹은 물이 흘러드는 호수에서 예행연습을 했다. 호수의 물은 섭씨 3도로 북극점의 바닷물보다 훨씬 따뜻했다. 하지만 이 호수에서조차 퓨가 최대로 헤엄칠 수 있었던 거리는 고작 600미터였다.

결전의 날을 이틀 앞두고 퓨는 2차 예행연습을 했다. 하지만 결과는 전보다 한층 참담했다. 목표로 삼은 1킬로미터에서 3분의 1도 채우지 못한 채 극심한 고통이 엄습해 결국 포기할 수밖에 없었다. 나중에 밝혀진 사실이지만 그 고통의 원인은 손의 세포가 파열된 탓이었다. 퓨가 말했다. "얼마나 고통스러웠는지 이루 말할 수가 없었어요. 누가 몇 시간 동안 내 손을 짓밟고 다닌 것처럼 아팠습니다."

두 차례의 예행연습이 모두 실패로 끝나자 퓨는 깊은 회의에 사로잡혔다. 스물아홉 명의 팀원이 자신에게 기대를 걸고 있었고, 세계 곳곳의 언론사에선 매일 최신 소식을 재촉하는 연락이 쏟아져 들어왔다. 압박감은 점점 커져만 갔다. 하지만 퓨는 사명감에 불타고 있었다. 북극점에서의 수영은 퓨에게 개인적인 도전을 넘어 훨씬 더 중요한 의미가 있었다. 퓨는 해양법 전문 변호사이자, 유엔환경계획(UNEP)의 환경운동가다. 원래는 몇 미터 두께의 얼음으로 뒤덮여 있어야 할 북극점에서 수영을 해냄으로써 지구온난화의 파괴적 영향과 지구적 위기를 전 세계에 알릴 계획이었다.

예행연습이 전부 실패로 돌아갔으나 포기할 수는 없었다. 죽음의 위협을 앞둔 극심한 두려움 속에서도 퓨는 얼음 바다 1킬로미터를 헤엄친다는 계획을 끝끝내 실행에 옮겼다. 과학자들이 보통 사람은 1분도 채 되지 않아 목숨을 잃으리라고 단언한 바다에서였다. 그리고 놀랍게도 성공을 거두었다.

도대체 어떻게 성공할 수 있었을까? 한 가지 분명한 사실은 퓨

4장
도전하는 사람, 안주하는 사람

가 겨우 이틀 만에 갑자기 힘이 세지거나 속도가 빨라지거나 냉혈동
물로 변하지는 않았다는 것이다. 이 놀라운 성취는 내면의 힘이 이뤄
낸 승리였다. 신체적 조건엔 큰 변화가 없었다. 변화는 틀림없이 퓨의
내면에서 일어났다. 과연 무슨 일이 있었기에 퓨는 오직 두려움만을
남긴 예행연습의 실패를 극복하고, 자신감과 집중력을 발휘할 수 있
었을까? 어떻게 불가능하게만 보였던 일에 성공할 수 있었을까? 어떻
게 그 두려움을 이겨낸 것일까?

도달하기 어려운 목표와 꿈을 좇는 여정에선 반드시 두려움과
의심에 맞서야만 한다. 두려움이 강력한 이유는 그 원인을 제대로 짚
을 수 없기 때문이다. 원인을 모른다면 그에 맞는 해결책을 찾아낼 수
가 없다. 두려움은 나는 누구인가, 내 앞에 어떤 가능성이 있는가에 대
한 진실에서 우리를 멀어지게 한다. 하지만 정신이 작용하는 방식을
이해하고 이 방식에 익숙해지면, 두려움을 마주해도 무조건 얼어붙는
대신 포용하는 방법을 배울 수 있다.

압박감이 극에 달하고 가장 극심한 두려움이 눈앞에 닥쳤을 때
우리는 그 두려움을 헤치고 나아가도록 의지할 무엇이 필요하다. 이
때 그 무엇은 목표나 승리, 어쩌면 죽음마저 초월하는 것이어야 한다.

두려움을 아는 사람만이
위대해진다

꼬마 조르주는 캐나다 퀘벡의 한 작은 마을에서 자랐다. 집엔
알코올중독자인 아버지가 있었고, 학교엔 조르주를 괴롭히는 불량배

가 기다리고 있었다. 조르주는 매일 수업이 끝나면 얻어맞을지 모른다는 극심한 두려움 속에서 하루하루를 살아갔다. 격투기 도장에 등록하던 날, 처음으로 자신만의 집을 찾은 듯한 기분을 느꼈다. 그곳에서 자신의 두려움과 맞서는 법을 배울 수 있었다. 훗날 조르주 생피에르Georges St.-Pierre는 프로 격투기 선수가 되어 종합격투기 세계선수권 대회의 우승자가 되었지만, 어린 시절의 두려움은 사라지지 않았다. 조르주는 팟캐스트〈대가를 찾아서Finding Mastery〉(2019.7.2.)에 출연해 이렇게 설명했다.

어렸을 땐 어른이 되면 이 긴장과 공포가 사라질 거라고 생각했어요. 그런데 두려움이 사라지기는커녕 오히려 점점 더 심해지기만 할 뿐이었어요. 어릴 때와 달라진 게 한 가지 있다면 이젠 두려움을 그 자체로 받아들이게 됐다는 겁니다. 두려움이 계속 거기에 있을 거란 사실을 알고, 그 감정을 어떻게 다뤄야 하는지도 압니다. 이제 경험이 쌓였으니까, 시합 날이 다가오면 당연히 '난 또 겁에 질리겠구나' 하고 예상할 수 있죠. 시합이 있는 주엔 잠을 제대로 못 잘 거란 사실도 이미 알고요. 그저 그 사실을 기꺼이 인정하고 받아들일 뿐입니다.

선수 생활 초반에는 시합 전날에 잠을 네 시간밖에 못 자니 미칠 것 같은 심정이었어요. 잠을 잘 자지 못했으니 최고의 실력을 선보이기는 글렀다며 날 더욱더 몰아붙였죠. 하지만 이젠 시합 전날 잠을 못 자는 건 지극히 정상이라고 생각하게 됐습니다. 그 사실 자체를 받아들인 거죠. 그건 시합을 앞두고 내가 반드시 거쳐야 하는 고통스러운 과정일 뿐이에요. 고통 자체는 지금도 여전히 견디기가 힘들어요. 달라진 건 단 하나, 내가 그 사실을 담담히 받아들인단 사실뿐입니다.

누구나 두려움을 안고 산다. 여기에서 중요한 질문은 그 두려움에 어떻게 맞서느냐는 것이다. 사람들은 대부분 두려움의 대상을 그저 회피하려 들 것이다. 그것이 본성이니까. 하지만 도망만 다닌다면 인생을 온전히 살 수 없을뿐더러 탁월함에 이를 수 없다. 두려움을 기꺼이 마주하고 그 순간 피어날 온갖 감정을 기꺼이 느끼며 포용하려 할 때, 우리는 비로소 위대해질 수 있다.

인간이 높은 산에 오르는 이유

그 길이 비록 실패로 얼룩진다 해도, 위대한 일에 담대하게 도전하며 영광스러운 승리를 쟁취하는 건 값진 일입니다. 이렇다 할 기쁨도 고통도 없이, 승리도 패배도 알지 못한 채 어두운 황혼에서 그저 안주하는 것보다 훨씬 더 값진 일입니다.

―시어도어 루스벨트, 연설 〈시민의 의무〉

루이스 퓨는 두려웠다. 결전의 날에 이르기까지 변하지 않은 게 한 가지 있었다면, 그건 퓨가 두려워했다는 사실이다. 두 번째 예행연습이 실패로 끝나자 퓨는 생각했다. "운이 좋으면 손가락만 몇 개 잃는 데서 끝날 테고, 최악의 상황이라면 목숨을 잃게 되겠지." 간절하게 시간을 되돌리고 싶었고, 지금이라도 포기하고 싶었다. 그 두려움

2부
내면 근력이 불러올 혁명적 변화

이 퓨를 앞으로 밀어주는 공격적인 힘으로 돌변한 건 그가 얼음처럼 차가운 북극의 바다에 발을 내디뎠던 바로 그 순간이었다. 퓨는 도대체 어떻게 그 두려움과 우울감, 의심을 이겨낼 수 있었을까?

북극점 수영을 준비하는 동안 퓨 자신도 그 질문을 끝없이 되뇌며 자기 자신에게 물었다. "누군가를 밀어붙이는 힘은 어디에서 오는 걸까? 난 광기에 사로잡히지도 않았고, 정신이 어떻게 되지도 않았다. 나는 변호사이고, 경험도 쌓을 만큼 쌓았다. 그런 사람이 왜 일주일이나 배를 타고 북극까지 이 먼 길을 와선 얼음판 위에서 바다로 뛰어들려 하는가? 전문가들조차 그건 자살 행위나 다름없다고 말리는데도 말이다."

사람들은 때로 목숨을 건 위험을 감수하려 든다. 왜일까? 이유는 두 가지로 생각해볼 수 있다.

1 개인을 넘어서는 더 큰 목적을 위해, 즉 대의를 위해. 다른 사람을 돕거나 구하기 위해.

2 살아 있음을 온전히 느끼기 위해. 목숨을 걸어야 할 정도로 지극히 위험한 순간, 즉 극도의 집중력이 요구되는 순간에만 느낄 수 있는 '살아 있다는 감각'을 온전히 누리기 위해.

니컬러스 오코넬Nicholas O'Connell은 등반가 열일곱 명을 인터뷰하며 쓴 책 『위험을 넘어서: 등반가와 나눈 대화Beyond Risk: Conversations with Climbers』에서 이렇게 말한다.

등반가를 산에 오르게 하는 힘은 죽음에 대한 욕망이 아니다. 오

4장
도전하는 사람, 안주하는 사람

히려 삶에 대한 의지다. 진정으로 살고자 하는 열망, 즉 충만하고 온전하게 살고자 하는 열망이다. 나는 등반가보다 더 진정한 의미에서 살아 있음을 체현하는 집단을 만나본 적이 없다. 신체적, 감정적, 지성적, 영적인 면 모두에서 그러했다. 이들이 위험 자체를 즐기려고 위험한 등반을 하는 것은 아니다. 오히려 자기 경험을 한층 깊고 풍부하게 하는 수단으로써 위험을 감수하는 것이다.

두려움은 우리를 도우려고 존재하는 감정이다. 두려움이 있기에 위험을 피할 수 있고, 위험이 닥쳤을 때 집중할 수 있다. 하지만 다른 감정처럼 두려움 또한 자칫 우리 통제에서 멋대로 벗어나버리기 일쑤다. 두려움엔 워낙 강한 에너지가 있어서 때때로 우리를 옴짝달싹하지 못하게 하기도 한다. 하지만 퓨는 이 두려움에 담긴 강한 에너지를 활용해 자신에게 힘을 불어넣었다. 북극의 얼음 위로 걸어 나가는 순간 자신감과 함께 어떤 강렬한 감정이 내면에 차오르는 걸 느꼈다. 격심한 추위를 온몸으로 실감했을 때 내면에서 무언가가 찰칵하고 바뀌었다.

"완전히 다른 차원에 들어간 듯한 기분이었어요. 배에서 내려 얼음에 발을 딛는 순간 어찌 된 일인지 이번엔 정말로 해낼 수 있단 강한 확신이 처음으로 들었습니다." 그 순간 퓨의 '자아'는 뒤로 물러났다. 퓨는 눈앞의 사명과 물아일체가 되었고, 자신을 지지하는 팀과 한마음이 된 끝에 목숨을 내걸고 이 사명을 완수하겠다는 각오를 세울 수 있었다.

퓨는 그 자신을 뛰어넘는 더 큰 무엇과 연결됐다. 극한의 해역에서의 수영은 퓨가 이 세상을 좀 더 나은 곳으로 바꾸고자 자기 재능을 발휘하는 방식이었다. 퓨에겐 그를 이끄는 강력한 사명이 있었고 이를 위해서라면 기꺼이 자기 목숨마저 내걸 수 있었다. 그리고 바로 그렇게 함으로써 퓨는 자신의 두려움에 정면으로 맞서 진정으로 살아 있는 순간을 맞을 수 있었다.

탁월함을 선택하는 여정

매슬로에 따르면 삶을 온전히 살아내려면 자아실현을 추구해야 한다. 자아실현이란 개인이 도달할 수 있는 성장의 가장 높은 단계다. 나는 이 최상위 단계에 '이타적 자아실현'이라는 이름을 붙이고, 이를 인간이 도달할 수 있는 가장 높은 차원의 사명을 성취하는 것이라고 정의했다. 그 사명은 바로 다른 이를 위해 헌신하고, 온전히 충만한 삶을 살아감으로써 참 자아에 이르는 것이다. 이러한 삶의 양식을 표현하는 그리스어 단어가 있다. 바로 '조에Zoe'다.

조에는 생명력으로 가득한 삶을 의미한다. 진실하며 참되고, 활기와 생기로 가득하고, 온전히 충만하다. 내면에 있는 잠재력을 온전히 끌어내 발휘하고, 강렬한 아름다움과 열정을 피워내는 삶이다.

조에는 또한 사랑, 지혜, 용기를 거침없이 발현하는 삶이기도 하다. 이 세 가지 내적 자원은 서로 깊이 얽혀 있으므로 어느 한 가지를 온전히 발현하려면 다른 두 가지도 어느 정도 갖춰야 한다. 사랑과 지혜와 용기가 함께 어우러질 때 비로소 조에가 모습을 드러내고 우리는 온 마음을 다해 살아가는 신성한 순간을 온전히 경험할 수 있다.

살면서 겉으로만 그럴듯하고 매혹적으로 보이는 목표와 동기에 휘둘릴 때가 많다. 그러다 보면 진정으로 원하는 것에서 점점 멀어지게 된다. 잘못된 목표를 좇다 보면 어느새 우리 마음은 참 자아에서 갈라져 나온다. 인생을 성공과 행복으로 채우려 열심이지만 무엇을 성취할 때의 만족감조차 일시적인 데 그칠 뿐이다. 대부분 사람은 물질적 성공을 제외하고는 자신이 진정으로 원하는 게 무엇인지조차 제대로 알지 못한 채 살아간다.

하지만 지금 이 책을 읽으면서 마음속 어딘가에 서서히 깨달음이 찾아왔을 것이다. 가장 위대한 삶은 사랑, 지혜, 용기로 가득한 삶이라는 진실이다. 사랑은 두려움과 맞서게 하고, 지혜는 긴 안목에서 가장 좋은 선택을 내리게 해주며, 용기는 압박받을 때조차 담대하고 품위 있게 행동할 힘이 된다. 이 세 가지 덕목이야말로 충만한 삶을 누리고, 비범한 역량을 키우는 데 없어서는 안 될 주춧돌이다.

온 마음을 다해 산다는 건 그 무엇보다도 사랑, 지혜, 용기 안에서 배우며 성장하는 길을 따른다는 뜻이다. 이 길 외의 다른 길은 그저 덧없는 것의 뒤를 좇는 길이며 우리가 참 자아, 즉 온전하게 살아가고 깊이 사랑하는 존재에서 멀어지게 한다.

'경쟁하다'는 뜻의 영단어 'compete'는 라틴어 'competere'에서 유래했다. 이 단어엔 '함께 추구하다, 공동의 목표를 위해 노력하다, 일치하다'라는 뜻이 담겨 있다. 진정한 경쟁이란 두 명이나 그 이상의 경쟁자가 애정을 공유하는 대상을 함께 즐기는 것을 뜻한다. 위대한 성취를 이룬 인물은 모두 경쟁을 살아 있음을 실감할 기회로서 그 자체를 사랑한다.

그러므로 진정한 경쟁이란 자신이 상대를 이길 수 있는지 따지거나 누가 더 실력이 좋은지 가리는 자리가 아니다. 같은 걸 진심으로 사랑하는 사람끼리 얼마나 자신을 한계까지 밀어붙일 수 있는지 확인하는 자리다. 그 결과 배우고 성장하면서 자기수양을 갈고닦기 위해.

올림픽의 신조를 떠올려보자. "올림픽에서 가장 중요한 건 승리가 아닌 참가다. 인생에서 가장 중요한 게 성취가 아니라 그에 이르는 고군분투인 것과 마찬가지다. 진정으로 중요한 건 이기는 게 아니라 잘 싸우는 것이다."

대담하게 도전하는 사람과 어깨를 나란히 하려면, 안주하는 사람과는 전혀 다른 마인드셋과 삶의 방식을 갖춰야 한다. 도전하는 삶을 택한 이들에겐 세 가지 중대한 특징이 있다.

1 자기 안의 잠재력을 믿는다. 어려운 도전을 마다하지 않고 더 나아질 기회를 꾸준히 모색한다.

2 자신에게 잘 맞고 힘이 되는 루틴을 철저히 지킨다. 무엇을 보고 들을지, 어떤 생각으로 하루를 채울지 스스로 선택하려 노력한다. 또한 피상적 차원의 보상에 관심을 쏟기보다는 그보다 훨씬 더 오래 가는 것, 즉 강인한 내면을 구축하는 데 집중한다.

3 세상이나 세상이 정한 성공의 기준을 순순히 따르지 않는다. 한때의 쾌락과 타인의 인정을 갈구하지 않는다. 세상 사람이 전부 따스한 불 옆에서 따뜻한 코코아를 홀짝일 때, 이들은 세상이 미쳤다고 말하는 방식으로 자신의 두려움에 맞선다.

물질적 소유와 보상은 사랑과 지혜, 용기로 가득한 삶과 비교하면 그저 덧없이 스쳐 가는 희미한 불빛에 지나지 않는다. 이 진실을 깊이 깨닫는다면 무엇보다도 삶을 충만하게 살기를 갈망하게 될 것이다. 그 외의 다른 것들은 그냥 따라올 뿐이다. 성공이나 영예는 그저 부산물에 불과하다.

내면 근력을 키우고 비범한 삶을 추구하는 일은 우리가 하는 일의 분야와 목표의 종류와는 상관없다. 역할이 무엇이든 자리가 어디든 상관없다. 누구나 비범한 운명을 개척할 수 있고, 삶을 의미 있는 관계와 경험으로 채울 수 있다. 우리는 모두 조에를 실현할 수 있다. 그렇다면 일상에서 우리의 선택이 어떻게 조에로 이어지는지 그림 4.1에서 살펴보자.

마음을 따른다는 건 자기인식 능력을 키운다는 뜻이다. 자기인식은 삶의 주인이 되는 필수적 능력이다. 어떤 삶을 살고, 어떤 감정을 느끼고 싶은가? 어떤 사람이 되려 하는가, 즉 어떤 사람이 되어야 하는가? 이 같은 질문에 대해 뚜렷한 답을 찾는 것이다. 마음을 따른다는 건 또한 조건 없이 사랑하는 법을 배운다는 뜻이기도 하다. 이 진정한 형태의 사랑만이 두려움과 맞설 힘을 주기 때문이다. 마음을 따르며 조건 없이 사랑할 때 우리는 자유에 이를 수 있다.

시야를 넓힌다는 건 자기 자신을 넘어 그 이상을 본다는 뜻이다. 개인의 필요와 욕망을 넘어 삶에 더 큰 목적을 품고, 믿음을 확장하여 성장해나가는 것이다. 시야를 넓힐 때만이 지혜에 이를 수 있다.

지금 이 순간에 온전히 머문다는 건 온갖 자기중심적인 걱정을 내려놓고, 맑은 정신과 얽매이지 않는 마음으로 바로 그 순간에 온전히 몰입한다는 뜻이다. 삶의 순간들을 있는 그대로 받아들일 때만이 용기를 낼 수 있으며, 지금 여기에 깃든 아름다움을 제대로 발견할 수

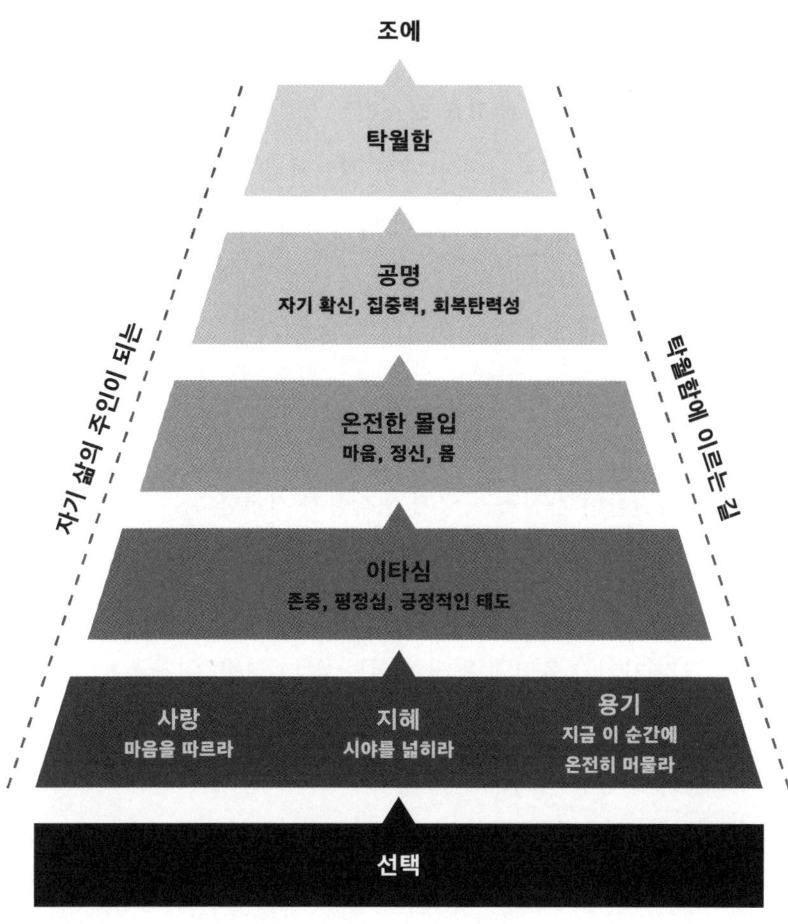

있다. 또한 여기에서 감사하는 마음이 솟아난다.

자기수양이란 성장하고자 끊임없이 자신을 갈고닦는 여정, 사랑과 지혜와 용기를 품고 궁극적으로 조에에 이르는 법을 배워나가는 여정을 의미한다. 결국 자기 수양은 조에를 가장 높은 목표로 삼고 이를 향해 곧장 나아가는 것을 뜻한다. 자기 수양의 길을 따른다면 다른 사소한 목표에 집착하는 마음을 내려놓을 수 있으며 그렇게 함으로써 오히려 그 목표들을 이룰 가능성을 최대한으로 끌어올릴 수 있다.

조에의 여정에서 에고를 다스리는 법

조에를 추구하는 길에서 마주하는 가장 큰 적은 바로 에고다. 에고는 늘 위협을 느끼고, 끊임없이 남과 비교하며, 결코 만족을 모르므로, 조에를 향한 여정과 정면으로 충돌한다.

그렇다면 에고가 삶에 얼마나 영향을 미치는지 현실을 깨닫게 해줄 몇 가지 항목을 살펴보자.

1 사람들이 자신을 어떻게 생각할지 걱정한다.
2 자신이 창피한 말이나 행동을 하게 될까 봐 긴장한다.
3 자신이 틀릴 수도 있다는 걸 인정하고 진실을 찾으려고 하기보단 그저 자기가 옳고 똑똑해 보이는 데 더 신경 쓴다.
4 지금 이 순간을 온전히 경험하고 앞으로 성장하는 데 집중하기보단 그저 당장 이기는 일에 집착한다.
5 창피한 일을 당하면 기분이 상하거나 화가 난다.

다음은 자기 수양의 길을 따라 사는지 확인할 수 있는 항목이다.

1 삶의 속도에 여유가 있다. 매사 조급해하지 않으며, 이해심과 연민을 발휘할 수 있다.
2 시시때때로 변하는 감정에 휘둘리지 않는다. 어떤 상황을 판단하지 않고 있는 그대로 인식한다. 어떤 상황에 대해 무엇이 자신

2부
내면 근력이 불러올 혁명적 변화

에게 최선일지 스스로 알지 못한다는 사실을 인정한다.

3 결과에 대한 집착이 줄어든다. 누군가에게 성취를 인정받고픈 마음보다 배우고 성장해 더 나아지고픈 마음이 크다.

4 자기 힘을 키우고, 사회적 지위를 높이고, 타인의 인정을 받으려고 하기보단 남을 돕고, 다른 사람에게 힘을 실어주는 일에 더 관심을 둔다.

5 자기 이야기를 하기보단 다른 사람의 이야기를 귀 기울여 듣는다.

6 일상의 생활과 습관에 엄격한 질서를 세우고 이 질서를 지켜나간다.

비대한 에고는 특정한 욕구를 품고 있으며 이 욕구가 해소되지 않을 때 자존감에 상처를 입고, 감정적으로 동요하게 된다. 비대한 에고는 항상 우리가 품위 있고 지성적이며 성공한 사람처럼 보여야 하고, 언제나 존중받아야 하며, 편안한 모습을 잃지 않아야 한다고 생각하게 한다. 다시 말해 창피하거나 기분이 상하거나 짜증이 날 만한 일을 당해서는 안 된다고 생각한다. 바로 그렇기에 에고에겐 풍요병 바이러스의 다섯 가지 우상이 그토록 매력적으로 여겨지는 것이다. 이 다섯 가지를 갖추고 있을 때 적어도 겉으로는 똑똑하고, 성공하고, 아름다운 사람처럼 보일 거라 생각하기 때문이다.

그러므로 자기수양이란 이 에고를 다스리는 일이어야 하며, 이는 다음의 두 가지를 이루는 데서 시작한다.

1 **자존감이 흔들리지 않는다**: 겸손하고 이타적인 마음을 품는

4장
도전하는 사람, 안주하는 사람

다면 무슨 일이 일어나든 누가 무슨 말이나 행동을 하든 자존감이 낮아지거나 흔들릴 일이 없다. 세상 그 어떤 것도 자기 존재감을 뒤흔들 수 없다.

2 감정적으로 반응하지 않는다: 겸손하고 이타적인 마음을 품는다면 쉽게 감정에 휘둘리거나 화를 내지 않을 수 있다. 자기방어적으로 반응하지 않고, 차분한 상태를 유지한다. 다른 사람의 약점에 연민을 느낀다.

어떤 일이 있어도 '자존감이 흔들리지 않는다'는 건 자신이나 타인이 실수를 저지르고 바보 같은 말이나 행동을 할 때, 도망가거나 숨으려 하지 않는다는 뜻이다. 회피의 밑바닥엔 자기 안위를 지나치게 걱정하는 태도가 깔려 있다. 겸손이란 자기 자신을 가치 없는 사람으로 치부하는 게 아니다. 그보단 자신을 덜 생각하고, 자기중심적인 삶에서 오는 두려움과 자기방어를 내려놓는 것이다.

어떤 일에도 '감정적으로 반응하지 않는다'는 건 자신을 비우고 두려움을 내려놓은 끝에, 그 누가 하는 말이나 행동도 자신감을 위협하거나 평온과 현존감을 뒤흔들 수 없는 경지에 오른다는 뜻이다. 오늘날 소셜미디어가 지배하는 세상에선 비교가 새로운 일상으로 자리 잡았다. 끊임없이 남들과 비교하다 보면 자신은 늘 부족한 듯한 기분에 휩싸인다. 그 결과 자기방어적인 태도를 취하게 되고, 결국 별것 아닌 일에도 쉽게 기분이 상한다. 그러면 사소한 말 한마디로도 갈등에 휩싸이기 일쑤다. 마치 실에 대롱대롱 매달려 다른 사람의 말 한마디, 행동 하나에 이리저리 휘둘리고 마는 꼭두각시 인형이 되는 것이다.

이 두 가지는 모든 것이 자기 뜻대로 움직여야 직성이 풀리는 집착에서 자유로워진다는 뜻이기도 하다. 운전할 때 누가 내 뒤에 차를 바짝 붙이고 따라올 수도 있다. 회의할 때 상대가 늦을 수도 있다. 인터넷 속도가 느리거나 연결이 중간에 자주 끊길 수도 있다. 누가 예의 없는 말을 내뱉을 수도 있다. 인생은 집중력과 자유를 빼앗길 만한 순간으로 가득하며, 어떤 사람이나 사건 때문에 감정이 흔들리기도 너무나 쉽다. 하지만 그걸 허용하는 순간 우리는 상황에 집어삼켜진다. 자신의 참 자아와 무관한 한마디 말이나 사건에 휘둘린 나머지 선택지를 빼앗기고, 자신이 주도하는 흐름에서 튕겨 나오는 것이다.

에고를 다스리는 법을 배워나갈수록 쉽게 자존감과 감정이 흔들리지 않는 이상적인 상태에 조금씩 가까워진다. 이 여정에서 우리는 아무도 막을 수 없는 존재로 거듭난다. 물론 이상에 완벽하게 도달할 순 없을지도 모르지만, 그 여정 자체가 수고를 들일 가치가 있는 일이다. 이 목표에 가까이 다가가는 것만으로도 더 큰 자유와 집중력, 믿음을 얻게 될 테니까.

이렇게 반문하는 사람이 있을 수도 있다. 누가 나에게 무례하게 굴고 자기를 이용하려 든다면 어떻게 한단 말인가? 이때 최선은 상대의 행동에 어떻게 대응할지 지혜롭게 분별하는 것이다. 상대에게 그런 지혜가 없다고 해서 우리까지 그 수준으로 떨어져야 하는 건 아니다. 삶의 목적은 말 그대로 매 순간 삶의 방향을 이끄는 나침반이 되어야 한다. 지금 잠깐 눈앞에 닥친 상황이나 사건을 틈타 에고가 난입하여 삶의 목적을 옆으로 제쳐두도록 허용해서는 안 된다. 비범한 인생을 살아가려면 다른 사람의 말이나 행동이 자기 삶의 속도와 흐름을 방해하도록 용인해서는 안 된다.

사람들은 대부분 시야를 너무 낮은 곳에 고정한 채 높은 곳을 보려 하지 않는다. 목표가 높아지면 높아질수록 그곳까지 함께할 동료는 줄어들기 마련이다. 많은 걸 기꺼이 희생하려는 사람은 그리 많지 않다. 세상 모든 사람이 자신을 단련하며 엄격한 경계를 두고 살지는 않는다. 따라서 함께 시간을 보낼 사람을 주의 깊게 선택해야 한다. 우리는 가장 오랜 시간을 함께 보내는 사람과 점점 닮아가기 마련이다. 한편 높은 목표를 추구하는 걸 이해하지 못하고 판단하려는 사람은 점점 더 많아질 것이다. 비범한 삶에 이르려면 이를 미리 각오해둬야 한다. 자신이 누릴 수 있는 최고의 삶을 살고자 노력하는 사람이라면 작은 막대 사탕을 손에 쥔 이들의 사소한 불평과 짜증 같은 부정적인 감정에 휘말려서는 안 된다.

사랑:
마음을 따르라

누구든지 삶을 얻고자 하는 자는 삶을 잃을 것이요,
남을 위해 자기 삶을 내어주고자 하는 자는 삶을 얻을 것이다.

―『마태복음』10장 39절(새번역)

저자는 성경 구절을 책의 내용에 맞추어 조금 바꾸어 인용한다. 그것에 맞추어 성경 구절을 그대로 인용하지 않고 새롭게 번역했다―옮긴이

참 자아가 중요한 이유

매슬로가 높은 성취를 이룬 자아실현자를 설명하며 제시한 아홉 가지 특징을 떠올려보자. 바로 완전한 몰입, 개인의 성장 추구, 자기 인식, 게마인샤프트, 감사하는 마음, 진정한 자기다움을 추구하고

문화적 동화에 저항하는 태도, 고독, 자아를 넘어선 목적, 자기방어의 부재다. 이 특징들은 마음이 이끄는 대로 따르는 삶의 모습을 잘 보여준다. 가장 이타적으로 사는 방식이기도 하지만, 한편으로 깊고 풍성한 개인적 보상을 얻을 수 있는 가장 이기적인 삶의 방식이라고도 말할 수 있다. 하지만 이런 삶을 살려면 치러야 할 대가가 절대 가볍지 않다. 확고한 의지를 세우고, 자신을 기꺼이 희생하며, 편안과 자기 안위에 대한 걱정을 내려놓을 수 있어야 한다. 이 말은 곧 자기 결핍만을 채우려 들고, 자기 권리를 행사하려 하는 욕구는 모두 놓아버려야 한다는 뜻이다. 그래야 비로소 위대한 일을 성취할 수 있다.

삶에 집착하는 태도는 이 세상을 제로섬, 즉 '한정된 자원'으로 바라보는 관점에서 비롯한다. 제로섬이란 이 세상에 파이가 오직 하나만 존재하여, 모두 골고루 나누기엔 파이가 부족한 상태를 뜻한다. 누가 마지막 조각을 가로채버리면 크림 한 입도, 사과 부스러기도 맛볼 수 없다. 이런 관점에서 세상을 보니 시야는 항상 좁아질 뿐이고, 삶은 오로지 끊임없는 위협과 비교로 채워질 수밖에 없다. 누구나 이를 수 있는 최고의 삶, 즉 자유와 확신과 기쁨으로 가득한 삶을 누릴 수 있다는 사실을 깨닫기 전까진 그렇다는 말이다. 이런 삶을 누리려면 자기방어적 태도를 내려놓고, 개인적 이득만 좇는 짓을 그만둬야 한다.

마음이 이끄는 대로 따른다는 건 지금 하는 일과 경쟁 상대, 팀 동료, 자기 자신을 아무 조건 없이 사랑하는 일이기도 하다. 그렇다고 하루 내내 하이파이브만 하고 있자는 말은 아니다(물론 하이파이브는 많이 하면 할수록 좋기는 하지만). 늘 자신이 하는 일을 좋아하기만 해야 한다든가, 주위 사람을 무조건 좋아해야 한다는 뜻도 아니다. 내 앞의 가능성을 믿는 기준이 나와 타인에 대한 존중과 맞닿아 있어야 한

4장
도전하는 사람, 안주하는 사람

다는 뜻이다. 그래서 자신이 하는 생각, 수련, 환경에 대해 엄격한 경계를 세울 수 있어야 한다. 그것은 또한 주위 상황이나 지금 당장의 감정에 따라 행동과 습관을 바꾸지 않는다는 뜻이기도 하다. 행동과 습관을 바꾸는 것은 내 목적에 충실하고 탁월함을 추구하는 데 필요하다고 판단할 때뿐이다.

조건 없는 사랑이 중요한 이유

마음은 본디 서로 사랑하고 연결하게 되어 있다. 이는 우리의 가장 깊은 욕망이자 가장 위대한 힘이다. 사랑은 위대한 가능성과 모든 생명의 상호 연결성을 비추는 렌즈다. 아무런 조건 없이 사랑한다는 건 어떤 상황에든 판단하지 않고 두려움 없는 용기로 맞선다는 뜻이다. 끊임없이 변하는 상황에 끌려다니지 않고 오직 삶의 목적과 위대한 가치에 따라 살아간다는 뜻이기도 하다. 두려움이 자기중심적이며 미래지향적인 감정인 반면에 사랑은 타인중심적이며 지금 이 순간에 머무는 강렬한 에너지다. 두려움과 사랑이 정면으로 맞붙을 때, 사랑은 포기하지만 않는다면 늘 승리할 수밖에 없다.

진정한 사랑이라 할 수 있는 유일한 종류의 사랑, 즉 무조건적인 사랑엔 자기 자신에 대한 집착이 없다. 역설적으로 들릴 테지만 자신에게 관심을 두지 않을 때 오히려 자기를 훨씬 더 잘 돌볼 수 있다. 자기인식 능력이 한층 높아지면서 전엔 문제에 가려 보이지 않았던 가능성을 발견할 수 있기 때문이다.

오직 나만을 위해 살아가던 삶의 방식을 벗어던져야만 걱정과 근심의 속박에서 풀려나며 불안과 두려움을 잠재울 수 있다. 진정한 의미에서, 즉 감사와 겸손으로 나를 사랑할 때만이 우리는 타인을 위

2부
내면 근력이 불러올 혁명적 변화

해 자기 삶을 내어줄 수 있다. 내 삶은 물론 다른 이들의 삶에서 탁월함을 끌어올릴 수 있다.

그렇다면 일상에서 어떻게 무조건적인 사랑을 베풀 수 있을까? 교통량이 많아 정체가 심한 출퇴근 시간에 운전한다고 해보자. 다른 차 한 대가 자기 앞에 끼어들도록 양보한다면 이게 바로 조건 없는 사랑을 베푸는 행위다. 그런데 이때 상대가 고맙다는 인사로 손을 흔들어주기를 바란다면 이 행위는 조건부 사랑으로 변질된다. 거리를 걷다가 낯선 사람과 눈이 마주쳐 미소를 지어줄 때도 그렇다. 상대가 자신을 무시하거나 이상한 사람으로 취급한다고 해서 기분이 상한다면 그 순간 이 소소한 사랑의 행위는 조건부 사랑으로 변질된다. 차가 꽉 막힌 길에서 양보하고 거리에서 마주친 사람에게 미소 지어주면서도 상대의 반응에 기대를 걸지 않는다면 내면의 힘을 발휘하기 시작한 것이다. 이때 두려움은 사라진다. 다른 사람의 반응에 의존하지 않는 강력한 힘에 따라 움직이기 때문이다.

마음이 이끄는 대로 산다는 건 자신이 하는 일의 모든 측면을 아무런 조건 없이 감사하는 마음으로 포용한다는 뜻이기도 하다. 다시 말해 훈련 과정에서 겪는 불편이나 심지어 고통마저도 사랑하는 마음으로 품어야 한다. 마음을 따르며 사는 사람은 개인 사무실이나 높은 연봉처럼 일에서 얻는 보상 때문이 아니라, 일하는 것 자체가 더 나은 사람이 되는 자기 수양의 과정이기에 지금 하는 일을 사랑한다. 운동 실력을 키우든 어떤 기술을 익히든 상관없다. 지금 자신이 하는 일의 모든 측면을, 특히 지루하고 고단한 순간마저도 무조건 사랑한다면 어느 분야에서든 비범한 역량을 키울 수 있다. 그 어떤 결과나 실패도 우리를 정의하거나 끝장낼 수 없기 때문이다.

지혜:
시야를 넓히라

시카고 불스의 감독으로 일할 때 팀이 승리하게 하는 가장 효과적인 방법을 터득했다. 그 비결은 바로 선수들의 내면에서 그들 자신보다 훨씬 더 큰 무엇과 연결되고 싶어 하는 마음을 일깨우는 것이다. 일반적으로 자신이 '영적'인 것과는 거리가 멀다고 생각하는 사람도 예외는 아니다. NBA의 우승팀이든 최고의 실적을 달성한 영업팀이든 팀이 승리하게 한다는 건 본질적으로 영적인 활동이기 때문이다. 팀이 승리하려면 구성원들이 자기 개인의 이득을 내려놓고 더 큰 공동의 선善을 위해 헌신해야 한다. 그때 전체는 단순한 부분의 총합을 넘어서는 더 큰 무엇에 이른다.

—필 잭슨Phil Jackson(**NBA 명예의전당에 이름을 올린 농구 감독**),
　　『**성스러운 농구**Sacred Hoops』

시카고대학교의 심리학 교수 미하이 칙센트미하이는 몰입과 창의성을 연구했다. 그는 전 세계의 뛰어난 인물들 수천 명을 연구한 끝에 『몰입』에서 이렇게 결론지었다. "최고의 역량을 발휘하려면 단순한 자기 이익을 넘어서는 명확한 목적이 있어야 한다." 매슬로에 따르면 자아실현자는 자신의 가장 높은 목표를 달성하는 일이 결국 다른 이들과 소통하고, 그들에게 배우고, 그들을 돕는 일로 이어진다는 사실을 깨달았다.

시야를 넓히라. 자기 생각과 경험에 갇히지 말라. 그러면 더 크고 넓은 현실을 마주할 것이다. 아름다움과 가능성을 더 많이 발견해야 한다. 이는 비범한 역량을 키우고 충만한 삶을 살아가는 데 필수 조건이다.

시야를 넓힌다는 건 삶에서 자기 자신을 넘어선 목적을 찾아낸다는 뜻이다. 인식의 지평이 넓어질수록 모든 인류가 서로 깊이 연결되어 있다는 사실을 깨닫게 될 것이다. 서로 느끼는 연민과 공감이 확장되고 인간관계가 깊어질 것이다. 인식이 높아지면서 자기중심성과 자만심, 에고가 어떻게 우리 눈을 가리는지 깨닫게 될 것이다. 겸손이 어떻게 비범한 경험의 토대를 이루는지 알게 될 것이다.

진실로 겸손한 사람은 자존감에 상처를 입지 않는다. 상처 받을 에고 자체가 없기 때문이다. 진정 건강한 자존감을 지닌 사람은 자유롭게 가능성을 탐험하고, 기꺼이 실패를 감수하고, 혹여 넘어졌을 때도 가볍게 툭툭 털고 일어날 수 있다. 겸손이야말로 자기 자신을 가장 정확하게 바라보는 관점이다. 자신을 과대평가하지도, 과소평가하지도 않는 자유로운 상태다.

자기 자신을 정확하게 바라본다는 건 인생에 이미 존재하는 좋은 것, 소유하고 성취해낸 것 대부분이 실은 선물로 주어졌다는 사실을 아는 일이다. 이 이야기를 들으면 아마도 발끈할지도 모른다. "그게 무슨 말도 안 되는 소리야? 난 열심히 노력해왔어. 절대 포기하지 않았다고. 이런 일도 해내고 저런 일도 해냈단 말이야." 하지만 생각해보자. 그렇게 열심히 노력할 수 있었던 정신과 에너지는 어디에서 왔는가? 자신이 태어난 나라를 선택한 사람은 없다. 가족이나 자기 팀의 감독을 자기 의지로 선택한 사람은 없다. 나를 가르치는 교사도, 내 안의 유전자도 모두 내 선택이 아니다. 세계대전이 일어났을 무렵이나 대기근이 일어났을 무렵 태어났다면 어떻게 살았을까? 아무리 열심히 노력한다고 한들 고된 삶에서 벗어나지 못했을 것이다. 스스로를 정확하게 바라본다면 내게 주어진 것에 감사하는 마음이 솟아날 수밖에 없다.

4장
도전하는 사람, 안주하는 사람

겸손과 자신감은 서로 함께 묶이는 일이 별로 없지만 실은 그래야만 한다. 두려움 없이 담대하려면, 그러니까 정확히 말해 두려움과 맞서려면 이기심을 버려야만 한다. 그래야만 두려움이 빼앗아갈 만한 게 없어진다. 그러지 못하면 무언가를 잃을까 봐 늘 두려워할 수밖에 없다. 이때 이기심을 내려놓으려면 눈에 보이는 게 아니라 믿음에 따라 살아갈 수 있게 내면의 힘을 키워야만 한다. 그저 안정적인 상황에 안주하거나 타인의 시선에 얽매이는 삶에선 벗어나야 한다.

겸손이란 자아를 치우고 대신 그 자리에 사랑을 놓는 일이다. 사랑은 두려움이 없다. 가장 강한 사람이란 잃을 게 아무것도 없고 오직 얻을 것만 있는 사람이다. 애써 지켜내야 할 자아가 없고 오직 좇아야 할 위대한 목적만이 있는 사람이다. 이게 바로 겸손의 본질이다.

다른 이들과 깊이 연결되면 그들의 시야마저 획득해 더 폭넓고 더 위대한 걸 볼 수 있다. 믿음의 경계가 확장된 끝에 눈앞에 닥쳐오는 역경을 뛰어넘을 힘을 얻을 수 있다. 이 힘은 일시적인 욕구와 욕망에 휘둘리지 않고 그 너머를 바라보며 선택할 자유다.

앞서 이야기했듯이 루이스 퓨가 북극점의 바다에 뛰어들었던 건 명성이나 돈 때문이 아니었다. 전 세계에 지구온난화의 실태를 알리기 위해서였다. 퓨는 자신이 수영하며 목격했던, 산호초와 상어가 죽어가는 모습을 세상에 알리고 싶었다. 이는 개인을 뛰어넘은 더 큰 목적이었기 때문에 퓨는 여기에서 죽음을 마주할 용기를 얻을 수 있었다.

팀과의 연대감 또한 퓨가 이 엄청난 성취를 이뤄낼 수 있었던 중요한 요인이었다. 결전의 날을 앞두고 예행연습이 실패로 돌아갔던 날, 수영 코치인 데이비드 베커David Becker는 퓨를 뱃머리로 불러내서는 한 가지 묘수를 제안했다.

우리 팀은 모두 스물아홉 명인데, 십 개국에서 왔어요. 이제 100미터마다 그 나라들의 국기를 하나씩 꽂아둘 거예요. 첫 번째 국기는 노르웨이 국기가 될 겁니다. 이 국기를 보면 물에 뛰어들 마음이 생길 테니까요(퓨는 노르웨이의 맞수로 여겨지는 영국 출신이다). 다음 200미터 지점엔 스웨덴 국기를 꽂아둘 겁니다. 그다음엔 러시아, 캐나다 국기로 이어질 겁니다. 그리고 마지막 결승점엔 영국 국기가 기다릴 거예요. 내가 원하는 건 단 하나입니다. 수영할 때 이들을 떠올려주세요. 당신을 위해 그토록 많은 걸 희생하고 당신한테 영감을 주어 오늘 여기까지 올 수 있도록 해준 그 사람들을요. 출발점에 섰을 땐 그저 우리 팀의 노르웨이 사람들만 생각하는 겁니다. 앞으로 헤엄칠 100미터만 생각하는 거예요. 루이스, 알겠어요? 1킬로미터를 헤엄쳐야 한다는 생각은 하지 마세요. 그러면 절대 완주할 수 없어요. 이 거대한 야수를 우리가 감당할 만큼 작게 쪼개서 상대해보자고요. 노르웨이 국기에 도착하면 이제는 노르웨이 사람들은 잊어버리고, 스웨덴 사람들을 생각해주세요. 이렇게 계속해나가는 겁니다. 끝에 이를 때까지요.

추구 자체가 이미 충분한 보상이 되는 목적을 찾아낸다면 내면에서 힘이 자연스레 솟아날 것이다. 그 목적이 자신보다 더 큰 공동의 선善을 위한 것이라면 삶에 큰 의미가 더해질 것이다. 자기 자신을 뛰어넘는 목적을 품고 살아간다면 내 가치에 대한 정의가 달라진다. 소유와 성취로만 정의되던 정체성이 이제 타인에 대한 봉사에 따라 결정되는 것이다. 자신의 가치가 높아짐에 따라 자기 안위에 대한 자기중심적인 근심은 점점 줄어든다.

4장
도전하는 사람, 안주하는 사람

루이스가 성공을 이뤄낼 수 있었던 건 바로 이 무조건적인 사랑 덕분이었다. 그것이 기분이나 칭찬이나 결과에 따라 달라지는 조건부 사랑이었다면 루이스는 진작에 포기해버렸을 것이다. 그가 성공할 수 있었던 것은 자아를 넘어서는 목적, 즉 잠시 스치고 지나갈 덧없는 거래가 아니라 중요한 진실을 알리려는 사명이 있었기 때문이다.

용기:
지금 여기에 온전히 머물다

남을 다스리는 건 힘이요, 자기 자신을 다스리는 건 담대함이라.

―노자, 『도덕경』

루이스 퓨는 얼음처럼 차가운 바다에서 헤엄치기 위해 오직 그 순간에 머물러야 했다. 지금 그 물이 얼마나 차가운지에 대해서, 보통 사람이라면 이렇게 차가운 물에선 1~2분도 채 버티지 못하고 죽을 수도 있다는 가능성에 대해서는 단 한순간도 떠올려서는 안 됐다. 생사가 오가는 상황에서 퓨처럼 온전히 그 순간에 머무는 데는 실로 대단한 용기가 필요하다.

용기란 힘겨운 상황에서도 그 순간에 온전히 머물 수 있는 능력이다. 용기를 낼 때만 우리는 삶이 가르쳐주는 교훈을 제대로 배울 수 있다. 하지만 이는 결코 쉬운 일이 아니다. 온갖 두려움과 비교가 만연한 와중에 현재에 머물며 자신에게 진실하려면 진정한 기개가 필요하다. 비범한 역량을 키우는 게 목표라면 극한의 상황에도 지금 여기에 온전히 머무는 법부터 익혀야 한다.

결과에 초점을 맞추고 우리의 통제에서 벗어난 미래의 일에 신경을 쓴다면 용기를 내기가 어려울 것이다. 하지만 지금 내 앞에 있는 사람과 아름다운 무엇을 함께 나누는 일에 초점을 맞춘다면 용기는 생각보다 쉽게 찾아온다.

목표를 이루는 네 가지 원칙

통제할 수 있는 중간 목표를 설정해두면 용기를 끌어내기가 한층 쉽다. 결과에 집착하면서 지금 당장 최고의 역량을 발휘해야 한다는 압박감에 시달리는 대신, 매일 조금씩 성장하는 과정 자체에 초점을 맞추어 성공을 재정의하는 것이다.

매일 하루를 마무리할 때마다 다음 중간 목표 네 가지를 얼마나 잘 지켜냈는지 자문해보자. 매일 실천할 중간 목표는 다음과 같다.

1 오늘 할 수 있는 최선을 다한다.
2 지금 이 순간에 온전히 머문다.
3 매사에 감사한다.
4 루틴을 충실히 지킨다. 오직 내가 통제할 수 있는 일에만 관심을 쏟는다.

비범한 성과를 이뤄내는 힘이 전적으로 내면에서 나온다는 사실을 깨달으면 자연스레 내면의 근력을 키우는 방법으로 눈을 돌리게 된다. 앞의 네 가지 중간 목표는 그 방법 중 하나다. 루이스 퓨는 1킬로미터를 완주하고자 100미터 지점마다 국기를 꽂아두었다. 자

4장
도전하는 사람, 안주하는 사람

신에게 커다란 목표가 있다면, 루이스처럼 감당할 수 있는 작은 과정으로 쪼개어 상대해보자. 그에게 그랬듯이 결과는 저절로 따라오게 될 것이다.

2019년 나와 내면 근력 훈련을 함께한 한 골프 선수는 PGA 투어 기간에 캐디와 함께 작은 의식을 치르기 시작했다. 매 라운드를 시작하기 전에 그날의 네 가지 중간 목표를 점검하고 나서 1분 동안 그 목표를 실천하는 자기 모습을 조용히 그려보는 의식이었다. 몇 주 동안 이 의식을 성실히 실행하자 성과가 나타났다. 그는 대회에서 우승해서 백만 달러가 넘는 상금을 손에 넣었다.

최고의 정의

우리는 모두 이기고 싶어 한다. 그렇다면 중요한 질문은 이것이다. 이길 수 있는 최선의 방법, 자신이 다다를 수 있는 최고의 역량에 이르는 가장 좋은 방법은 무엇인가? 최고의 역량은 그것 자체를 최종 목표로 삼지 않을 때, 그저 과정의 부산물로 취급할 때 더 자주 실현된다.

하지만 선수들은 종종 자신이 할 수 있는 최선을 다하는 것과 최고가 되는 일을 혼동한다. 퍼시픽루서런대학교의 미식축구팀을 전국선수권대회에서 네 차례나 우승으로 이끌고, 명예의 전당에 이름을 올린 미식축구의 전설 프로스티 웨스터링 감독에게 이 둘의 차이를 명확하게 설명해달라고 부탁했다.

문제는 이겁니다. 다들 최고가 되고 싶어 하지 않습니까? 이기고 싶지 않은 사람이 어디 있겠어요. 하지만 여기에서 관건은 승리를 어떻게 정의하는가, 경쟁의 기쁨을 제대로 이해하고 패배의 두려움을 떨쳐냈는가에 달려 있습니다. 핵심은 최고가 무엇인지 제대로 정의하는 일이죠. 세상에선 우리 팀을 전국선수권대회에서 네 차례나 우승한 팀으로 아는 모양이지만, 실은 네 차례나 패배하기도 했죠. 하지만 우리가 졌던 그 시합들도 굉장한 시합이었어요. 내가 한 일이라고는 최고의 정의를 세 가지로 정리해 선수들이 쉽게 이해하도록 풀어서 설명해준 것밖에 없습니다.

최고의 첫 번째 정의는 사람들이 다들 얘기하는 것이죠. 그러니까 NBA에서 우승하는 겁니다. 어떤 사람은 최고의 자리를 쟁취하면 세상을 얻고, 그러지 못하면 그저 패배자가 된다고 말하기도 하죠. 그런 정의엔 전혀 동의하지 않습니다만, 한번은 짚고 넘어가야 하겠죠.

두 번째 정의는 '자신이 할 수 있는' 최고가 되는 것입니다. 그런데 자신의 최고점을 어떻게 알 수 있을까요? 감독이 하는 일의 핵심이 바로 여기에 있다고 생각해요. 선수가 잠재력을 한껏 발휘하도록 돕는 일이죠. 그 잠재력의 끝이 어디든 말이에요. 그렇다면 이런 질문이 나오겠죠. "감독은 선수의 잠재력을 어떻게 평가합니까?" 감독이 참고할 만한 여러 종류의 체력 시험 같은 게 있어요. 선수의 속도나 민첩성 같은 능력을 보는 거죠. 하지만 그보다 더 중요한 게 있습니다. 바로 정신력이에요. 내면의 힘을 시험하는 게 체력을 측정하는 것보다 훨씬 더 중요합니다.

물론 미식축구에선 빨리 달리고, 다른 선수에게 힘껏 부딪치고,

4장
도전하는 사람, 안주하는 사람

그 밖에도 여러 기술을 구사할 수 있어야 하죠. 여기서 중요한 점은, 실력 차이를 만드는 요소는 사실 따로 있다는 사실입니다. 선수가 최고의 모습을 선보일 때는 사실 그리 많지 않아요. 아무리 열심히 노력한다 해도 그게 선수가 발휘할 수 있는 실력의 최대치가 아닐 때가 많죠. 그러니 다른 방도를 마련해둬야 합니다. 우승하지 못할 수도 있고 최고의 실력을 발휘하지 못할 수도 있다는 사실을 인정하고 나서, 그다음에 할 수 있는 일을 찾는 거예요. 바로 여기에서 최고의 세 번째 정의가 나옵니다. 바로 지금 내가 놓인 상황에서 할 수 있는 최선을 다하는 거죠.

'최선을 다한다'는 건 해야 할 일을 제대로 준비하고 나서, 실전에 들어가서는 그 일을 진심으로 즐기면서 하는 걸 의미합니다. 비록 잘하지 못한다 해도요. 자신이 열심히 노력했고, 그 노력이 실력을 키워주리란 사실을 아는 사람은 즐길 수 있어요. 비록 당장은 그리 잘하지 못한다 해도 매번 최선을 다한다면, 또 주위에 같은 믿음을 품은 사람들과 함께한다면, 선수들은 서로에게서 최고의 모습을 끌어내기 시작합니다. 난 이걸 '두 배의 승리'라고 불러요.

두 배의 승리란 자신이 최선을 다하는 한편 팀 동료들한테도 최선을 끌어내는 겁니다. 선수들이 이걸 해낸다면 지금 당장 최고의 실력을 선보이지 못한다 해도 동료들이 그렇게 되도록 도와줄 거예요. 어느 순간 누가 옆에 있을지는 아무도 모르는 일이니까요. 그저 자신이 하는 모든 일에서 최선을 다하는 법을 익히면 됩니다. 매사에 최선을 다하고 경쟁 자체를 즐길 줄 아는 사람은 점점 더 실력을 발휘하는 일이 잦아집니다. 그리고 그 결과 절대적인 최고의 자리에 오를 가능성도 높아지는 거죠.

앞의 네 가지 중간 목표에서 '최선을 다한다'는 건 그날 자신이 할 수 있는 한도 내에서 자신이 해야 할 일은 다한다는 뜻이다. 그 최선이 그리 좋지 않을 수도 있다. 평소 실력의 40퍼센트밖에 안 될지도 모른다. 다친 곳이 신경 쓰일 수도 있고, 감기 기운이 있을 수도 있고, 키우던 거북이가 죽은 지 얼마 안 됐을 수도 있다. 하지만 그런 상황에서도 우리는 자신의 40퍼센트를 100퍼센트 쏟아낼 순 있다. 그렇게만 할 수 있다면 그것이 바로 성공이다.

인생의 다이아몬드

매일 아침 눈을 뜨는 순간 우리 앞엔 두 가지 선택지가 놓여 있다. 타고난 자기중심성과 에고가 이끄는 대로 의심과 두려움에 사로잡힐 것인가? 아니면 자기 삶의 주인이 되어 탁월함을 성취하는 길을 선택할 것인가? 이때 의식적으로 후자를 선택하지 않는다면 타고난 본능에 이끌려 피라미드의 아래쪽으로 미끄러져 떨어질 수밖에 없다.

그림 4.2를 보자. 다이아몬드의 위쪽에는 자기 삶의 주인으로 살아갈 수 있는 길이 있다. 이타심, 몰입, 공명으로 두려움을 극복할 수 있다. 이 세 가지 기둥은 탁월함으로 이르는 가장 확실한 토대다. 매일 조금씩 발전하는 과정과 삶의 목적에 초점을 맞출 때 우리는 이 긍정적인 에너지를 더 크게 키워 탁월함에 이를 것이다.

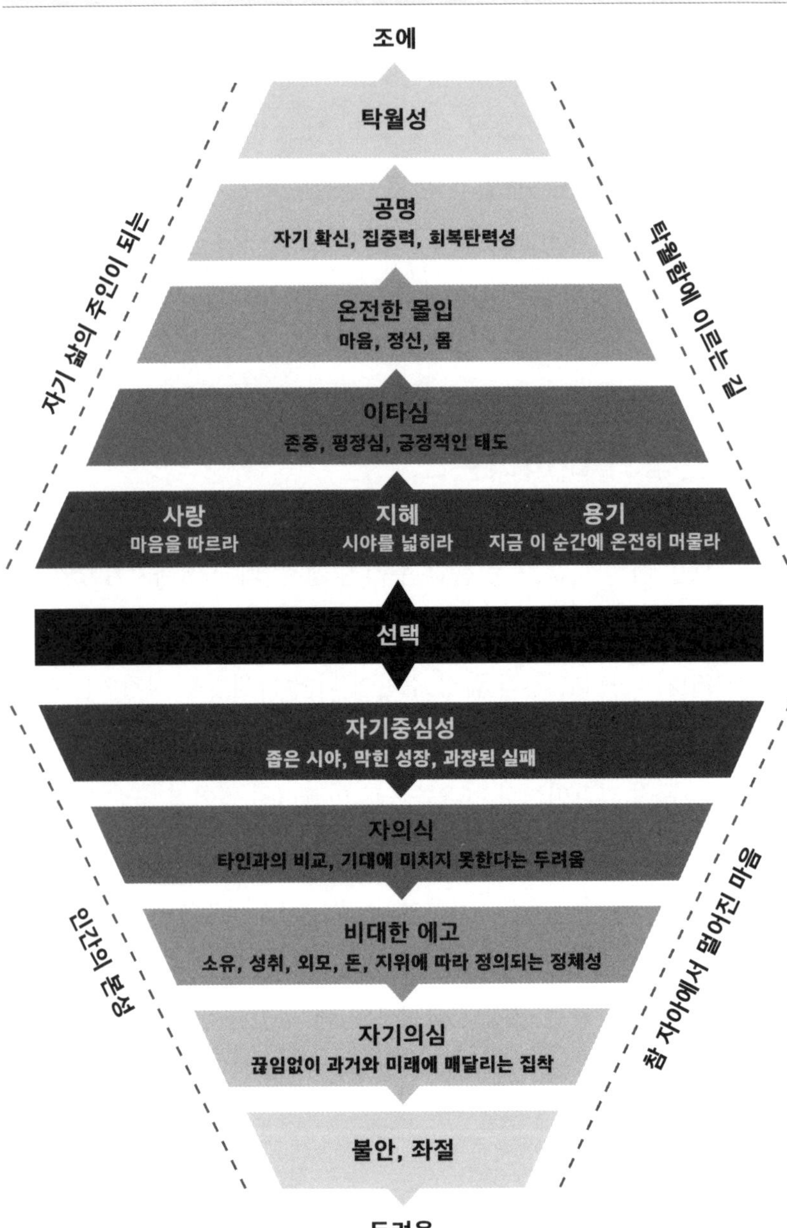

2부
내면 근력이 불러올혁명적 변화

✓ 어떻게 살고 싶은가? 어떻게 느끼고 싶은가? 어떻게 경쟁하고 싶은가? 이 질문을 주제로 글을 써보자.

✓ 시야를 넓히고자 성장하는 방법엔 어떤 게 있는가? 전엔 불편하게 생각했던 상황에 자신을 밀어 넣어보자. 그 불편한 상황에서 자의식을 떨쳐낼 수 있는가?

✓ 공명을 느낀다는 것의 의미를 생각해보자. 좋아하는 일이나 운동을 할 때 어떻게 해야 공명하는 순간이 찾아오는가? 공명하는 순간은 언제, 왜 사라지는가?

✓ 절대적으로 충만한 삶을 추구한다는 건 자신에게 어떤 의미가 있는가?

4장
도전하는 사람, 안주하는 사람

인간은 왜
높은 산에 오르는가

아내가 물었다. "아기를 돌봐야 하면 우리가 함께하는 시간에 방해되지 않을까? 아기와 헤어져야 한다면 죽음을 맞이하는 일이 훨씬 더 고통스러워지지 않을까?"

나는 대답했다. "죽음을 받아들이기가 더 고통스러워진다면 그건 오히려 더 좋은 일 아니야?" 루시와 나는 삶의 본질은 고통을 회피하는 데 있지 않다는 점에서 뜻을 함께하고 있었다.

―폴 칼라니시, 『숨결이 바람 될 때』

죽음을 목전에 둔 폴 칼라니시 박사는 아내와 대화하며 죽음을 받아들이기가 더 고통스러워진다면 오히려 더 좋은 일이 아니냐고 묻는다. 언뜻 말도 안 되는 소리처럼 들릴 수도 있다. 하지만 칼라니시 박사는 무엇이 소중하면 소중한 만큼 그것을 잃는 일이 괴로워질 수밖에 없다고 말하고 싶었을 것이다. 강렬한 상실을 경험한다는 건 그만큼 크고 귀한 무언가를 받았다는 뜻이다. 잃어버릴 때 고통이 크다는 이유로 우리에게 주는 선물을 거부해서는 안 된다. 상실의 고통이 크다는 건 얼마나 가치 있고 소중한 선물을 받았는지를 증명할 뿐이다. 사랑하고 잃는 편이 단 한 번도 사랑하지 않는 것보다 훨씬 값지다. 모든 것엔 시작과 끝이 있기 마련이고 모든 끝엔 새로운 시작이 따르기 마련이다. 고통이 두렵다는 이유로 눈앞의 아름다움과 기쁨을 스스로 포기해서는 안 된다.

어쩌면 고통을 두려워하고 행복에 매달리는 집착이 오히려 진정으로 기뻐하고 감사하는 능력을 갉아먹는지도 모른다.

고통은 포용력과 시야를 넓힌다

이 책에선 '행복'을 상황에 따라 일시적으로 일어나는 긍정적인 감정이라는 의미로 사용한다. 즉, 지금 일어나는 일 때문에 기분이 좋은 상태다. 한편 '기쁨'은 상황과는 상관없이 깊은 내면에서 느껴지는 충만감과 자유, 감사라는 의미로 사용한다. 이 기쁨은 그 어떤 즐거움이나 쾌락보다 더 깊고 광대한 감정으로 생명력과 에너지가 가득한 활력이다.

지금 상황이 행복하지 않다고 해도, 심지어 고통의 한복판에서도 기쁨을 느낄 수 있다. 기쁨이라는 감정은 상황이나 기분에 따라 좌우되지 않기 때문이다. 기쁨은 사랑과 희망 그리고 진리를 토대에 둔다. 우리는 무한한 천부의 가치를 품고 영광을 이루고자 태어났으며, 무궁한 가능성으로 가득 찬 존재다.

그런데도 행복을 제단 위에 모셔서 숭배하며 살지 않기란 쉽지 않다. 현대 사회에선 행복이 곧 성공이라고 말하기 때문이다. 우리 문화에선 성공을 자신과 자기 가족을 행복하고 편안하게 하는 것이라고 정의한다. 행복은 곧 삶의 궁극적인 목표가 되어버렸다. 하지만 행복의 뒤를 좇으며 사는 건 사실상 궁극적인 실수다. 우리는 기쁨이 부재한 빈자리를 채우고자 행복을 찾아 헤매며 삶을 허비한다. 이때 내면의 탁월함을 좇는 여정은 '내면의 진부성'을 좇는 여정으로 변질되고 만다. 자기 꼬리를 좇는 개처럼 제자리에서 빙글빙글 맴돌기만 하다가 정작 소중한 걸 놓쳐버려서 어디로도 가지 못한 채 머리만 어지러워질 뿐이다.

사람이라면 눈에 보이는 것에 이끌리기 마련이며 그 탓에 상황에 이리저리 휘둘리기가 쉽다. 좋은 일이 일어난다면 기분이 좋을 것이다. 하지만 자동차 엔진이 고장 나거나 가장 친한 친구가 멀리 이사하거나 건강이 안 좋아지기라도 하는 순간 아마도 행복은 저 멀리 날아가버릴 것이다. 그러면 다시금 기분을 좋게 하고자 상황을 나아지게 하려고 애쓴다. 이런 일이 반복되다 보면 삶은 지금 상황에서 일어나는 감정적인 반응으로 채워지며, 풍요와 아름다움을 누리는 대신 결핍과 부족에만 초점을 맞추어 결정을 내리게 된다. 지금 당장의 감정이 중요한 나머지 긴 안목에서만 얻을 수 있는 가치는 뒷전으로 밀려나고 만다.

행복만을 좇다 보면 평생 그저 문제를 없애고 삶을 편안하게 하려고 애쓰며 살게 된다. 하지만 이는 궁극적인 실수다. 눈앞의 문제를 해결하는 데 급급한 나머지 급한 불을 끄고 상황에 대처하느라 인생을 낭비하는 것이다. 큰 꿈을 꾸고 창조적으로 삶을 꾸려나가는 일은 생각조차 할 수가 없다. 삶에서 펼쳐지는 온갖 경이로운 아름다움도 다 놓쳐버리고 만다. 가능성을 보지 못하고 당장의 문제에만 시선을 빼앗긴 채 시간을 흘려보내기 때문이다.

우리 사회에선 행복해야 한다는 강박이 심한 나머지 끊임없이 더 나은 환경, 더 즐거운 상황을 찾아 헤맨다. 행복이란 편안하고 안정된 환경에서만 느낄 수 있는 감정이기 때문이다. 우리 문화에서 죽음과 고통을 금기시하는 이유이기도 하다. 보통 고통은 격렬하게 거부해야 하는 것, 입 밖에 꺼내기조차 꺼려지는 주제로 취급하는데 우리가 그토록 중시하는 행복의 정반대에 있는 개념이기 때문이다. 행복이 곧 성공으로 직결되는 이 사회에선 고통이 마치 실패처럼 여겨진다. 그래서 막상 고통이 닥쳐오면 오직 충격과 안타까움밖에 느끼지 못한다.

하지만 고통을 삶의 일부로 받아들여야만 한다. 언젠가, 어쩌면 우리의 바람보다 훨씬 이른 시기에 죽게 된다는 사실 또한 삶의 일부로서 포용해야 한다. 그때야 비로소 두려움을 떨쳐내고 진정한 의미에서 살아가기 시작할 수 있다.

자기수양의 길을 따라 비범하고 탁월한 삶을 살아가고 싶다면 반드시 불편을 기꺼이 포용해야만 한다. 고통 없이는 그 어떤 성장도 없다. 고난과 도전을 회피하기만 한다면 우리가 이르러야 할 참 자아에 가닿을 수 없다. 힘듦을 어느 정도 감수해야만 몸을 단련할 수 있는 것과 마찬가지다. 진부한 정신은 어떻게 해서든 희생과 불편을 피해갈 방도를 찾아내고 말 테지만, 우리가 추구하는 건 '내면의 힘'이지 '내면의 진부성'이 아니지 않은가.

삶이 편안해질수록 불편을 마주하기란 점점 더 어려워진다. 편안한 게 무조건 나쁘다는 말이 아니다. 다만 소파에 편안하게 누워 지내는 시간이 길어질수록 그 소파에서 일어나기가 그만큼 더 어려워진다는 뜻이다.

　　삶에서 고통을 많이 겪은 사람일수록 고통이 없는 순간을 훨씬 더 깊이 감사할 수 있다. 단, 이때 고통은 과거와 달라지고자 자신을 단련하고, 자기 한계를 밀어붙일 때 느끼는 괴로움을 말한다. 학대에서 오는 고통은 전혀 다른 문제다. 여기엔 즉각적인 개입이 필요하다. 어쩌면 정말 힘든 일을 겪었을지도 모른다. 다만 이것 한 가지는 기억해주기를 바란다. 원망하는 마음을 품고 무거운 과거를 짊어진 채 살 수도 있지만, 용서하는 마음으로 그 과거를 기꺼이 놓아줄 수도 있다.

위대한 변화를 위한 준비

　　미국 워싱턴주의 페더럴웨이라는 작은 도시에서 한 일본계 소년은 매일 학교에 가기 전, 새벽 3시 반에 일어나 롤러스케이트를 훈련하러 나갔다. 아버지는 소년을 깨워서 머리에 광산용 조명을 씌우고 주차장으로 데려가 훈련을 시켰다. "정말 싫었어요." 훗날 소년은 고백했다. 이 소년이 바로 올림픽 쇼트트랙 챔피언이자 미국 역사상 동계올림픽에서 메달을 가장 많이 딴 선수인 아폴로 앤턴 오노다.

　　밴쿠버 동계올림픽을 준비하는 동안 아폴로는 체력 관리 코치에게 자기 집에 들어와서 함께 살자고 부탁했다. 한순간도 쉬지 않고 훈련에 전념하려는 것이었다. "순전히 체력을 훈련하는 데만 하루에 여덟 시간에서 열두 시간을 보냈습니다. 정신 훈련, 재활 치료, 회복 훈련을 합치면 그 이상이었죠." 아폴로가 설명했다.

어떻게 그렇게 성공할 수 있었는지 질문받자 아폴로는 대답했다. "누구도 하고 싶어 하지 않는 일을 기꺼이 할 뿐입니다." 또한 지나친 훈련으로 자기 몸을 혹사했을지도 모르지만 그 훈련이 정신을 단련하는 데 얼마나 도움이 됐는지 말로 다할 수 없다고 했다. 아폴로는 스스로 이길 자격이 있다고 확신할 정도로 준비된 선수가 되고자 기꺼이 고통을 감내했다.

아폴로는 스스로 성장해나가는 과정 자체에 매료됐다. 밴쿠버 올림픽에 출전할 당시 단 한 번도 기록 경신을 목표로 삼지 않았다. "당연하지만 시합에서 이기고 내 실력을 최대한 발휘하고 싶습니다. 하지만 절대 결과에 연연하진 않습니다. 나에겐 과정 자체가 훨씬 더 중요하고 큰 의미가 있으니까요." 아폴로는 팟캐스트〈대가를 찾아서〉(2019.10.1.)에 출연해서 이렇게 말했다.

> 실패한다고 해서 이야기가 끝나는 건 아니에요. 오히려 바로 그 순간 이야기는 시작되죠.

위대해지고 싶다면 그만한 대가를 치러야 한다. 문제는 몸은 언제나 편안을 추구하게 되어 있다는 것이다. 배에 주먹을 얻어맞고 싶은 사람은 아무도 없다. 하지만 바로 여기에서 챔피언은 평범한 이와 결을 달리한다. 한 숨 더 자고 싶고, 적당한 선에서 끝내고 싶고, 조금 더 편안하고 싶은 인간 본연의 속성을 뛰어넘기 때문이다. 이들은 지금 가장 중요한 일이 정신과 마음을 단련하는 일임을 너무나 잘 안다. 자신을 기꺼이 내려놓고, 감정에 휘둘리지 않으며, 탁월함을 향해 거침없이 나아가기 위해서다.

5장
인간은 왜 높은 산에 오르는가

고통은 다른 경험으론 겪을 수 없는 방식으로 우리의 주의를 환기한다. 고통을 감내하는 것은 때때로 자기중심성의 껍데기를 깨고 나와 인식을 확장하고 타인과 공감하며 소통할 유일한 방법이기도 하다.

스포츠심리학자 테리 오를릭Terry Orlick과 쇼나 버크Shaunna Burke는 《탁월성 저널Journal of Excellence》에서 에베레스트산의 정상을 정복한 등반가들을 인터뷰했다. 그들에게 에베레스트산을 정복하는 데 무엇이 필요했는지 묻자 한 등반가가 이렇게 대답했다.

가장 결정적인 한 가지는 바로 고통을 경험하는 겁니다. 에베레스트산에 도전하기 전에도 다른 산들을 오르면서 엄청나게 고생했어요. 사람들은 에베레스트산을 정복하려면 무엇이 필요한지 묻습니다. 솔직하게 말하자면 평생 고통을 견디며 살면 됩니다. 고통을 견디고 살아온 시간밖에 의지할 게 없어요. 그러니까 난 고통을 견딜 줄 아는 사람이란 사실에 매달리며 버티는 거죠. 에베레스트산에 오르는 일은 매 순간 영혼 깊은 곳까지 스며드는 피로와 맞서 싸워야 하는 일이에요. 산을 오르다 보면 첫 번째 힘든 순간이 닥칩니다. 그리고 그 뒤로 아주 오랫동안 그 고통을 참고 견디며 계속 나아가야 해요. 그걸 버텨낼 수 있었던 건 스스로 다짐할 수 있기 때문이에요. "그래, 난 전에도 이런 고통을 겪은 적이 있어. 그때도 이런 고통을 아주 오랫동안 참고 견뎌냈지."

고통에서 배우지 못하는 이유

우리 문화에선 고통이 성공의 정반대에 있는 것처럼 여긴다.

따라서 고통은 어떤 대가를 치르더라도 반드시 피해야만 하는 것이다. 이런 인식 탓에 고통을 있는 그대로 받아들이기도, 그 안에서 무언가를 배우기도 쉽지 않다. 경험에 부여하는 가치에 따라 경험을 겪어내는 방식은 달라지기 마련이다. 고통을 무의미한 것으로 여기고 자신이 그 고통을 겪을 이유가 없다고 생각한다면, 고통이 한층 더 괴롭게 느껴질 수밖에 없다.

고통은 상당 부분 고통받는 상황을 받아들이지 못하는 데서 비롯한다. 살다 보면 응당 마주하게 되는 고통이 있는 한편, 그 고통에 대한 해석에서 생기는 고통이 있다. 가령 우울한 기분이 든다고 할 때 우울하다고 느끼는 감정 자체가 있는 반면 그렇게 우울해서는 안 된다는 해석이 있는데, 이 해석 탓에 우울감은 두 배로 커진다.

윔 호프Wim Hof의 냉수 요법에선 추울 때 추위를 무시하려고 하는 대신 오히려 신체 부위에서 느껴지는 차가운 감각에 정신을 집중해야 한다고 한다. 보통 고통스러운 상황이 닥치면 그 고통이 사라지기를 바라거나 그것을 무시해버리려 애쓸 때가 많다. 그런데 냉수 요법은 오히려 고통스러운 감각에 집중하고 그 감각을 있는 그대로 받아들이는 법을 가르친다. 고통을 외면하려 할수록 두려움이 힘을 얻기 때문이다.

두려움은 고통에서 아무것도 배우지 못하게 막는 아주 큰 걸림돌이다. 두려움에 사로잡히는 순간 정신은 오직 자기 자신과 미래와 미래에 있을 미지의 것으로만 쏠린다. 이제 어떻게 될까? 이 고통은 언제 멈출까? 끝까지 견디지 못할 것 같다는 두려움, 결국 이러다 죽을지도 모른다는 공포가 엄습하면서 어떻게든 이 고통에서 벗어나려는 본능이 발동한다.

무서운 행복 중독

고통과 역경을 무조건 거부하고 회피하려 들다 보면 어느새 중독이라는 가파른 낭떠러지로 굴러떨어지고 만다. 초콜릿, 쇼핑, 타인의 인정을 갈구하는 습관 등 그것이 무엇이든 모든 형태의 중독은 본질적으로 전부 같은 문제다. 고통, 주로 감정적인 고통을 회피하면서 두려움을 상쇄해줄 수단을 찾는 행위다. 문제는 그렇게 회피하기만 한다고 해서 상황이 나아지지 않는다는 것이다. 오히려 상황은 점점 더 나빠질 뿐이다. 그 상황은 우리에게 말한다. "불편에서, 감정적인 고통에서 더는 도망치지 마. 이를 똑바로 마주해. 그러면 알게 될 거야, 스스로 생각하는 것보다 자신이 훨씬 더 강한 사람이란 사실을."

무언가에 중독될 때 우리 신체 안에선 동일한 작용이 발생한다. 음식이든 마약이든 다른 중독성 물질이든 일단 정신과 신체에 들어오면, 화학반응을 일으키며 어느 특정한 감각을 일깨우는데, 바로로 이 감각에 중독된다.

눈에 보이지 않는 중독일수록 사회적으로 용인되거나 쉽게 눈에 띄지 않으므로 끊어내기가 훨씬 더 힘들다. 이를테면 자만심에 사로잡힌 중독, 타인의 인정을 갈구하는 중독을 생각해보라. 이런 숨겨진 중독은 삶의 모든 영역에 큰 영향을 미치지만 대부분 끝까지 이 중독을 극복하지 못한 채 무덤까지 가져간다. 이를 문제라고 인식하지 못해서다. 숨겨진 중독의 힘은 바로 여기에 있다.

자만심 중독과 인정 중독, 항상 자신이 옳아야 한다는 강박 중독을 제외하고 가장 흔하면서도 쉽게 간과되는 중독이 바로 편안에 대한 중독이다. 여기에서 이야기는 행복을 추구하는 궁극적인 실수로 되돌아간다. 즉, 자신은 반드시 행복해져야 하며 고통 없이 편안해야 한다는 믿음 말이다. 자만심과 쾌락, 에고와 편안은 모두 두려움에 기꺼이 맞서고 삶의 큰 전환점을 맞이하지 못하게 막는 잠재적 장애물이다.

고통을 받아들여야 하는 이유

나는 고통을 피하지 않는다. 나는 고통을 사랑한다. 고통이 가져다주는 것, 고통의 이면에 함께 따라오는 것을 사랑한다. 에베레스트산을 오를 때 우리 팀은 함께 같은 고통을 겪고, 같은 전투를 치르고, 같은 꿈을 꾸었다. 우리의 성취가 한층 값지고 충만해진 건 바로 그 고통 덕분이었다.

―엘리자베스 로즈 Elizabeth Rose
(세계 7대륙 최고봉을 완등한 최연소 캐나다인)

고통이 충만한 삶을 사는 데 걸림돌이 되는 건 아니다. 오히려 고통은 기쁨과 평화에 이르는 수단이 될 수 있다. 고통을 포용하는 건 머릿속 잡념을 멈추는 방법이기도 하다. 비대한 에고는 고통이 무조건 나쁜 것이라 우기기 때문이다. 그렇다면 우리는 무엇을 가장 두려워할까? 인생이 잘못된 방향으로 흘러가는 것, 실패하는 것, 고통을 겪는 것이다. 지금의 고통을 있는 그대로 인정하고 받아들일 때 우리는 현실의 상황을 초월한다. 지금 일어나는 일에 더는 얽매이지 않고 정신과 육체가 일으키는 온갖 기복에서 자유롭게 풀려날 수 있다. 새로운 관점으로 더 넓고 분명하게 볼 수 있으며 더 깊은 의미를 발견할 수 있다. 눈물로 맑게 씻은 눈에만 보이는 게 있다. 진정한 자기 자신의 모습도 그렇다.

고통에서 인내가 키워지며, 인내에서 인격이 빚어진다. 이 인격이야말로 희망을 틔우는 비옥한 토양이다. 이런 희망이 있기에 지금 당장 겪는 고통 속에서도 미래에 펼쳐질 영광을 끝내 바라볼 수 있다.

간디, 만델라, 마틴 루서 킹 주니어, 테레사 수녀 등 역사 속에서 가장 비범하고 탁월한 삶을 살았던 인물은 하나같이 고통 속에서 인격을 형성했다. 희생의 가치를 잘 알았기에 기꺼이 고통을 감내할 수 있었다.

빅토어 프랑클 박사에 따르면 죽음의 수용소에서 무너지지 않았던 이들은 몸이 가장 강건한 사람도, 목소리가 큰 사람도 아니었다. 아무리 혹독한 환경에서도 절대 빼앗길 수 없는 깊은 삶의 의미를 찾은 사람이었다. 이들은 자신의 최선을 다해 삶에 응답하고, 고통에 걸맞는 사람이 되려는 열망에서 힘을 얻었다. 이들에게는 자신이 겪는 고통조차 존엄하게 받아들이려는 의지가 있었다. 프랑클은 『죽음의 수용소에서』에서 이렇게 설명한다.

> 표도르 도스토옙스키는 말했다. "내가 두려워하는 건 오직 한 가지, 내 고통에 합당하지 못한 사람이 되는 것이다." 나는 순교자 같은 이들과 마주할 때마다 이 말을 자주 떠올렸다. 고통과 죽음을 기꺼이 감내하던 이들의 삶은 그 자체로 인간에게 남은 마지막 내면의 자유는 결코 빼앗길 수 없다는 사실을 증언했다. 이들이야말로 그들의 고통에 합당한 사람이었다. 그들이 고통을 감내한 방식은 진정한 의미에서 인간 정신의 성취였다. 그 누구도 빼앗을 수 없는 영혼의 자유야말로 삶에 의미와 목적을 부여해주는 것이었다. 우리는 스스로 터득해야 할 뿐만 아니라 절망에 빠진 사람에

게도 가르쳐줘야 했다. 삶이 우리에게 무엇을 해줄 수 있을지가 아니라 우리가 삶을 위해 무엇을 할 수 있는지를 물어야 한다는 사실을. 삶의 의미가 무엇인지 묻기를 멈추고 그 대신 매일 매 순간 삶에게 질문받는 존재로서 자신을 자각해야 했다.

넬슨 만델라 전 대통령이 올림픽 선수촌을 찾아와 남아프리카 공화국 선수단에 격려 연설을 했을 당시, 그의 등장만으로도 선수단 사이에 큰 소동이 일어났다. 만델라를 직접 만난다는 건 큰 영광이었다. 만델라가 선수단에 짧은 격려의 말을 건네며 행운을 빌어주는 동안 그가 조국을 위해 치른 놀라운 희생과 자신보다 자국민의 필요를 앞세웠던 그의 의지에 대해 생각하지 않을 수 없었다. 만델라는 기꺼이 고통을 감내하려 했고 그 고통을 통해 전 세계에서 가장 위대한 지도자의 반열에 오를 수 있었다.

만델라는 어떻게 27년간의 부당한 감옥살이를 견디면서도 자신을 가두었던 사람들을 용서할 수 있었을까? 어떻게 수 세기 동안 이어진 인종차별적 통치 체제를 종식할 수 있었을까? 매일의 고통이 만델라를 단련했음이 틀림없다. 그 누가 만델라를 기다리는 운명을 알았겠는가? 만델라가 결국 대통령으로 당선되어 남아프리카공화국을 아파르트헤이트의 억압에서 풀어내고 세계를 바꿔버릴 것이라고 그 누가 짐작이나 할 수 있었겠는가? 우리도 마찬가지다. 지금 이 고통이 어떻게 우리를 단련하고, 그 끝에 어떤 미래를 빚어낼지 아무도 모를 일이다.

고난과 역경을 피하기만 해서는 시야가 좁아질 수밖에 없다. 오히려 고통이 점점 더 심하게 느껴지고 피해자 의식에 빠지게 된다.

5장
인간은 왜 높은 산에 오르는가

"왜 나한테 이런 일이 일어나는 거야?" 자기 연민에 젖어 중얼거릴 뿐이다. 자기보호본능이 발동하고 두려움에 지배되는 순간, 모든 배움과 성장은 멈추고 만다. 어려움과 마주할 때마다 다음의 전제를 기억하라. "내가 마주치는 모든 상황과 모든 사람에게서 늘 무언가를 배울 수 있다. 이 모든 것이 나를 이롭게 하고자 힘을 보탠다." 이 모든 게 우리를 가르치고 도울 것이라 믿으며 고난을 기꺼이 포용하는 바로 그때 우리의 인식이 넓어진다.

승리는 가장 위태로운 자리

남보다 우위를 차지하고 성공해야 한다는 집착에 얽매이다 보면 자신이 얼마나 중요하고 얼마나 괜찮은 사람인지를 확인하고 싶은 마음에 잘못된 길로 들어설 때가 너무나 많다. 스즈키 순류는 『선심초심』에서 이런 가르침을 전한다.

불교 경전에 따르면 네 종류의 말이 있다고 합니다. 바로 훌륭한 말, 좋은 말, 변변치 못한 말, 형편없는 말입니다. 가장 훌륭한 말은 말채찍의 그림자만 비춰도 마부의 의지에 따라 느리게도 빠르게도 뛰고, 왼쪽으로도 오른쪽으로도 달립니다. 그다음 좋은 말은 채찍이 피부에 닿기 직전까지 가야 첫 번째 말처럼 달리기 시작합니다. 변변치 못한 말은 몸에 채찍질을 당해 고통을 느낄 때야 겨우 움직입니다. 가장 형편없는 말은 고통이 골수에 스미기 전까진 움직이지 않습니다.

이 가장 못난 말이 달리는 법을 배우기까지 얼마나 고생이 많을지 상상할 수 있을 겁니다. 이 이야기를 듣고 나면 누구나 가장 뛰어난 종류의 말이 되고 싶어 합니다. 최고의 말이 될 수 없다면 두 번째 종류의 말이라도 되려 합니다. 하지만 이는 큰 실수입니다. 무언가를 너무 쉽게 배우면 열심히 노력하지 않고 꾀를 부리게 되거든요. 골수까지 파고들 만큼 열심히 노력하지 않는 거죠.

서예를 배우다 보면 처음에 손재주가 그리 좋지 않았던 사람이 결국엔 훌륭한 경지에 이르는 일이 많다는 사실을 알게 됩니다. 원래부터 손재주를 타고난 사람은 어느 정도 단계에 오르고 나서 오히려 큰 벽에 봉착할 때가 많습니다. 이는 다른 예술 분야에서도 그리고 삶에서도 마찬가지입니다.

승리는 곧 가장 훌륭한 말이 되는 것과 같다. 한 번도 채찍의 따가운 맛을 볼 새가 없는 것이다. 이것이야말로 어쩌면 가장 위태로운 자리일지도 모른다. 그 자리에선 자칫 나태의 함정에 빠지기 쉽다. 승리엔 늘 위험이 따른다. 승리의 자리에서 자만과 오만에 취해 자기 결점을 외면하고 지나치기 쉽기 때문이다. 실패에도 위험은 따른다. 그 실패를 자신과 동일시한 나머지 자기부정의 내리막길로 곤두박질칠 수도 있기 때문이다.

최고의 자리로 가는 길은 아주 좁고, 기꺼운 마음으로 이 길을 택하는 이는 그리 많지 않다. 이 길은 위험과 실패의 길이자 배움과 성장의 길이다. 진정한 승자란 재능을 타고난 사람이 아니며 열정적으로 끈기 있게 노력하는 사람, 즉 투지가 있는 사람이다. 어쩌면 지금 당장 우리에겐 그 열정이나 끈기가 없을지도 모른다. 그러나 두려움

5장
인간은 왜 높은 산에 오르는가

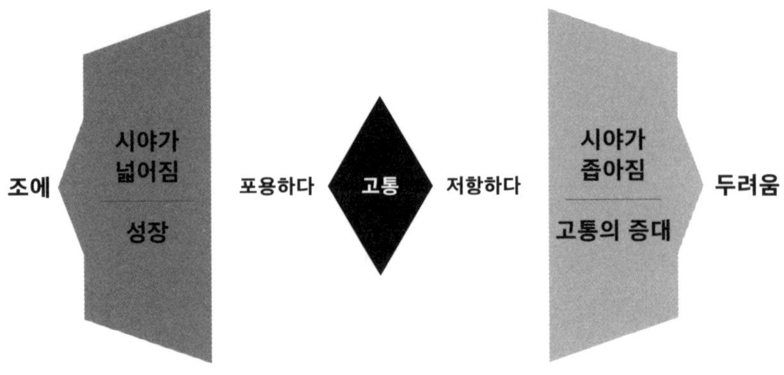

과 맞선 사람만이 투지를 키울 수 있다. 오늘 두려움에 맞서고 기꺼이 실패하려 한다면, 언젠가 그 힘이 찾아올 것이다.

지금 채찍의 따가운 맛이 느껴지는가? 그렇다면 골수까지 관통하는 이 고통 앞에서 그저 움츠러들 것인가, 아니면 정신을 새롭게 다지겠는가?

수백만 명의 삶을 구한 인생 역전의 열쇠

여기에 고통이 무엇인지 아는 사람들이 있다. 이들은 자기 괴로움을 뛰어넘을 뿐만 아니라 내면의 어둠을 정복할 방법을 발견했다. 그 뒤로 이 방법은 전 세계에 걸쳐 수백만 명에 이르는 사람의 삶을 변화시켰다. 1930년대 대공황 당시 알코올중독에 빠졌던 빌 윌슨은 강인하게 살아가는 삶의 방식을 접하게 됐고, 그 덕분에 알코올중독을 극복해낼 수 있었다. 윌슨은 밥 스미스 박사와 함께 '익명의 알코올중독자 모임AA, Alcoholics Anonymous'을 공동 설립하고 12단계 프로그램을 고안했다. 이 프로그램은 지금까지도 전 세계 곳곳에서 수많은 사람이 중독과 고통을 이겨내고자 사용되고 있다.

이 프로그램은 인간이 경험하는 세 가지 차원을 모두 다룬다. 바로 신체적, 정신적, 영적 차원이다. 신체적 차원에서 사람들은 자기 힘만으론 변화할 수 없다. 정신적 차원에서 이들은 지금 자신이 사는 방식이 자기를 망가뜨린다는 걸 잘 알지만 그러한 인식과 달라지려는 의지만으로 변화를 실천해내지는 못한다. 문제를 해결할 근원은 바로 영적 차원에 있다.

어니스트 커츠의 『신이 아닌: 익명의 알코올중독자 모임 역사 Not-God: A History of Alcoholics Anonymous』에 따르면, 12단계 프로그램을 실행하는 모든 사람은 '자기중심성'이란 병을 앓는다. 이들은 12단계 프로그램을 실행하면서 자기중심성에서 벗어나고 윤리적 양심을 서서히 키워 자신을 희생하며 이타적이고 생산적인 일을 하려는 의지를 다진다. 12단계에서 자기중심성을 극복하기 위한 원칙은 다음과 같다.

1 죽을 각오로 과거의 자신과 생활양식을 버릴 것
2 자기인식을 높여 세상을 있는 그대로 바라보려 할 것
3 모든 것을 혼자 해낼 수 있다는 생각을 버리고, 통제하려는 욕구를 내려놓을 것
4 타인과 연결되기를 추구할 것

라이언은 인생에서 느끼는 감정적 고통을 무디게 하려고 술을

5장
인간은 왜 높은 산에 오르는가

마셨다. 결국 그는 AA 원칙을 실천하는 재활시설까지 흘러들게 됐다. 그리고 이곳에서 라이언의 인생이 바뀌었다. 나는 라이언에게 어떻게 알코올중독을 극복할 수 있었는지, 무엇이 인생을 바꾼 열쇠였는지 물었다. 라이언은 곰곰이 생각한 끝에 대답했다. "다른 사람이나 상황, 일어나는 일을 전부 통제할 순 없단 사실을 깨닫고 모든 걸 내 뜻대로 좌지우지하려는 욕구를 내려놓은 일입니다. 통제욕을 포기하지 않곤 삶을 제대로 살아나갈 수 없단 걸 알게 됐거든요. 재활시설에서 나가는데 얼마나 마음이 평온했는지 몰라요. 그때가 내 인생에서 손꼽을 정도로 아주 멋진 순간이었어요. 치료를 끝내면서 내 삶의 통제권을 나보다 더 큰 힘에 맡겼거든요. 내 삶이 그저 육체적, 정신적 차원에서 영적 차원으로 나아간 기분이었어요. 진정한 평온이 어떤 건지 그때야 알게 됐습니다."

라이언은 치료를 받는 중에 날마다 수백 번도 넘게 기도문을 되뇌었다. 이 기도문을 외는 게 시설에서 버티는 데 큰 힘이 됐다. 바로 평온의 기도다.

신이시여, 제게 바꿀 수 없는 걸 받아들일 '평온'을 주소서.

바꿀 수 있는 걸 바꿀 '용기'를 주소서.

그리고 그 둘을 분별할 '지혜'를 주소서.

라이언이 깨달은 진실은 과거 일본 무사가 습득한 진실과 다르지 않았다. 바로 우리는 모두 죽는다는 것이다. 죽음은 삶의 다른 많은 부분과 마찬가지로 아무리 발버둥질한다 해도 바꿀 수 없는 일이다. 그래서 라이언은 결심했다. 오직 자기 손이 미치는 일만 통제하려 하고, 나머지는 모두 하늘의 뜻에 맡기겠노라고. 라이언은 자신이 선택할 수 있는 길 가운데 가장 힘 있는 길을 선택했다. 눈에 보이는 게 아니라 믿음으로 사는 길이다.

자기중심성을 포기하는 일의 가치

이 같은 원칙은 전 세계에 걸쳐 여러 다양한 시간과 장소에서 효과를 발휘했다. 과거 일본 무사가 그랬고, 현대에 들어서는 엘리트 운동선수들이 이 원칙을 활용한다. 《뉴욕 타임스》의 기사에 따르면, 뉴욕 자이언츠에서 활약한 전 미식축구 선수 데이비드 타이리 또한 자기 자신을 내려놓는 법에 대해 잘 안다. 프로미식축구 선수로 활약할 당시 타이리는 자기중심적인 길을 따라 멋대로 산 결과 마약에 손을 대었고, 결국 감옥에 들어가기에 이르렀다.

그러던 어느 날 변화가 찾아왔다. 이 와이드리시버^{미식축구에서 공격 라인 양쪽 사이드에 위치한 선수—옮긴이}는 "어느 정도 자신을 포기하고" 미식축구 선수라는 지위보다 더 위대한 힘에 자신을 내맡긴 일이 인생의 전환점이었다고 회고한다. "남자들 사이에서 포기라는 말이 별로 달가운 표현은 아니죠. 하지만 솔직히 말하자면 포기할 줄 아는 게 정말 필요해요."

정말 강한 팀의 선수들은 팀 전체의 이득을 우선시해 선수 개인의 이득을 포기하기도 한다. 이런 시합 운영 방식이 결국엔 팀의 각 선수에게 더 큰 이득으로 돌아가기 때문이다. 이를 안다면 자신을 희생하는 일에, 즉 자기중심성을 포기하는 일에 얼마나 큰 가치가 있는지 분명히 이해할 것이다. 루이스 퓨는 다른 이들과 연대하고 자신을 넘어선 목적을 추구함으로써 두려움과 의심을 극복했다. 그 결과 생사가 오가는 상황에서도 단호하고 자신감에 찬 태도를 잃지 않을 수 있었다.

자기수양을 막는
집착

나는 한 번도 퍼트를 성공하게 해달라고 기도한 적이 없다. 그보단
퍼트를 놓쳤을 때 그 실패를 잘 받아들이게 해달라고 기도했다.

―치 치 로드리게스 (명예의전당에 이름을 올린 골프선수)

이 책의 초판을 쓰고 있을 무렵의 일이다. 캐나다 브리티시컬럼비아대학교의 남자 골프팀은 전국선수권대회 우승을 노렸다. 하지만 지나친 기대를 받고 압박감에 시달리다 결국 스스로 무너져 내렸다. 나흘 동안 펼쳐지는 토너먼트전을 치르면서 오직 이기고 싶은 절박한 심정에 시달린 나머지 시합 자체의 즐거움을 잃고 몰입하지 못한 것이다. 라운드가 거듭될수록 긴장감과 자의식이 높아져만 갔다. 결국 이들은 패배하고 말았다. 하지만 그다음 해엔 다른 이야기가 펼쳐졌다. 그 패배 후 선수들이 내게 내면 근력을 키우는 법을 배웠기 때문이다. 브리티시컬럼비아팀은 전국선수권대회에서 외국 팀으로선 처음으로 우승했다. 그리고 몇 주 뒤엔 캐나다 전국선수권대회에서도 우승을 거두었다.

팀의 주장 숀 헐리는 작년과 비교하여 팀의 변화를 이렇게 설명한다.

"작년에 우리 팀은 높은 기대를 받고, 그에 부응해 이기려고만 애쓰는 선수들을 그저 모아 놓기만 한 집단이었을 뿐이에요. 하지만 올해엔 모든 게 다 바뀌었죠. 짐과 함께 훈련하면서 승리는 더는 '중요한 것'이 아니게 됐어요. 우리는 경기에 열정적으로 임하는 것 자체에 집중했어요. 팀원 서로를 위해 시합했죠. 결과는 순리에 맡기고요. 우리의 주문은 이거였어요. '점수는 관중을 위한 것일 뿐, 우리는 그저 골프를 사랑해서 시합한다!'"

최대한의 자유를 누리려면 기꺼이 실패를 감수하고 욕망을 내려놓을 줄 알아야 한다. 일이 이렇게 흘러가야 한다는 기대를 내려놓아야만 비로소 어떤 장애물도 자유롭게 헤쳐나갈 수 있다.

핵심은 내일 당장 죽을 사람처럼 오늘을 살고, 영원히 살 것처럼 미래를 준비하는 것이다. 그렇다고는 하지만 과연 어떻게 이 집착과 강박을 떨쳐낼 수 있단 말인가? 자기수양의 본질이 결국 집착을 떨쳐내는 데 있으니, 이 질문을 이렇게 바꿀 수 있다. 과연 어떻게 자기수양에 이를 수 있을까?

목표를 너무 낮게 설정하는 문제

세계 랭킹 10위 안에 드는 스타 운동선수와 이야기할 기회가 있었다. 그 선수는 자신이 경기 결과에 너무 집착해서 걱정이라고 말했다. 그러다 보니 시합에서 정말로 집중해야 할 때 집중력이 흐려진다는 것이었다. "어떻게 해야 집착을 좀 내려놓을 수 있을까요?" 그가 물었다.

내가 되물었다. "막대 사탕을 좋아하는 아이가 있어요. 어떻게 하면 그 아이가 순순히 그 사탕을 내놓게 할 수 있을까요? 아주 쉬운 방법이 하나 있어요. 그 아이한테 더 큰 막대 사탕을 주는 겁니다."

목표를 너무 낮게 설정하는 것은 목표 지향적인 사람에게 아주 흔히 나타나는 문제다. 이들에겐 기껏해야 코앞의 승리가 자신이 이뤄야 할 가장 높은 목표다. 가령 올림픽 금메달을 따고, 세계선수권대회에서 우승하고, 기업의 대표 자리에 오르는 것이다. 이쯤 되면 상당히 높은 목표가 아니냐고 생각할지도 모른다. 하지만 '내면 근력'을 지닌 이에게 이는 지나치게 낮은 목표다. 이 목표들은 우리가 진정으로 원하는 것의 상징에 불과하다. 올림픽 금메달을 따거나 CEO가 되거나 연봉으로 3000만 달러를 받는다고 해도 이를 잃을지 모른다는 불안과 두려움에 떨며 살아간다면 그게 다 무슨 소용이란 말인가?

내가 하는 일은 단지 사람들이 자신이 진정으로 원하는 것, 즉 온전히 충만한 삶을 향해 곧장 나아갈 수 있도록 돕는 것이다. 나라는 사람을 바로 세우고 내 진정한 목표를 향해 곧바로 나아가라. 비범한 역량은 자연히 뒤따라올 것이며, 사탕 가게를 통째로 손에 넣은 것처럼 충만한 삶을 살아갈 수 있다.

금메달 획득을 삶의 최종 목표로 삼는다면 그야말로 무시무시한 길이 펼쳐질 것이다. 통제할 수 없는 변수가 부지기수로 깔려 있고, 목표를 달성할 가능성은 눈곱만큼도 보이지 않는다. 반면 온전히 충만한 삶을 최종 목표로 삼는다면 눈앞에 설레고 신나는 모험 길이 펼쳐질 것이다. 이 길에선 원하는 목표에 가닿을 가능성도 훨씬 더 높다. 게다가 이 길은 금메달을 따는 목표를 달성하는 가장 좋은 길이기도하다.

막대 사탕이 아닌 사탕 가게를 통째로 노린다는 건 온전히 충만한 삶 자체를 목표로 삼는다는 뜻이다. 이를 위해서는 마음이 이끄는 대로 따르는 사랑, 시야를 확장하는 지혜, 지금 여기에 온전히 머무는 용기를 가장 높은 목표로 삼고 자기 수양의 길을 걸어야 한다. 자기 안위만을 생각하는 마음을 버리고, 자신을 뛰어넘는 더 큰 목적을 찾고, 그 목적을 위해 자기 삶을 다 바쳐 헌신해야 한다. 자신을 넘어서는 목적은 우리를 다른 이들과 이어주고, 자기수양의 길로 안내한다. 이 길을 걷는다면 다른 이가 기쁨을 느낄수록 자신에게도 기쁨이 넘쳐날 것이다.

자기인식 능력을 높이고 사랑과 지혜와 용기를 발휘하며 살아간다면 이 세상에서 나의 자리와 더 높은 목적이 어우러지는 길이 한층 뚜렷하게 보일 것이다. 자기인식과 더 높은 목적으로 나아가는 길은 바로 자유로 향하는 길과 일치한다. 성공을 위한 모험에서 궁극적인 승리란 자신의 참 자아에 다다르는 것, 즉 자신이 이를 수 있는 최고의 자신이 되는 것이다. 다시 말해 아무런 두려움 없이 지금 여기에 온전히 머물고, 끊임없이 배우며 성장하려 애쓰고, 다른 사람들도 그렇게 할 수 있도록 돕는 사람이다.

이런 경지에 이르려면 기꺼이 죽을 각오를 다져야 한다. 자기중심성이란 낡아빠진 본성은 내려놓고, 삶에서 훨씬 더 중요한 것에 집중해야 한다. 절대 쉽지 않을 것이다. 그러려면 두려움과 맞서야 하기 때문이다. 물론 고통스럽겠지만, 그 고통을 기꺼이 받아들이면 자신을 다스릴 수 있게 되고 그 끝에 영예가 따를 것이다. 자기 삶을 기꺼이 바칠 만큼 가치 있고 의미 있는 삶의 목적이 있다면 두려움을 떨칠 방도는 이미 찾아낸 것이다.

두려움 없는 삶은 곧 자유로운 삶을 뜻한다. 사회의 제약에 얽매이지 않고, 기꺼이 위험을 감수하며, 낭떠러지 끝으로 나아가 더 광활한 경치를 바라보는 것이다. 하지만 모든 사람이 이렇게 살 수 있는 건 아니다. 실은 대부분 사람은 그렇게 살지 못한다. 용기 있는 사람에게만 허락된 도전이기 때문이다.

내가 당부하고픈 건 한 가지다. 온 마음과 영혼을 걸고 자신의 진정한 모습을 찾으라. 자기 자신에게 진실한 삶을 살고 있는가? 그저 외부적인 것에 집착하고 타인의 시선을 의식하며 기대에 맞추려고 전전긍긍하지는 않는가? 오늘이 내 삶의 마지막 날인 것처럼 준비하라. 성장과 신성한 순간으로 가득한 삶을 선택하게 될 것이다.

우리는 1부와 2부에서 내면 근력 훈련을 위한 토대를 다졌다. 이어지는 3부에서는 내면 근력을 체화하는 구체적인 방법들을 만나보자.

✓ 무엇에 집착하는가? 그토록 꼭 움켜쥐고 놓지 못하는 집착이 자신의 관계와 성장, 역량에까지 영향을 미치지 않는가?

✓ 자의식이 자신에게 어떤 영향을 미치는가? 어떤 역할을 수행하거나 어떤 상황에 부닥쳤을 때 자신을 남과 비교한 적이 있는가?

✓ 자신이 무엇에 집착하는지 일기에 기록해보자. 의심과 두려움, 결핍감에 방해받지 않고 자기 목표를 향해 나아가려면 어떻게 해야 하는가?

✓ 매일 아침 눈을 뜰 때마다 오늘이 내 삶의 마지막 날이라면 어떻게 살아갈지 질문을 던지자.

✓ 외부의 성공에 마음을 빼앗기지 않고 자기수양에 집중하려면 어떻게 해야 하는가? 자기수양을 방해하는 것엔 무엇이 있는가?

3부

내면 근력을
강화하는
6단계

INNER
EXCELLENCE

1단계:
자기절제의 뇌과학

우리가 힘이 없는 이유는 그저 외부세계에 반응만 하며 살아가기 때문이다. 우리는 자기 인생을 그저 상황에 반응하며 흘려보낼 수도, 의식적으로 창조해나갈 수도 있다.

-존 키호, 『마인드 파워』

죽느냐, 변화하느냐. 이 두 가지 중 하나를 선택해야 한다면 무엇을 선택하겠는가? 변화하지 않으면 안 되는 상황이 닥친다면 삶을 바꿀 수 있는가? 놀랍게도 많은 이가 그러지 못한다. 건강을 위해 식습관을 고치고 규칙적으로 운동해야 한다는 사실을 머리로는 잘 알면서도 그 생각을 습관으로 만들기란 좀처럼 쉽지 않다. 예상치 못한 걸림돌이 나타나면 감정이 흐트러진 끝에 결국 현명한 결정을 내리는데 필요한 자제력을 잃어버리기 때문이다. 우리는 상황이 통제에서 벗어나도 유연하게 대응할 줄 알아야 한다. 좋은 방향으로 삶을 변화시키고, 그 변화를 이어나가 충만한 삶을 살기 위해서는 감정을 다스리는 법을 반드시 배워야 한다.

　우리는 이성이 우리의 삶을 이끈다고 생각하지만, 사실 이는 착각이다. 대다수의 경우 우리는 감정에 휩쓸린다. 기분이 좋을 때는 힘겨운 시련도 대수롭지 않게 받아들일 수 있다. 기회가 더 많이 눈에 들어오고 이 세상의 아름다움도 한층 선명하게 다가온다. 반면 기분이 안 좋을 때는 별것 아닌 걸림돌도 크게만 느껴지고 극복하기 어렵게 여겨진다. 우리는 끊임없이 상황과 이 상황에서 비롯한 여러 감정에 반응하며 살아간다. 삶의 모든 게 감정을 중심으로 공전하는 셈이다. 그러므로 우리는 자신의 감정 상태, 즉 무엇을 어떻게 느끼는지를 다스리고 바꾸는 법을 배워야 한다.

　상태를 뜻하는 영단어 'state'는 어떤 것이 처한 조건이나 형편을 의미하는 라틴어 'status에서 유래했다. 이 책에선 상태란 용어를 감정과 생리적 반응의 총체로, 즉 몸과 마음, 정신이 발산하는 에너지의 전반적인 진동이라는 의미로 사용할 것이다. 자, 그렇다면 우리는 하루에 몇 번이나 자기 상태를 의식하며 사는가?

　자기 상태를 조절하는 법을 익히려면 우선 결과는 행동에서 비롯하며, 행동은 감정에서 비롯하고, 감정은 생각에서 비롯한다는 사실을 이해해야 한다. 기분 좋은 상태를 유지하려면 감정을 일으키는 원천을 탐구하고, 필요하다면 이를 변화시켜야 한다. 그 원천은 바로 우리 마음이다.

사실과 상상을 구분하지 못하는 뇌

오늘 하루를 되돌아보자. 짜증이 나는 일이 있었는가? 즐거운 일이 있었는가? 그렇다면 어떤 상황에서 그 감정이 올라왔는가? 우리가 삶을 경험하는 방식은 사실 상당히 단순하다. 어떤 상황이 발생하면 그 상황에 그저 반응하는 것이다. 좋은 일이 있으면 행복해지고 나쁜 일이 있으면 속이 상한다. 그렇다면 이런 감정이 일어나는 근본적인 원인은 무엇일까?

우리는 시각, 후각, 미각, 청각, 촉각 등 오감으로 정보를 받아들인다. 이 지각에서 피어난 생각과 감정을 바탕으로 그 사건에 대한 믿음이 형성된다. 사건을 경험하는 방식을 결정하는 것은 바로 이 믿음이다. 즉 세상을 인식하고 해석하는 밑바탕이 되는 것이다. 때로는 이 믿음 때문에 우리의 경험이 제한되기도 한다. 시간이 흐르며 일정한 양상으로 굳어진 믿음은 개인의 회복탄력성에 큰 영향을 미친다. 이 믿음에 따라 삶에서 만나는 고난과 역경을 더 잘 극복할 수 있기도 하고 남들보다 더 쉽게 무너져버리기도 한다.

한편 우리는 감각뿐만 아니라 상상을 통해서도 세상을 경험한다. 어떤 생각이 머릿속에 떠오르면 뇌는 이를 이미지로 형상화한다. 그런데 뇌는 사실과 생생한 상상을 구분하지 못하므로 종종 상상 속의 사물이나 사건을 현실인 것처럼 처리한다.

여러분이 지금 주방에 있다고 상상해보자. 도마 앞에 큼직하고 싱싱한 레몬이 하나 놓여 있다. 도마 옆에 놓인 칼로 그 레몬을 반으로 가른다. 레몬즙을 힘껏 짠 다음 머리를 뒤로 젖히고 그 상큼한 과즙을 혀 위에 떨어뜨린다. 내 말에 따라 충실하게 상상을 펼쳤다면 지금쯤

입안에 침이 고이기 시작했을 것이다. 이처럼 상상력은 언제 어디서고 현실을 창조해낼 수 있다.

우리가 보는 세상은 뇌가 자신에게 있는 정보를 바탕으로 만들어낸 투영에 불과하다. 뇌는 새로운 정보를 받아들여 기억으로 저장하는 과정에서 우리가 겪는 사건을 자신만의 고유한 경험으로 재창조한다. 그러므로 우리가 경험한 게 이 세상의 실제 모습이라고 단정 지어서는 안 된다. 경험은 자신과 이 세상에 대해 쌓아온 믿음을 토대로 그 사건을 재해석한 결과일 뿐이기 때문이다.

그림 6.1

상황 → 기억과 믿음으로 재구성 → 생각 → 감정 → 행동 → 결과

여기에서 결과란 행동이 원인이 되어 일어난 상황을 가리킨다. 그러므로 결과는 우리가 놓인 상황의 일부라고 볼 수 있다.

믿음은 살면서 겪은 각 사건에 대해 정신이 부여한 의미에서 비롯한다. 그런데 그 의미는 철저하게 주관적으로 편향되어 있다. 어떤 이의 지각 지도는 거칠고 험준하며 어디에나 위험이 도사리지만, 어떤 이의 지각 지도는 평탄하고 아름다운 풍경으로 가득하며 어디에나 기회가 기다린다. 바로 이 편향 때문에 사람들이 완전히 똑같은 사건을 겪고도 이를 전혀 다른 경험으로 기억한다. 옛이야기에 따르면 똑같이 감옥에 갇힌 두 남자가 창살 너머를 바라보았는데, 한 사람은 진흙밖에 보지 못했지만 다른 한 사람은 별을 보았다고 한다.

개인의 지각 지도perception map는 그가 이 세상에서 무엇을 보게 될지를 결정하며, 그것에 부여하는 의미에도 큰 영향을 미친다. 그리고 그 의미에 따라 선택 가능성의 폭이 정해진다. 실로 이 세상엔 수없이 많은 기회가 있다. 하지만 오직 그것을 발견할 수 있는 사람, 적어도 그 존재를 아는 사람만이 그 기회를 잡을 수 있다. 아무리 독수리라고 한들 오직 닭밖에 보지 못한다면 무슨 소용이란 말인가? 그런 독수리의 세상엔 하늘을 난다는 개념 자체가 존재하지 않을 것이다.

그렇다고 해서 자신의 지각 지도를 이 세계의 실제 모습과 완벽하게 맞추려 애쓰지는 않아도 된다. 그러면 오히려 감당하기가 어려워질 것이다. 처리해야 할 정보가 너무 많아질 테니까. 사람의 가시 영역은 일곱 가지 색으로 제한되어 있다. 사람은 독수리나 부엉이가 보는 광경을 볼 수 없고, 표범이나 산토끼가 듣는 소리를 들을 수 없다. 그래서 다행이다. 감각에 압도되지 않고 살아갈 수 있기 때문이다. 하지만 어떤 믿음이 우리를 한계에 가두는지는 알아야 한다. 그 한계에서 벗어나 모든 가능성에 마음을 열도록 노력해야 한다. 그래야만 사랑, 지혜, 용기를 품고 자유로워질 수 있다.

뇌는 어떻게 결정을 내리는가

어떤 문제에 감정적으로 적절하게 반응한다면 이미 문제를 75퍼센트 정도 해결한 셈이다.

―짐 로어Jim Loehr,
『운동선수를 위한 정신력 훈련Mental Toughness Training for Sports』

뇌는 끊임없이 정보를 받아들이고 처리한다. 그 정보의 양이 워낙 방대하기 때문에 뇌는 의미를 파악하기 위해 각각의 정보를 분류하고 정리해야만 한다. 이를 위해 뇌는 특정 양상을 찾아 서둘러 결론을 내리려 애쓴다. 뇌가 어떤 사물이나 상황을 마주하면 그와 일치할 법한 기존의 모든 양상을 검토한 끝에 특정 양상을 찾는다. 이때 뇌가 사용하는 네 가지 처리 방식이 있다. 가정, 일반화, 생략, 왜곡이다.

가정

가정은 뇌의 정보 처리 방식에서도 상당히 큰 비중을 차지한다. 가정이란 별다른 근거가 없어도 진실이라고 받아들이는 걸 의미한다. 뇌는 딱히 진실 여부를 입증할 근거가 필요치 않으며 그저 양상을 파악하고 싶어 할 뿐이다. 어떤 양상이 우리에게 도움이 되는지 안 되는지도 상관없다. 그저 특정 양상을 인식하고 이를 기억할 뿐이다. 가정은 뇌가 매번 오랜 시간을 들여 숙고하지 않고서도 정보를 재빨리 처리하는 데 필요하다. 내가 이 장문 내의 자를글 섞뒤는다고 해도 여전히 슨무 말인지 할이해 것다이. 몇몇 뒤섞인 글자가 있다고 해도 필요한 글자가 제대로 있다면 우리는 무슨 말인지 알아들을 수 있다. 인간의 뇌는 문맥에 적절해 보이는 단어를 재빨리 떠올려서 자동으로 글자 순서를 재배열해 읽기 때문이다. 즉, 앞선 문장을 '내가 이 문장 내의 글자를 뒤섞는다고 해도 여전히 무슨 말인지 이해할 것이다'라고 읽어낸다. 이는 시각적 착시현상이 일어나는 원인이기도 하다. 뇌는 무엇이 진짜이고 거짓인지는 별로 신경 쓰지 않는다. 그보단 이미 '아는' 양상에 얼마나 잘 들어맞는지가 훨씬 더 중요하다.

예를 들어 코끼리의 다리를 하나 보았다고 해보자. 뇌는 즉시 그 다리가 코끼리의 몸통에 연결되어 있다고 가정한다. 그 몸통엔 다리가 세 개 더 붙어 있고, 머리엔 큰 귀가 두 개 달려 있으며, 긴 코를 늘어뜨리고 있다고 추측해버린다. 이렇게 뇌는 전체에서 한 부분만 보아도 나머지 보이지 않는 부분을 재빨리 채워 넣어서 완전한 그림을 만들어낸다.

여기에서 문제는 우리가 항상 완전한 그림을 원하는 게 아니라는 점이다. 때로는 시야를 좁혀 그림의 작은 부분에만 집중해야 할 때가 있다. 하지만 뇌는 정보를 처리하는 방식 때문에, 즉 항상 어떤 양상을 찾으려 하는 습성 때문에 지금 눈앞에 놓인 과업에 집중하는 대신 자꾸만 주위 환경으로 주의를 돌리고 싶어 한다. 오페라가수라면 아름답게 노래를 부르고 싶을 테지만, 가수의 뇌는 노래하는 일에 집중하는 대신 자기 공연을 평가하거나 관객의 반응을 가늠하려 할 것이다. 야구 선수라면 타석에 올라 머리를 비우고 지금의 타격에만 집중하고 싶겠지만, 선수의 뇌는 계속해서 그다음에 일어날 일을 예측하려 할 것이다.

한 가지 시험을 해보자.

1 사물이나 풍경을 담은 그림이나 사진을 한 장 마련한다.
2 그림의 오른쪽 아래 모서리 부분만을 살펴본다.
3 그림 전체를 보지 않으려고 조심한다. 지금 보는 부분에 무엇이 연결되어 있는지 생각하지 않으려고 노력해보자.

해보면 알겠지만 절대 쉬운 일이 아니다!

6장
1단계: 자기절제의 뇌과학

집중력을 높이려면 눈앞의 과업을 가장 기본적인 요소로 쪼개 그 하나하나에 집중해야 한다. 골프 선수라면 지금 손에 든 채를 한 번 휘둘러서 눈앞에 있는 공만 잘 쳐내면 된다. 음악가라면 지금 연주하는 한 소절을 제대로 연주하면 된다. 정신은 가정에 의존해 성급하게 결론을 내리려 한다는 사실을 명심하라. 그 가정이나 결론은 지금 자신에게 도움이 되지 않을 수도 있고, 애초에 진실이 아닐 수도 있다.

일반화

가정과 마찬가지로 일반화 또한 뇌에 저장된 양상에 기반해서 작동한다. 엇비슷한 여러 사건의 기억이 한 가지 양상을 형성하면 뇌는 이 양상을 학습해 미래에 일어날 일을 예측한다.

다음 예를 살펴보자.

1 어두운 방에 들어가 전등의 스위치를 켠다.

2 방이 밝아진다.

3 몇 차례 같은 일이 반복된다. 어두운 방에 들어가 전등 스위치를 켤 때마다 방이 밝아진다.

4 이제 뇌는 전등의 스위치를 켜는 것과 방이 밝아지는 것을 연결한다. 이게 바로 일반화다.

실제로 일반화는 아주 유용하다. 뇌가 정보를 일반화하지 않는다면 아주 단순한 일조차 매번 새로 배워야 할 것이다. 여기에서 문제는 일반화가 불필요한 순간에도 작동한다는 점이다. 가령 회사의 중요한 발표 자리에서 해야 할 말을 기억하지 못하고 말을 더듬었다고 해보

자. 이게 몇 번 반복되면, 뇌는 자신이 중요한 발표를 할 때마다 제대로 말을 못 하는 사람이라고 일반화해 결론을 짓는다. 그러나 이 결론이 반드시 사실인 것은 아니다. 자신이나 자기 능력에 대해 부정적인 시각으로 바라보는 일반화는 세상을 보는 시야를 좁히고 자신의 역량을 제한한다.

생략

쓸데없는 잡념을 걷어내고 직관에 몸을 맡긴 채 움직일 때 실력을 가장 잘 발휘할 수 있다. 뇌는 자신이 겪는 사건의 어느 특정한 측면에만 집중하고 나머지 요소를 걸러내는 과정을 거치는데 이를 생략이라고 한다.

이 과정은 동시에 여러 가지 일이 한꺼번에 벌어지는 상황에서 특히 중요하다. 일을 수행할 때 다른 데로 주의가 흩어져서는 안 되며 지금 눈앞의 과업에 정신을 집중해야 하기 때문이다. 이때 문제는 시야가 좁아진 끝에 기회를 놓칠 수 있다는 것이다.

뉴욕의 거리를 걷는다고 상상해보자. 화려한 불빛과 영상이 난무하고 노점상과 예술가로 붐빈다. 그 순간 감각에 너무 많은 정보가 밀려들어온다. 이 정보에 압도당하지 않으려고 뇌는 자신이 받아들이는 정보에서 상당 부분을 생략한다. 이때 어떤 정보를 남겨두고 어떤 정보를 삭제하는지는 자신만의 고유한 지각 지도, 즉 이 세상을 보는 관점을 기준으로 한다. 생략으로 시야가 좁아지기 때문에 우리의 가능성에 대한 믿음에도 영향을 미친다. 자기 가능성을 제대로 보지 못한다면 목표를 너무 낮게 설정하게 되고, 올바른 길을 발견하지 못한다면 목표를 너무 막연하게 설정하게 된다.

왜곡

왜곡은 뇌가 어느 특정 양상에 지나치게 큰 의미를 부여할 때 발생한다. 가령 지난 두 차례의 발표에서 너무 긴장한 나머지 무슨 말을 해야 할지 잊어버리고 말았다고 해보자. 이런 사소한 실수에서 부정적인 생각이 싹튼다. '앞으로도 항상 이런 식일 거야.' '절대 일이 내 뜻대로 될 리가 없지.' 이때 진실을 왜곡하고 과장하는 주범은 바로 '항상'과 '절대'라는 단어다. 문제는 왜곡한다는 사실을 스스로 인지하지 못한다는 점이다. 그 결과 자신이나 자기 행동에 대해 부정적인 생각을 반복한 나머지 좌절감, 불안감, 우울감에 빠져들고 만다. 그러므로 정신이 무언가를 왜곡할 수 있다는 사실을 인지하고 정신을 항상 믿어서는 안 된다는 점을 명심해야 한다. 정신을 훈련해 왜곡이 시작되는 순간 이를 알아차릴 수 있어야 한다.

우리를 움직이게 하는 이야기

삶의 모든 순간에 우리를 움직이게 하는 건 마음속에 자리 잡은 이야기와 믿음이다. 특히 '나는 누구인가'라는 질문의 답이 되는 이야기는 강력한 힘을 발휘한다. 이 이야기에는 내 삶에서 무엇이 가장 가치 있는지, 무엇이 가장 소중한지, 무엇을 할 수 있는지가 담겨 있다. 이 모든 이야기는 삶의 매순간 우리의 에너지와 상태에 지대한 영향을 미친다.

매슬로에 따르면 이타적 자아실현자는 지금 자신의 생각을 예민하게 인식하는 한편 그 생각을 스스로 다스리는 법을 익혔다. 이를 위해 주위 환경을 체계적으로 정리하고, 자신에게 힘을 주는 이야기와 믿음으로 정신을 가득 채웠다. 이런 이야기와 믿음을 통해 매 순간 긍정적인 생각을 떠올리고 그 결과 기분까지 끌어올리는 것이다. 이타적 자아실현자 또한 가정, 일반화, 생략, 왜곡을 경험하지만 뇌가 이런 과정을 거친다는 사실을 분명하게 인지하며 그 과정을 조정하려 애쓴다. 이들은 자기 생각을 다스릴 줄 알며 그 생각에 휘둘리지 않는다.

전설적인 권투 코치 프레디 로치는 라디오 인터뷰에서 자기 제자인 오스카 데라오야가 상대 선수의 끊임없는 언어 도발에 화를 내도 괜찮겠냐는 질문을 받자 이렇게 답했다.

> "선수가 화를 내도 좋으냐고요? 아니요. 그러지 않았으면 좋겠어요. 우리한텐 계획이 있거든요. 그 계획에 따라주길 바랄 뿐입니다."

주의를 사로잡는 것이 곧 우리를 사로잡는다

교양인의 특징은 어떤 생각을 받아들이지 않더라도 그 생각을
사유해보는 능력에 있다.

—아리스토텔레스

이타적 자아실현자에겐 자기 환경을 체계적으로 정리할 줄 아는 위대한 능력이 있다. 이들은 집에서든 직장에서든 자신이 날마다

6장
1단계: 자기절제의 뇌과학

무엇을 마주하고 관심을 쏟을지 의도적으로 선택한다. 자신에게 영감을 불러일으키고 힘을 북돋워주는 관계에 시간을 쏟으며 진정 중요한 일에 집중한다. 매일 의식적으로 자기 마음에 사랑, 지혜, 용기를 채워 넣는다. 간디의 친구였던 E. 스탠리 존스 박사는 이를 멋들어지게 표현했다. "우리의 주의를 사로잡는 게 곧 우리를 사로잡는다." 다시 말해 관심을 집중하는 대상에 따라 생각이 흐르는 방향이 결정된다는 뜻이다. 바로 이 생각이 감정이 되고, 행동이 되며, 결과에 이른다. 그러므로 관심을 집중하는 대상이 결국 삶 전체를 지배하게 된다고 해도 과언이 아니다.

어떤 영화를 한 편 본다고 해보자. 재미있는 영화라면 그 작품에 푹 빠져들 것이다. 추격 장면에선 마치 자신이 쫓기는 양 심장박동 수가 높아지고, 마음 아픈 장면에선 마치 자신이 상처받은 양 눈물이 쏟아진다. 정신은 사실과 생생한 상상을 구분하지 못하므로 영화 내용을 마치 현실처럼 인식한다. 이렇게 보고 듣고 읽는 것은 생각하고 느끼고 믿는 바에 지대한 영향을 미친다. 그러므로 자신이 관심을 기울일 대상을 신중하게 선택해야 한다.

환경의 사소한 요소가 미치는 커다란 영향

행동을 뿌리부터 바꾸는 방법은 오직 하나뿐이다.
바로 환경을 뿌리부터 바꾸는 것이다.

—B.J. 포그B.J. Fogg(스탠퍼드대학교 행동설계연구소 소장),
《오늘의 심리학Psychology Today》

3부
내면 근력을 강화하는 6단계

현대의 가장 탁월한 작가 중 하나인 무라카미 하루키는 하루에 무엇을 보고, 또 보지 않을지를 매우 신중하게 결정한다고 얘기한 적 있다. 감정을 제대로 다스리기 위해서는 환경을 적절하게 조성하는 일이 매우 중요하다. 날마다 마주하는 사람과 사소해 보이는 사건이 알지 못하는 새 생각과 감정을 뒤흔들고, 행동에까지 영향을 미치기 때문이다.

2008년 예일대학교에선 한 행동 연구를 실행했다. 연구원은 학생들에게 실험실에 함께 가서 여러 다양한 인물에 대해 답해달라고 부탁했다. 그런데 학생들은 실험실까지 이동하는 엘리베이터 안에서 이미 연구가 시작됐다는 점을 몰랐다.

실험을 도울 조력자가 엘리베이터 안에서 미리 기다리다가 학생에게 자기 커피를 잠시 들어달라고 부탁했다. 이때 조력자는 자신이 해야 할 역할만 알았을 뿐 연구의 목적은 알지 못했다. 학생들은 뜨거운 커피 또는 차가운 커피를 들게 됐다.

실험실에 도착하고 나서 학생들은 여러 다양한 인물의 성격에 대해 어떤 인상을 받았는지를 묻는 질문지에 답을 작성했다. 그러자 엘리베이터에서 뜨거운 커피를 들어줬던 참가자는 차가운 커피를 들어줬던 참가자보다 질문지의 인물들에 대해 훨씬 더 따뜻하고 긍정적으로 평가하는 경향을 보였다.

후속 연구에선 참가자들에게 제품 평가를 위해 따뜻하게 데운 치료용 팩 또는 차갑게 얼린 치료용 팩을 들어달라고 요청했다. 그다음 친구에게 줄 상품권과 자신이 직접 받는 선물 중 하나를 고르게 했다. 따뜻한 팩을 들었던 사람은 친구에게 줄 상품권을 달라고 요청할 가능성이 높았고, 차가운 팩을 들었던 사람은 자신이 선물을 받겠다고 할 가능성이 높았다. 다시 말해 뜨거운 물건을 들었던 사람은 차가운 물건을 들었던 사람보다 훨씬 더 관대한 경향을 보였다.

이 두 연구를 주재했던 존 A. 바르지John A. Bargh 박사와 로런스 E. 윌리엄스Lawrence E. Williams 박사는 환경이 사람의 생각, 감정, 행동에 얼마나 영향을 미치는지를 알아보고자 했다. 이들은 《사이언스》에 실린 논문을 통해, 사람은 미처 의식하지 못한 사이에 환경의 아주 사소한 요소에서도 큰 영향을 받는다는 사실을 밝혔다.

이 두 연구는 프라이밍 효과를 잘 보여주는 사례다. 프라이밍priming이란 특정 단어나 이미지, 물리적 자극을 미리 제시해서 행동에 영향을 미치는 심리적 기법을 의미한다. 예컨대 한 실험에 따르면 돈과 관련된 이미지를 본 참가자들은 타인을 돕거나 협력할 확률이 더 줄었다는 연구 결과가 있다. 돈이 독립, 개인주의, 나아가 이기주의를 상징하는 심리적 효과를 발휘했기 때문이다. 반면 자연 경관이나 숲과 관련된 이미지를 보여주면, 즉 프라이밍하면, 그 참가자들은 어려움에 빠진 타인을 도울 가능성이 높아졌다.

눈에 들어오는 모든 게 우리에게 깊은 영향을 미친다. 아름다운 해넘이 풍경이든 거장의 예술 작품이든 이 모든 것은 우리의 감정을 자극한다. 그러므로 더 자주 좋은 기분을 느끼고 싶다면, 정신에 긍정적인 무엇을 계속해서 채워 넣어야 한다. 긍정적인 무엇이란 어떤 단어나 상징일 수도 있고, 노래나 그림일 수도 있다. 그중 여러 가지를 함께 엮은 것일 수도 있다. 자기 목표를 그린 그림에 긍정적인 말을 덧붙인다면 막강한 힘을 발휘할 것이다. 긍정적인 언어를 사용해 자기 확언 문구를 만들거나 사진과 음악을 섞어 영상을 만들 수도 있다. 어떤 방법을 쓰든 상관없다. 매일 좋은 기분을 느낄 수 있도록, 목적과 원칙을 실현하는 습관을 키우도록 주위 환경을 조성해야 한다. 환경은 마음과 정신을 훈련하는 데 아주 중요하기 때문이다.

부디 명심하라. 우리는 관심이 집중된 방향으로 움직이게 되어 있다.

욕망을 바른 길로 안내하라

욕망, 특히 마음 깊은 곳에서 나오는 간절한 갈망은 지극히 힘이 세다. 바로 이 욕망에서 우리가 세상을 보는 방식과 추구하는 가치가 결정된다. 욕망은 마음속을 온갖 감정과 두려움으로 가득 채워서 우리가 투쟁하거나 회피하게 한다. 특히 통제에서 벗어난 욕망은 중독과 집착으로 이어진 끝에 무언가를 하는 순간의 기쁨과 열정을 잃게 하고 결국 삶 자체를 잃게 할 수도 있다. 욕망은 아주 강력한 힘이지만, 때론 우리를 배신할 수도 있다. 배가 고플 때는 무언가를 먹어야만 한다. 초콜릿을 먹고 싶다면 초콜릿을 먹어야 한다. 인간의 본성은 항상 즉각적 만족을 추구하도록 부추긴다. 이때 절제란 만족을 유예할 수 있는 능력, 즉 어떤 욕망은 받아들이지만 어떤 욕망은 거부할 수 있는 능력이다. 욕망은 훌륭한 동기 부여의 도구이지만 끔찍한 지배자이기도 하다. 우리가 모든 욕망에 굴복한다면 지나치게 많이 먹고, 지나치게 많이 자며, 지나치게 많이 사들일 것이다. 즉, 욕망의 노예가 되어버릴 것이다.

우리는 누구나 어떤 욕망이 자신이 중시하는 가치 기준과 양립할 수 없을 때 그것을 이겨낸 적이 있다. 무엇을 절실하게 원한다고 해서 매번 그걸 훔치려 들지는 않을 것이다. 하지만 문제는 조금씩 지속적으로 욕망에 굴복하다 보면, 과거엔 이겨낼 수 있었던 욕망을 더는 거부하지 못할 때가 온다는 것이다. 욕망을 통제하지 못하고 제멋대로 날뛰도록 허용했기 때문이다.

댈러스 윌러드Dallas Willard 박사의 『마음의 혁신』에 따르면, "에고의 지배를 받는 사람은 반드시 자신의 감정을 만족시켜야 한다고 믿는다." 이때 문제는 '반드시' 가져야만 한다고 생각하는 걸 가지지 못할 때, 즉 자신의 감정을 만족시키지 못할 때, 좌절과 불안에 빠진다는 것이다. 우리는 '반드시 이렇게 되어야만 해'라는 강박을 놓아버리고 '이렇게 됐구나'라고 받아들이는 태도를 갖춰야 한다. 이런 태도는 에고에 휘둘리지 않을 때만이 갖출 수 있다. 자기수양을 연마할 때만이 더는 감정의 노예로 머물지 않을 수 있다. 자제력을 키워 일시적 보상이나 사회적 지위를 갈망하는 덧없는 욕망을 거부할 수 있다. 그러지 않는다면 욕망은 점점 힘이 세져 감당할 수 없을 지경에 이를 것이다.

욕망은 깊을수록 우리에게 큰 영향을 미친다. 따라서 반드시 그 욕망이 우리에게 힘을 주는지, 진정 의미가 있는지 점검해봐야 한다. 몸에 좋은 음식을 먹을수록 더 건강하게 먹고 싶은 욕망이 생긴다. 자주 운동할수록 더 규칙적으로 운동하고 싶은 욕망이 생긴다. 이런 방식으로 욕망을 올바른 방향으로 잘 키워나가서 좋은 습관으로 자리잡게 할 수 있다. 그렇다면 욕망의 대상을 어떻게 바꿀 수 있을까? 변화의 첫걸음은 내가 가장 원하는 것이 무엇인지 깊이 생각하는 데서 시작한다.

날카롭게 집중하고
부드럽게 이완하기

감정과 생리라는 두 가지 측면에서 자기 상태를 제대로 다스리려면 다음의 세 가지 필수적인 기술을 익혀야 한다.

1　정신을 부드럽게 그리고 날카롭게 집중하는 법
2　마음과 정신과 신체를 적당히 그리고 완전히 이완시키는 법
3　집중한 상태와 이완한 상태를 자유롭게 넘나드는 법

'부드러운 집중'이란 이완한 상태에서 집중하는 능력을 의미한다. 즉, 지금 당장 목표에 몰두하지는 않지만 이제 곧 집중해야 하는 순간이 온다는 사실을 인지하는 상태다. 부드러운 집중은 집중이 요구되는 활동 사이의 틈에 필요하다. 예컨대 테니스에서 서브와 서브 사이, 야구에서 이닝과 이닝 사이, 미식축구에서 공격과 공격 사이다. 부드러운 집중을 할 줄 모른다면 아예 집중하지 못하거나 처음부터 지나치게 집중한 나머지 경기가 끝날 때까지 집중력을 유지할 수 없을 것이다. 어느 쪽이든 문제가 생길 수밖에 없다.

'날카로운 집중'은 지금 눈앞의 과업에 온전히 몰입하는 능력을 말한다. 자신의 역량을 최고로 발휘하고자 모든 에너지와 집중력을 쏟아붓는 상태다. 날카로운 집중은 특히 결정적인 순간에 필요하다. 예컨대 테니스에서 서브를 넣거나 야구에서 투구를 하거나 미식축구에서 태클을 시도하는 순간에 이 능력이 빛을 발한다.

'적당한 이완'은 일반적으로 부드러운 집중과 동시에 이뤄진

다. 적당한 이완이란 에너지 수준을 낮추고 생각의 흐름을 줄여 날카로운 집중이 필요한 순간을 위해 에너지를 비축해두는 상태를 의미한다. 적당한 이완은 비단 미식축구의 공격 사이나 테니스의 세트 사이에서만 필요한 건 아니다. 시합하기 전과 후, 시합이 없는 날에도 적당히 이완한 상태를 유지하는 게 중요하다. 다시 말해 어떤 활동에 몰입하지 않을 때는 항상 적당히 이완한 상태를 유지해야 한다는 뜻이다.

'완전한 이완'은 낮잠이나 숙면으로 깊은 휴식을 취하는 상태를 의미한다. 잠잘 때 뇌는 느린 뇌파인 델타파를 생성한다. 어떤 활동에 몰두할 때는 중간 속도인 알파파가 주로 나타나며, 불안할 때는 가장 빠른 베타파가 활성화한다.

오늘날 우리 사회에서 나타나는 집중력 저하 문제는 대부분 수면 부족에 기인한다. 규칙적이고 충분한 수면은 아무리 강조해도 모자라다. 프로축구 구단 레알 마드리드 출신의 슈퍼스타이자 골프선수이기도 한 개러스 베일은 보통 밤에 아홉 시간에서 열 시간을 자고, 낮에 한두 시간 정도 낮잠을 자며, 시합하기 정확히 네 시간 전에 일어난다. 이렇게 충분히 숙면하려면 정신의 스위치를 완전히 내리고 온전히 이완시킬 수 있는 능력이 필요하다.

여기에 더해 우리는 집중한 상태와 이완한 상태를 자유롭게 넘나들 수 있어야 한다. 활동과 활동 사이의 틈이나 시합을 하는 사이사이엔 부드러운 집중력을, 활동하는 순간이나 경기에 임할 때는 날카로운 집중력을 발휘할 수 있어야 하기 때문이다.

주변 시야를
활용해 늦추기

사람들은 대부분 시간을 마치 가속페달을 밟은 듯한 상태로 살아간다. 저속차로로 들어와 속도를 늦추고 쉴 여유가 없는 것이다. 삶에서 마주하는 온갖 상황과 크고 작은 문제에 얽매인 나머지 창의적인 우뇌에 마음껏 꿈꿀 자유를 허락하지 못한다. 감정을 다스리는 법을 익히려면 우선 이완하는 법부터 배워야 한다. 그렇다고 해서 게으름을 피우란 말이 아니다. 지금 밟고 있는 가속페달에서 발을 떼고 정신과 몸의 속도를 늦추라는 뜻이다. 특히 쉴 때는 온전히 이완해서 제대로 휴식해야 한다. 그래야 집중이 필요한 시기에 훨씬 더 집중력을 발휘하며 자신을 제대로 통제할 수 있다.

몸과 마음의 속도를 늦추면서 인식을 깨우는 연습을 해보자. 바로 주변 시야를 활용하는 연습이다. 가만히 앉아 있든 운전하고 있든 지금 당장 시도해볼 수 있다. 정면을 똑바로 바라보면서 주변 시야로 의식을 확장한다. 고개나 눈을 돌리지 않고 그대로 정면을 바라본다. 시야의 양쪽 끝에 무엇이 보이는가? 그와 동시에 주위에서 들리는 온갖 소리에 귀를 기울여보자. 주변 시야에 의식을 집중하는 연습은 곧 귀에 들어오는 소리에 집중하는 연습이기도 하다. 이 연습을 통해 이완하는 능력과 집중하는 능력, 이 두 상태를 자유롭게 오가는 능력을 키울 수 있다.

열린 집중 익히기

프린스턴 바이오피드백센터Princeton Biofeedback Centre의 레스 페미Les Fehmi 박사는 학생들에게 그가 개발한 '열린 집중Open Focus'이란 개념을 가르친다. 열린 집중이란 스트레스에서 비롯한 증상을 완화하고 신체와 정신 건강을 증진하고자 고안한 주의 집중 방식이다. 열린 집중에선 스트레스를 받을 때의 좁은 집중(가속페달을 계속 밟고 있는 상태)과는 달리 광범위하고 몰입적인 방식으로 주의를 집중한다. 페미 박사는 『오픈 포커스 브레인The Open-Focus Brain』에서 이렇게 설명한다. "열린 집중 상태에선 인식 능력을 유연하게 발휘할 수 있으므로 자유자재로 온전한 휴식 상태에 들어갔다 나왔다 할 수 있다. 이를 통해 우리 몸이 스스로 회복할 수 있도록 돕고, 오늘날 스트레스 때문에 흔히 나타나는 증상을 예방하고 치유할 수 있다."

열린 집중은 우리가 끊임없이 좁은 집중 상태에 머물 때 경험하는 감각의 폭과 수가 억압되고 제한되어서 스트레스가 발생한다는 개념에 기반을 둔다. 그러므로 부드러운 집중을 익히는 핵심은 다양한 감각에 여러 방식으로 주의를 기울이는 법을 연습하는 것이다.

열린 집중은 주의를 집중하는 법뿐만 아니라 긴장을 완화하는 법을 익히는 데도 아주 효과적이다. 또한 좁은 집중과 넓은 집중 사이를 오가는 법도 배울 수 있다. 페미 박사는 이렇게 설명한다.

열린 집중을 훈련하면 폭넓고 다양한 감각을 경험하는 순간, 그리고 그 경험 사이의 틈에서 우리가 주의를 기울이는 방식을 명확하게 자각할 수 있다. 무엇도 배제하지 않고 판단하지 않는 태도로 주의를 기울이는 법을 훈련하면 유연하고 열린 마음으로 자기 경험을 통합할 수 있다. 이를 통해 스트레스를 해소하고, 신체적 고통을 완화하며, 감정을 다스리는 것뿐만 아니라 최고의 역량을 발휘하는 초월의 순간을 맞이할 기반을 마련할 수 있다. 꾸준히 실천한다면 인생에 놀라운 변화가 일어날 것이다.

부드러운 집중 연습 방법

잠시 하던 일을 멈추고, 턱과 턱을 지탱하는 안면 근육 전체에 의식을 집중한다. 특히 턱에 집중하면서 주위 근육도 모두 이완했는지 확인한다.

이제 두 눈 사이의 공간에 의식을 집중한다. 눈 주위와 눈 사이 공간에서 느껴지는 감각에 집중한다.

그다음 지금 읽는 책과 눈 사이의 공간, 전자책을 읽는다면 화면과 눈 사이의 공간에 의식을 집중한다. 눈과 책 사이에 있는 3차원적 공간을 인식한다.

이제 인식하는 공간을 확장해보자. 책이나 화면의 위아래와 좌우로 범위를 확장한다. 이제 우리 몸이 있는 곳까지 인식의 공간을 확장해본다. 지금 이 순간 어느 신체 부위의 감각이 느껴지는가? 그다음 인식하는 범위를 지금 자신이 있는 방 전체로 확장해본다.

페미 박사가 제안하는 또 다른 방법을 연습해볼 수도 있다. 엄지손가락과 집게손가락 안팎의 공간을 인식할 수 있는가? 손가락들이 공간을 어떻게 차지하는지 느껴보자. 눈을 감으면 그 감각에 한층 쉽게 집중할 수 있다.

6장
1단계: 자기절제의 뇌과학

정신을 재가동하는
중심 잡기

호흡을 이용해 주의를 집중하는 법을 연습할 수 있다. 이를 위해서 다음의 두 가지를 익혀야 한다.

1 길고 느리고 깊게 숨 쉬며 호흡을 조절한다.
2 정신을 한 가지 단순한 일에 집중한다.

자기중심성에서 기반한 두려움, 불안이 우리를 과거와 미래로 끌고 다니며 집중력을 흐트러트리려 한다는 사실을 기억하라. 중심 잡기를 수련하면 정신을 몸에 집중시켜서 지금 이 순간에 온전히 머물 수 있다. 호흡에 집중해 숨을 깊이 쉬면서 에너지를 배꼽 바로 아래에 있는 몸의 중심으로 끌어오며, 과거나 미래에 대한 생각을 비워내 정신을 재충전한다.

중심 잡기 수련은 매 순간 실천해야 한다. 비단 최고의 역량을 발휘해야 하는 순간에만 실천하면 되는 게 아니다. 어떤 일을 할 때 정신을 맑게 유지하고 싶다면 집중력과 에너지를 다스리는 법을 매일 연습해야 한다. 그래야 집중력이 가장 필요한 순간 압박감 속에서도 그 힘을 발휘할 수 있다. 이제 중심 잡기를 수련하는 방법을 몇 가지 배워보도록 하자.

재가동하기: 기본 복원

먼저 지금 이 순간에 집중하지 못할 때 기본 복원 수련인 재가동하기를 연습해보자. 예를 들어 스트레스가 올라올 때나 긴장될 때 유용한 방법이다. 이 기본 복원 수련은 일상에서 꾸준히 실천하고 활용하는 게 좋다.

1 걷거나 말하는 등 무엇을 하든 지금 하는 일을 멈춘다.

2 지평선 위의 한 지점을 고른다. 구름을 봐도 좋다.

3 그 지점을 가만히 응시한다. 눈을 떼지 않는다.

4 집중해서 바라보면서 모든 생각을 멈춘다.

5 코로 숨을 4초 정도 길고 느리고 깊게 들이마신다.

6 6초 동안 숨을 내쉬면서 턱을 비롯하여 안면 근육 전체를 이완시킨다. 이때 반드시 내쉬는 숨이 들이마시는 숨보다 길어야 한다. 숨을 내쉬면서 모든 욕망과 근심도 함께 흘려보낸다.

7 두 차례 반복한다.

상자 호흡법

호흡을 통해 중심 잡기를 수련할 수도 있는데, 그 방법은 다음과 같다.

1 편하고 바른 자세를 찾는다. 될 수 있으면 등을 곧게 펴고 앉는 게 좋다. 눈을 감는다.

2 코로 숨을 4초 동안 깊게 들이마신다. 갈비뼈를 부풀리고 폐를 공기로 가득 채운다.

3 4초 동안 숨을 멈춘다.

4 4초 동안 코나 입으로 숨을 내쉰다. 이때 횡격막을 위로 끌

어올리는 기분으로 배꼽을 등 쪽으로 바짝 붙인다. 얼굴 근육에 긴장된 부분이 있는지 살피면서 이완시킨다. 턱의 힘을 빼고 턱을 자연스럽게 떨어뜨린다. 얼굴 근육과 턱 근육이 모두 이완하는 게 중요하다. 긴장은 보통 턱 주위의 근육에 고이기 때문이다. 이 사실을 기억해둔다면, 긴장되는 상황에서 도움이 될 것이다.

5 4초 동안 숨을 멈춘다. 원하는 만큼 반복한다.

생각이 쉴 새 없이 몰아칠 때는 깊게 호흡하라. 두근거리는 가슴을 진정시키거나 생각하는 속도를 늦추고 싶을 때는 느리게 호흡하라. 이 기본 호흡법을 바탕으로 몇 가지 변형을 추가할 수도 있다. 그 첫 번째는 숨을 마실 때마다 생명력이 가득한 기운을 들이마신다고 상상하는 것이다. 그리고 내쉴 때마다 온갖 근심과 걱정, 불안이 몸에서 빠져나간다고 상상한다. 생명력이 가득한 기운이 안개나 구름의 형태로 몸으로 들어온다고 상상해도 좋다. 또 다른 변형 연습으로 호흡에 긍정적인 생각을 담을 수도 있다.

단계적 중심 잡기

에릭 메이슬Eric Maisel 박사는 『당신 안의 예술가를 깨워라Coaching the Artist Within』에서 '단계적 중심 잡기'라고 부르는 효과적인 수련법을 소개한다. 이 수련의 첫 단계는 '나는 완전히 멈춘다'이다. 머릿속 잡념을 깨끗이 멈추고 집중하고 싶다면, 숨을 들이마시면서 속으로 "나는…"이라고 말하고 숨을 내쉬면서 "완전히 멈춘다"라고 말한다.

계단을 천천히 내려가서 고요하고 평온한 장소에 다다르는 모습을 상상해도 좋다. 정신의 운영 체제를 종료하는 스위치를 내리는 것이다. 여기에 여러 변형을 더할 수도 있다. "나는… 완전히 멈춘다"
라는 말을 다음의 여러 문장으로 바꾸어 말하면 된다.

나는… 지금 여기 온전히 머문다.

나는… 집중하면서도 이완해 있다.

나는… 평온하며 자신감이 넘친다.

나는… 내려놓는다.

나는… 뛰어나다.

나는… 성공했다.

나는… 최고의 선수다.

나는… ______________________________

(자신이 느끼고 싶은 감정, 되고자 하는 모습을 자유롭게 넣는다.)

집중하고… 즐긴다.

긴장을 풀고… 미소 짓는다.

기대 버리고 순간에 머물기

과거 일본의 무사들은 전투에 나가기 전에 주문처럼 다음과 같
은 말을 암송했다. "기대를 버리라. 만사에 대비하라." 기대는 어떤 일
을 해나가는 과정에서 걸림돌이 될 수 있다. 기대에서 긴장과 두려움
이 피어나 지금 이 순간에 집중하지 못하게 하기 때문이다. 기대라는
단어 자체가 애초에 미래를 바라본다는 뜻을 품고 있다. 중심 잡기 수
련의 목적은 에너지를 몸의 중심으로 끌어오고 정신을 지금 이 순간
에 온전히 머물게 하는 것이다. '나는 기대하지 않는다… 아무것도'라
는 수련은 중심을 잡는 데 아주 효과적인 방법이다. 지금 아무것도 바

라는 게 없다고 단언하므로, 어떤 상황에 부닥치더라도 그 상황을 잘 헤쳐나갈 수 있다. 상황이 어떻게 흘러가야 하는지에 대해 아무런 기대가 없기 때문이다.

이 수련은 다음과 같이 할 수 있다. 코로 길고 느리고 깊게 숨을 들이마시면서 마음속으로 "나는 기대하지 않는다"라고 말한다. 그다음 몇 초 동안 숨을 멈추고 나서, 다시 내쉬면서 속으로 "아무것도"라고 말한다. 이 호흡을 두 차례만 반복해도 불안감이 가라앉는 효과가 나타난다.

무사가 반드시 한 사람은 목숨을 잃어야 하는 결투에 나간다고 상상해보자. 자기 실력을 최대한 발휘하려면 시종일관 집중력을 잃지 않고 중심을 단단히 잡고 있어야만 한다. 예상치 못한 상황에 당황할 여유 따위는 없다. 기대라는 말은 미래에 대한 확신을 의미하는 자신감과는 다르다. 기대는 그저 미래의 상황에 대한 예측에 불과하다. 우리가 미래에 대해 생각하는 것은 과정 지향적인 목표를 설정하고, 자기확언을 되풀이하고, 미래에 일어날 결과를 시각화할 때뿐이다. 그러지 않을 때는 현재에 온전히 머물러야 한다.

기대를 버리고 만사에 대비하는 법을 익히는 건 지금 이 순간에 온전히 머물며 내면의 전투에서 승리하는 필승 전략이다. 이게 우리가 얻게 될 부와 승리를 기대하지 말라는 뜻은 아니다. 다만 앞으로 어떤 일이 벌어지더라도 그 상황에 연연하지 않아야 한다는 말이다.

중요한 시합을 치르려고 차를 몰고 경기장으로 향하는 길이라고 하자. 갑자기 초조해지기 시작한다. 생각이 걷잡을 수 없이 휘몰아치고 심장박동이 빨라진다. 차를 갓길에 세운다. 이런 기분으로 경기장에 갈 순 없다. 중심을 잡아야겠다고 마음먹는다. 중심 잡기 수련을 하니 정신없이 내달리던 생각이 점차 가라앉고, 얼마 지나지 않아 심장박동수가 평소대로 돌아온다. 기분이 한결 나아진다. 여전히 조금은 초조하지만 걷잡을 수 없이 혼란스럽지는 않다. "나는 기대하지 않는다… 아무것도, 나는 해낼 수 있다… 무엇이든"이라는 문구를 왼다. 평정심과 집중력이 조금씩 돌아오기 시작한다.

과거에 어떤 일을 해낸 적이 있다면, 이를테면 선수권대회에서 우승하거나 대형 계약을 성사했다면, 다시 한번 그만한 성취를 이뤄낼 수 있으리라는 기대가 따라붙기 마련이다. 이런 기대가 가장 감당하기 어렵다. 물론 과거에 이룬 성과 덕분에 좋은 조건으로 계약했을지도 모르고, 승진했을 수도 있다. 사람들이 다들 입을 모아 우리가 이번엔 얼마나 대단한 일을 해낼지 이야기한다. 무슨 일을 하든 과거와 같은 성공을 기대하는 마음이 따라붙는다. 자칫 이런 기대에 짓눌려 무너지기 쉽다. 골프에선 3미터 거리의 퍼트보다 1.5미터 거리의 퍼트가 더 어려울 때가 있다. 이 모든 게 다 기대 탓이다.

호흡하며 단어 지우기

기대 버리기와 비슷한 중심 잡기 수련을 한 가지 더 살펴보자. 마음속으로 어떤 문구를 되뇌다가 한 단어만 남을 때까지 하나씩 지워나가는 것이다. 예를 들어 "지금 여기… 살아 있어"라는 문장을 읊는다고 해보자. 이 말을 마음속으로 되뇐다.

첫 번째 숨

(들이마시며) "지금 여기…"
(내쉬며) "살아 있어."

두 번째 숨

(들이마시며) "지금 여기…"

(내쉬며) "있어."

세 번째 숨

(들이마시며) "여기…"

(내쉬며) "있어."

네 번째 숨

(들이마시며) "여기…"

(내쉬며) "…"

어떤 말을 되뇌는지에 따라 다른 연습으로 변형할 수도 있다. 첫 번째 숨에선 "고요히 머물며 알라… 내가 바로 신임을"이라고 되뇐다. 그리고 다음 호흡부터 단어를 조금씩 줄여 나간다. 두 번째 숨에선 "고요히 머물며 알라… 내가 신임을", 그다음 숨에선 "고요히 머물며… 알라"로 줄어들고 그다음엔 "고요히 … 머물라"로, 마지막으론 "머물라…"만 남게 된다.

감정을 나타내는 이미지 활용하기

중심 잡기 수련을 할 때 느끼고 싶은 감정을 나타내는 이미지를 활용할 수도 있다. 최고의 시합을 치렀던 순간의 사진을 봐도 좋고, 이제 다음에 할 연기를 시각화한 이미지를 떠올려도 좋다.

멕시코국립발레단의 발레리나 에리카는 매번 큰 무대에 설 때마다 일찍 공연장을 찾는다. 아직 아무도 오지 않은 이른 시간, 텅 빈 공연장의 무대 한복판에 서서 조용히 시간을 보낸다. 에리카는 깊게 숨을 들이마시고 내쉬며 관객 전체에게 손을 뻗어 모두를 안아주는 모습을 마음속에 그린다. 하늘에서 내려온 에너지가 자신을 관통하고 공연을 보는 관객 한 사람 한 사람에게 흘러가는 모습을 상상한다. 에리카는 공연에서 관객과 무대, 주위의 모든 것과 하나가 될 것이다. 이렇게 공연 전에 치르는 의식을 통해 에리카는 자신과 무대와 관객이 완벽하게 조화를 이루는 모습을 상상하면서 공연을 성공적으로 치러낼 강렬한 에너지를 얻는다. 이 의식 덕분에 당당하고 우아하게 무대를 펼칠 수 있다.

앵커, 감각과 감정의
연결 고리

모든 게 완벽하게 맞아떨어져 그 순간에 오롯이 몰입하며 최상의 역량을 발휘했던 때를 기억하는가? 무언가를 할 때마다 바로 그때의 그 기분을 다시 느끼고 싶을 것이다. 결정적인 시합을 앞두고 있다면 어떤 상태로 그 시합을 치르고 싶은지, 어떻게 해야 그 상태를 재현할 수 있는지 알아야 한다. 그 긍정적인 경험, 특히 그 순간의 감정 상태를 다시 불러오는 데 필요한 게 바로 앵커anchor다.

앵커란 특정한 감정이나 느낌을 불러일으키는 감각 자극을 의미한다. 즉, 시각, 청각, 미각, 후각, 촉각 등 오감을 통한 자극이 앵커가 될 수 있다. 이반 파블로프는 1897년 개를 대상으로 한 실험에서 처음으로 '앵커링anchoring'이란 개념을 발견했다. 파블로프는 종을 울리고 나서 개에게 먹이를 주는 행동을 반복했다. 결국 나중엔 종소리

6장
1단계: 자기절제의 뇌과학

만 들려도 개가 침을 흘리게 됐다. 이렇게 반복을 통해 특정 자극과 반응이 연결되는 현상은 '고전적 조건 형성'이란 개념으로 알려지게 됐다.

잠재의식은 우리가 의식하지 못하는 동안에도 계속해서 특정 자극을 앵커로 삼고 있다. 가령 고등학교 시절 자주 듣던 노래를 들으면 그 시절에 느꼈던 강렬한 감정이 고스란히 되살아날 것이다. 그 노래가 그 감정을 불러일으키는 앵커가 됐기 때문이다.

한편 의도적으로 앵커를 형성할 수도 있다.

1 자신감이 넘치고 힘이 충만하다고 느꼈던 순간을 떠올린다. 그때의 감정을 한층 생생하게 되살리려면 세부 사항을 가능한 한 구체적으로 자세하게 떠올려야 한다.

2 그때의 감정이 가장 생생하게 차오르는 순간, 그 감정을 특정 감각과 연결하는 행동을 한다. 이때 그 행동은 간단한 동작이어야 한다. 예컨대 박하유처럼 강하면서도 진정되는 향을 맡는 것이다. 향을 앵커로 사용한다면 일상에서 흔히 접할 수 없는 독특한 향이어야 한다. 그 향을 통해 긍정적이고 자신감을 강화하는 기억을 떠올린다.

이처럼 특정 향을 자신감이 넘치고 힘이 충만했던 순간의 앵커로 활용할 수 있다. 이제 그 순간의 기분을 재현해야 할 때는 박하유 향을 맡는 것만으로도 그때의 감정과 기분을 되살릴 수 있다.

냄새 외에도 주먹을 꽉 쥐거나 두 팔을 번쩍 들어 올리는 동작, 특정한 노래를 듣는 행동 같은 다른 형태의 앵커를 시도해볼 수 있다. 사람마다 어떤 사건을 기억하는 데 주요하게 작용하는 감각은 다르지만, 일반적으로 후각이 가장 강력한 앵커로 작용한다.

한편 좌절이나 불안, 두려움 같은 감정이 엄습할 때 그 감정은 어떻게 해소해야 할까? 이번에는 그에 대해 알아보자. 마음을 다스리는 수련을 통해 긍정적인 감정은 유지하고 부정적인 감정은 떨쳐내는 법을 배울 수 있다.

위로 떠오르기 기법

원치 않는 감정을 해소하려면 감정의 흐름을 바꾸는 법을 익혀야 한다. 즉, 해로운 감정을 바람직한 감정으로 전환하는 것이다. 다음은 감정의 흐름을 바꾸는 '위로 떠오르기 기법'이다.

1 의자에 앉아서 중심을 잡는다. 자신의 몸에서 느껴지는 감각을 인식한다.

2 몸에서 빠져나와 천장으로 둥실 떠오르는 모습을 상상한다. 아래에 남은 자기 몸과 방의 모습을 구석구석 자세히 살핀다.

3 이제 방에서 벗어나 건물 위까지 떠오른다. 주위 동네가 보일 것이다.

4 점점 더 위로 올라가 도시 전체가 한눈에 내려다보일 때까지 떠오른다. 도시를 흐르는 강과 유명한 건물이 내려다보인다. 근처에 산이 있다면 산의 모습도 보인다.

5 자신이 어디 있었는지 되새긴다. 자신이 있던 건물에서 그 주변과 도시, 지역 전체로 시야를 확장한다. 모든 걱정과 근심거리를 저 아래에 내버려두고 와도 괜찮다고 자신에게 말한다. 점점 더 높이 떠오른다. 지금 얼마나 자유롭고 평온한지 느껴본다.

6 구름보다 높게 날아오른다. 주위의 모든 도시와 산맥까지 한눈에 내려다보인다.

7 대륙 전체를 내려다볼 만큼 더 높이 올라간다. 대양과 다른 대륙의 모습, 둥그런 지구의 형태가 눈에 들어온다.

8 이제 마음의 준비가 되면 천천히 내려오기 시작한다. 의자에 가까워질수록, 땅으로 내려올수록 모든 걱정과 근심이 사라지는 것을 느낀다.

기억 속 감정은
현재의 감정이 아니다

어떤 앵커는 원치 않는 기억을 불러일으킬 수도 있다. 이런 기억은 오늘 기분과는 전혀 상관없거나 해로운 감정에 연결되어 있을 수도 있다. 가령 라디오에서 흘러나온 노래가 과거에 헤어진 연인을 떠올리게 할 수 있다. 지금 새로운 사람을 만나 아주 행복하게 잘 지내고 있더라도, 한순간 전 연인이 그리워지면서 슬픔이 밀려올 수도 있다. 이때 그것이 단지 과거에 느꼈던 감정의 기억일 뿐 지금 느끼는 감정이 아니란 사실을 명심한다면 그 감정을 훨씬 더 수월하게 떨쳐낼 수 있다.

과거에 크게 실패했던 장소를 떠올려보자. 다음번에 그 장소에 가면 설령 긴 시간이 지났다고 하더라도 실패했던 기억이 또 떠오를 것이다. 그때와 비교해서 지금은 훨씬 좋아졌다고 해도 그럴 것이다. 이런 상황이 닥치면 그것은 단지 과거의 기억에 불과할 뿐 현재의 진실이 아니란 사실을 의식적으로 떠올려야 한다.

감정을 다스리는 능력을 키워나갈수록 감정을 한층 또렷하게 인지할 뿐만 아니라 그 감정이 비롯한 원인을 제대로 찾아내게 된다. 이런 통찰의 경험이 쌓이면 감정을 다스리는 더 좋은 방법을 찾아낼 수 있다. 예컨대 지금 우울한 기분이 든다고 해보자. 그 우울감이 과거에 실패한 기억에서 비롯한다는 사실을 자각한다면, 그때의 자신과 지금의 자신이 아주 다른 사람이란 사실을 스스로 상기할 수 있다. 또한 일이 잘 풀리지 않아 답답하고 짜증이 난다면, 중심 잡기나 위로 떠오르기를 수련함으로써 그 감정을 내려놓을 수 있다.

: 내면 근력을 켜는 스위치 :

✓ 과거 최상의 역량을 발휘한 순간과 그러지 못한 순간을 하나씩 점검해보자. 어떤 감정이 반복적으로 나타나는가? 그 감정이 최상의 역량을 발휘하는 데 어떤 영향을 미치는가? 왜 그런 감정을 느끼게 됐는가?

✓ 지금 사는 집과 직장의 환경을 생각해보자. 그 환경엔 어떤 그림, 글, 소리가 있는가? 이 공간을 자신에게 힘을 주는 공간으로 조성하려면 무엇이 필요할지, 혹은 무엇을 치워야 할지 생각해보자.

✓ 이번 주엔 반드시 하루에 두 차례씩 중심 잡기를 수련해보자. 한 번에 3분이면 충분하다. 특히 감정이 동요되거나 초조하거나 화가 나는 등 지금 이 순간에 온전히 머물지 못한다고 느낄 땐 언제든 중심 잡기를 수련하자. 그 수련이 기분에 어떤 영향을 미치는지 기록한다.

✓ 내면 근력을 키우려는 활동과 주의를 산만하게 하는 활동에 각각 얼마나 시간을 오래 쓰는지 계산해보자. 삶의 균형을 맞추려면 무엇을 더하거나 빼야할지 살펴보자.

✓ 목표와 꿈을 적고, 그것을 위해 구체적으로 필요한 행동 목록을 적어보자. 콜라주나 영상으로 기록해도 좋다. 자신이 되고 싶은 사람, 살고 싶은 방식, 닮고 싶은 인물을 보여주는 사진과 글귀를 모아보자.

2단계: 원하는 삶의 이야기를 쓰는 법

하늘엔 동도 없고 서도 없음이라. 오직 중생이 스스로 마음속에서
동서를 분별하고, 이를 진실이라 믿을 뿐이니라.

—고타마 싯다르타

타이론은 울타리를 향해 내달렸지만 끝내 그곳에 이르지 못했다. 가게 주인은 가게 창문을 깬 범인이라고 생각하고는 아이들을 향해 산탄총을 쏘아댔다. 꼬마 타이론의 몸에 총알이 여러 발 박혔다. 그때 그는 겨우 다섯 살이었다.

타이론은 볼티모어 동부에 있는 라파엣코트의 공영주택에서 자랐다. 마약 거래상이던 아버지는 타이론의 어린 시절 내내 감옥에 갇혀 있었다. 그저 살아남는 게 전부였던 시기였다. 타이론은 다른 아이들이 칼에 찔리거나 야구방망이에 맞아 죽는 모습을 보며 자랐다. 농구 경기장에서 등에 총을 맞은 아이도 있었다. 타이론은 그의 자서

전에서 어린 시절에 대해 이렇게 말했다. "정말 힘든 시기였다. 하지만 나한텐 최고의 시절이기도 했다."

타이론 '머그시' 보그스Tyrone "Muggsy" Bogues는 14년 동안 NBA에서 농구 선수로 활약했다. 그는 NBA 역사상 가장 키가 작은 선수였지만 빛나는 경기력으로 팬들에게 큰 사랑을 받았다. 다섯 살 때 맞은 탄환 자국이 그대로 남아 있는 머그시의 키는 160센티미터였다.

감당하기 힘든 고난 앞에서도 머그시는 자신만의 길을 찾아나섰다. 빈민가에서 NBA 농구 경기장으로 활동 무대를 옮기고, 총을 맞은 어린아이에서 프로선수로 거듭났다. 농구 선수로서는 무척이나 작은 키로 이뤄낸 기적 같은 일이었다. 머그시는 NBA 데뷔 당시 농구 선수의 평균 키보다 무려 40센티미터 이상 작았다. 그는 약 110센티미터를 뛰어올라 점프할 수 있었고 최고의 수비 능력도 갖추고 있었다. 하지만 머그시를 정말로 특별한 선수가 되게 한 건 바로 그의 정신력이었다. 머그시는 날마다 자기 꿈에 숨을 불어넣었고, 당장은 불가능해 보여도 언젠가는 이루어질지도 모를 자기 삶의 이야기를 되뇌고 또 되뇌었다.

누구나 자신만의 이야기를 품는다. 우리는 그 이야기의 저자이자 주인공이다. 삶의 어느 순간에 의미를 부여할지 선택하는 건 모두 우리 몫이다. 주인공이 되어 스스로 꿈꾸는 대로 살고 싶다면 내 안에서 나만의 서사를 그려야 한다. 삶의 모든 순간은 이야기가 어느 방향으로 흘러갈지 결정하는 기회다. 우리의 생각 하나하나가 모여 이야기를 이루고, 생각이 흘러가는 방향에 따라 삶의 방향이 결정된다.

한때 머릿속에 간직했던 이야기를 잊어버리기는 너무나 쉽다. 빈민가 출신의 키 160센티미터짜리 아이가 NBA에서 뛰는 농구선수가 되겠다는 꿈은 터무니없게 들릴지도 모른다. 그러나 불가능한 일은 없다. 머그시가 원하는 삶의 이야기를 쓰고 그것을 실현해냈다면, 우리 또한 그럴 수 있다.

우리 사회는 남들과 자신을 비교하는 일에 지독히 몰두한다. 비교에 얽매이기 시작하면 자칫 내 삶의 주인으로 살아가지 못할 수 있다. 앞서 강조했듯 자기중심성을 내려놓고 비교를 멈출 때, 즉 자신 안에 갇히지 않을 때 삶의 순간순간 아름다움을 발견하고, 타인과 연결되며, 더 큰 그림을 볼 수 있다. 수많은 가능성으로 향하는 자유를 얻는 것이다.

그렇다면 우리는 어떤 이야기를 만들어나가야 할까? 자신에게 어떤 이야기를 들려줘야 할까? 여기 나라는 사람이 있다. 나는 어떤 역량을 발휘하는가, 어떤 미래를 그리는가, 어떤 일을 성취할 수 있는가, 어떻게 소통하는가, 그리고 마침내 어떤 사람이 될 것인가. 이 모든 질문의 답에 가장 큰 영향을 미치는 요소는 바로 믿음이다.

내면의 스토리가
모든 것을 결정한다

명심하라. 우리는 하루하루 일상을 살아가면서 세상을 있는 그대로 경험하지 않는다. 실은 머릿속에서 창조해낸 세상 속에서 살아간다고 말하는 편이 정확할 것이다. 이 세상을 있는 그대로 보지 못하고 우리 자신에 비친 투영으로서 보기 때문이다. 지금 우리가 보는 세상은 우리의 기억과 믿음이 뒤섞여 만들어낸 결과다. 달리 말해 우리는 지금까지 살아오며 자신에게 들려주던 이야기에 따라 사는 셈이다. 그러므로 무엇보다도 그 이야기가 중요하다.

자신이 슈퍼볼 경기를 뛰고 있는 NFL의 키커kicker 미식축구에서 공을 차서 득점하는 선수—옮긴이가 되었다고 상상해보자. 경기 시간은 이제 몇 초밖에 남지 않았다. 우리 팀이 단 1점 차로 뒤지는 상황, 이제 역전을 위해 40야드짜리 결승골을 차야 하는 상황에 놓였다. 팀을 구하는 영웅으로 우뚝 서느냐, 그대로 패배하게 되느냐의 갈림길이다. 과연 어떻게 될까? 킥을 성공할 수 있을까? 여기에서 킥의 성공을 좌우하는 가장 중요한 요소는 그날 몸의 상태가 아니다. 바람도 아니다. 홀더holder가 공을 어떻게 세우는지도, 센터center가 공을 어떻게 뒤로 전달하는지도 아니다. 물론 이런 요소들도 중요할 테지만, 그 킥의 성공 여부를 결정짓는 핵심 요소는 바로 그 슈퍼볼 시합을 앞둔 몇 달 동안 쌓아온 생각, 감정, 믿음이다. 그 킥이 성공하느냐, 실패하느냐는 바로 자기 능력에 대한 믿음이 결정한다.

왜 유능한 사람에겐 늘 좋은 기회가 찾아오고, 일이 이상하리만치 술술 풀리는 것처럼 보이는지 그 이유가 궁금했던 적 있는가? 그들에겐 비밀 무기가 있다. 그들과 평범한 이들을 가르는 결정적인 차이는, 그들은 잠재의식 속에서 자기 인생의 가능성을 믿는다는 점이다. 이 믿음은 그들이 아침에 몇 시에 일어나는지, 자신에게 어떤 말을 하는지, 얼마나 기꺼이 자신을 내려놓으려 하는지를 결정한다. 실로 삶의 거의 모든 걸 결정한다고 해도 과언이 아니다.

그 어떤 믿음도
영구적이지 않다

중요한 건 뭘 받을 자격이 있는지 없는지가 아니야.
내가 뭘 믿는가, 그게 중요해.

―원더우먼

어린 시절에 이 세계는 온갖 신나고 재미있는 기회로 가득했다. 하지만 어른이 되어가면서 세상을 바라보는 관점은 조금씩 바뀐다. 수많은 경험이 쌓이는 동안 할 수 있는 일과 없는 일에 대한 믿음이 형성되기 때문이다. 뜨거운 난로에 손을 대보고는 그렇게 하면 안 된다는 걸 배운다. 실로 경험의 상당 부분이 무엇을 할 수 '없는지'를 가르쳐준다. 노력은 좌절되고, 믿음은 무너진다. 노래 부르는 걸 좋아하는 어린 아이가 처음으로 다른 사람 앞에서 노래를 부르고는 비웃음을 산다. 이런 경험은 아이에게 너는 가수가 될 수 없고 재능이 없다고 가르친다. 그 순간 아이는 자신이 노래를 못한다는 믿음을 '배운다.' 이런 믿음은 아마도 평생 자기 안에 남아 있을 것이다. 어떤 사건을 겪으면서 특정한 감정을 느낀 결과, 그 경험이 삶의 그 영역에서 기준이 되는 것이다. 안타깝게도 사람들은 대부분 이런 일을 겪으면 그 능력이나 삶의 영역을 아예 포기해버린다. 그래서 자신을 한계 짓는 그 믿음에 반기를 들지 못한 채 자신이 얼마나 높은 곳에 이를지 끝끝내 알지 못한다.

믿음이란 아주 금세, 때로 단 한 순간에도 형성될 수 있으며 종종 평생을 간다. 예를 들어 여덟 살 무렵 침대에 올라가다가 둥그렇고 어두운 빛깔의 무언가를 보았다고 해보자. 커다란 거미라고 생각해서 비명을 질렀지만, 알고 보니 그저 털실 뭉치였을 뿐이었다. 하지만 그게 무엇이었는지는 그리 중요하지 않다. 그걸 무엇이라고 믿었는지가 중요하다. 그 한순간 뇌는 그게 거대한 거미라고 믿고 공포의 감정을 불러냈다. 그리고 자신을 보호하려는 목적으로 그 기억에 공포의 감정을 덧씌워 저장해두었다. 여생 동안 뇌는 자기 역할을 충실히 수행하면서 거미나 거미와 비슷한 무언가를 보는 순간 공포의 감정을 다시 불러올 것이다.

다행스러운 일은 그 어떤 믿음도 돌에 새긴 것처럼 영구적이지는 않다는 점이다. 거미에 대해 느끼는 공포든 다른 어떤 믿음이든 우리는 그 믿음을 바꿀 수 있다. 그 믿음을 형성한 경험이 얼마나 합리적이었든 얼마나 깊이 뿌리를 내렸든 얼마나 정신적으로 큰 충격을 남겼든 상관없다. 우리는 이미 배운 믿음을 잊고 버릴 수 있다.

어떤 목표를 세웠다면 그 목표와 관련한 자신의 믿음을 점검해봐야 한다. 스스로 이렇게 물어보는 것이다. "이 목표를 이루는 데 내가 주로 믿는 세 가지는 무엇인가?" 그리고 확인해보자. 기존의 믿음이 자신에게 도움이 되는가? 그 목표를 달성하려면 어떤 믿음이 있어야 하는가?

앞의 사례에서 거미에 대한 공포가 뇌에 새겨진 것은 바로 거미를 보고 놀랐던 그 첫 경험에서다. 삶의 다른 영역에서 형성된 여러 믿음 또한 마찬가지다. 새로운 경험을 할 때마다 뇌는 어떻게 반응할지 결정하고자 그 경험에 의미를 부여하려 한다. 잠재의식은 다음과 같은 질문 목록을 훑어본다. 이 사건이 자신과 관계가 있는가? 이와 비슷한 경험이 뇌의 기억 저장소에 저장되어 있는가? 지금 자신은 이 경험이 두려운가, 아니면 이미 익숙해져서 괜찮은가?

우리 정신은 믿음에 따라 인생에서 할 수 있는 일의 경계를 설정한다. 또한 그 믿음을 유지하기 위해 더욱 강화하는 방향으로 나아간다. 믿음을 바꾸기보다 그대로 유지하는 편이 에너지가 덜 들기 때문이다. 이런 성향을 '항상성'이라고 한다. 잠재의식이 자신의 역량과 성취를 자기에게 적합하다고 여기는 수준으로 유지하려는 성향이다. 예컨대 자신이 할 수 있다고 믿는 것보다 훨씬 더 높은 역량을 발휘하고 있다고 느낀다면, 잠재의식은 그 성취를 자신이 편안하게 느끼는 수준으로 끌어내리려 할 것이다. 마찬가지로 자신이 할 수 있다고 믿는 것보다 낮은 역량을 발휘하고 있다면, 반대로 성취를 끌어올려 다시금 자신이 익숙한 수준에 맞추려 할 것이다. 이렇게 항상 자기 믿음을 뒷받침하는 경험을 다시 삶으로 끌어들이려 한다.

어떤 경험에서 형성된 믿음이 다시 그와 비슷한 경험을 끌어당기는 셈이다. 예를 들어 직장 동료들과 즐겁게 지냈다고 하자. 이 경험에서 그들과 함께 있을 때 편안하다는 믿음이 형성된다. 그리고 그들이 자신을 인정해준다는 믿음은 더 많은 긍정적인 경험을 이끈다. 물론 반대도 마찬가지다. 여기에서 중요한 점은 우리가 생각하고 말하고 느끼는 모든 것에서 믿음이 형성된다는 것이다. 그중에서도 특히 감정이 큰 역할을 한다.

1992년 페퍼다인대학교의 야구팀 감독 앤디 로페즈는 자문했다. "어떻게 하면 우리 선수들이 전미대학야구선수권 결승전에 진출하는 걸 당연하게 여기게 할 수 있을까? 어떻게 우리 같은 약체를 강팀과 싸워 승리할 수 있는 팀이라고 믿게 할 수 있을까?" 고심 끝에 로페즈는 훈련을 시작한 첫날부터 시즌이 끝나는 날까지 탈의실에 결승전 시합 영상을 반복해서 틀어놓았다. 선수들이 서고 싶어 하는

7장
2단계: 원하는 삶의 이야기를 쓰는 법

그 큰 시합의 분위기와 열기를 온몸으로 체감하게 하려는 것이었다. 로페즈 감독이 이끄는 약팀은 그해 결승전에 진출해 마침내 우승을 거두었다.

진실만을 이야기하라

목표와 꿈에 어울리는 믿음을 키우고 싶다면 한 가지 주의해야 할 점이 있다. 바로 자기 자신에 대해, 자기 인생에 어떤 가능성이 펼쳐져 있는지에 대해 진실만을 말하는 것이다. 특히 과거의 진실을 올바른 방식으로 말하는 게 중요하다. 즉, 더는 되풀이하고 싶지 않은 과거의 문제를 말할 때는 과거시제를 분명하게 써서 말해야 한다. 이렇게 올바른 방식으로 말하는 게 왜 중요한가? 누구한테 하는 말이든, 심지어 토끼 인형인 찰리에게 하는 말이라도, 잠재의식이 내내 듣고 있기 때문이다. 잠재의식은 우리의 모든 생각과 말에 귀를 기울이며, 언제라도 이를 재료 삼아 믿음을 형성할 준비가 되어 있다.

일을 망치거나 큰 실패를 겪거나 형편없는 실력을 들킨 적이 있을 수도 있다. 하지만 그 모든 일은 이미 지나간 과거다. 실패했던 모든 순간은 예외 없이 과거에 속해 있다. 그러므로 과거를 이야기할 때는 반드시 과거시제를 사용해 말해야 한다.

골프 선수라고 해보자. 매번 자기 자신이나 다른 사람에게 투덜거린다. "퍼트가 제대로 안 돼서 큰일이네.", "압박감이 느껴지면 제대로 실력 발휘를 못 하겠어.", "…가 잘 안돼서 힘들어." 이때 잠재의식은 어떤 양상을 찾아내려고, 즉 이 말을 뒷받침하는 근거를 찾아내고자 과거의 기억을 뒤적인다. 그리고 그에 부합하는 기억, 이미지, 감정을 발견해서는 지금 하고 다니는 말의 정당성을 입증한다. 이때 우리는 무한한 가능성이 있는 현재에 머무는 대신 과거에 저지른 실수를 현재와 미래에 투영해서, 멈추고 싶은 실패를 끊임없이 반복하는 셈이다. 이 정신적 함정에 빠져 슬럼프를 극복하지 못한 채 선수 생활에 마침표를 찍어야 했던 선수가 얼마나 많은가.

앞으로는 자신에게든 다른 사람에게든 이런 방식으로 말해보자. "예전엔 …가 참 힘들었는데 지금은 매일 조금씩 나아지고 있어.", "오늘 오후엔 …가 잘 안됐어." 진실을 말하면서도 앞으론 반복하고 싶지 않은 일은 과거형으로 말하는 것이다. 이렇게 진실을 이야기할 때 잠재의식은 과거를 뒤적거릴 필요도, 그 실패를 미래로 투영할 필요도 없다. 그 실패와 어려움을 현재의 문제처럼 말하지 않았기 때문이다. 과거의 진실을 이야기할 때는 미래의 가능성을 열어주는 방식으로 이야기해야 한다.

하루에 1초라도 목표와 꿈을 시각화하라

내가 고객에게 내주는 과제가 하나 있다. 매일 목표와 꿈을 시각화하는 것이다. 이때 목적은 단 1초라도 그 두근거리는 설렘을 생생하게 체험하는 것이다. 매일 한 시간씩 명상하거나 가부좌를 틀고 앉아 30분 넘게 시각화를 수련할 필요는 없다. 물론 그런다면 도움이 되겠지만, 여기에서 가장 중요한 건 하루에 단 1초라도 좋으니, 날마다 목표와 꿈을 구체적으로 보고 느끼는 것이다.

꿈과 목표는 항상 염두에 두고 살아야 한다. 이는 곧 늘 어떤 사람이 되고 싶은지 생각하면서 그 목표에 이르는 모습을 상상하고, 그 이야기를 자기 자신에게 꾸준히 들려줘야 한다는 뜻이다. 한 올림픽 금메달리스트는 자기 집 거실에 107센티미터 높이의 허들을 설치해

두고 날마다 스물다섯 차례 정도 그 허들을 넘었다. 그리고 허들을 넘을 때마다 경기를 치르는 자기 모습을 떠올리며 그에 따르게 될 성공을 머릿속에 그렸다.

늘 긍정적인 상태를 유지하며 꿈과 목표에 집중하는 법을 익힌다면 우리는 내면의 믿음은 물론 삶의 이야기까지 변화시킬 수 있다.

부정적인 생각을 무력화하는 전략

성취하기 어려운 목표를 좇고 있다면, 난관에 봉착할 때마다 머릿속에 부정적인 잡념이 끼어들 것이다. 불안과 부정적 생각이 올라올 때 사용할 방법이 몇 가지 있다.

1 부정적인 생각이 떠오르면 감정에 휘말리지 말고 자신이 부정적인 생각을 하고 있다는 것 자체를 인식하라. 생각은 오직 자신이 그 생각에 힘을 실어줄 때만 힘을 얻는다. 생각을 오래 붙들고 있을수록 악화할 뿐이니 단호하게 끊어내야 한다.

2 서핑하는 사람이 좋은 파도를 골라내듯이 원치 않는 생각은 파도처럼 흘려보내야 한다.

3 부정적인 생각이 들면 그와 정반대의 생각을 떠올리거나 긍정적인 확언으로 바꾼다. 가령 "난 …를 잘 못해"라는 생각이 든다면 "난 …를 정말 잘해"라는 생각을 의식적으로 떠올린다.

4 정신을 다시 지금의 이 순간으로 되돌린다. 손목에 고무줄 하나를 감고 있다가 목표에 대해 부정적인 생각이 떠오를 때마다 고무줄을 가볍게 튕기는 것도 도움이 된다.

실패하거나 실패했다고 느끼는 순간 부정적인 생각은 가장 강해진다. 이렇게 마음이 약해지는 순간이 찾아올 때마다 부정적인 생각에 대응할 준비를 갖춰야 한다. 그러지 못한다면 부정적인 생각이 마음의 약한 틈을 파고든다. 마음속 나약한 목소리가 "그것 봐, 내가 뭐랬어"라고 말하고 싶어 할 것이다. 이때 조심하지 않고 부정적인 생각을 붙들고 있는다면 그 생각이 힘을 얻어 더 많은 부정적인 생각을 끌어들이고, 우리의 상태를 부정적인 방향으로 바꾸고, 실패를 내면화할 것이다. 즉, 자기 존재 자체가 실패처럼 느껴질 것이다. 이 감정은 곧 믿음으로 굳어질 것이다.

이때 자기 상태를 자각하고 이를 변화시키는 법을 습득하여 감정에 이리저리 휘둘리지 않는 게 가장 중요하다. 그렇게 해야 내 가능성에 대한 믿음을 확장하며 목표와 꿈을 향해 계속 나아갈 수 있다.

믿음은 바꿀 수 있다

실패란 실제의 결과로 나타나기 오래전에 이미 감정으로 시작된다.

—**미셸 오바마**Michelle Obama, 『비커밍』

텍사스대학교 소프트볼팀의 스타 투수 캣 오스터먼은 날카롭게 떨어지는 변화구를 던져 캘리스타 볼코를 삼진으로 잡아냈다. 시즌 개막 이후 두 사람이 맞붙은 아홉 차례의 대결에서 아홉 번째로 잡아낸 삼진이었다. 전미여자대학 월드시리즈 결승전에서 벌어진 일이었다. 역대 최고의 투수로 손꼽히던 오스터먼은 이날도 안타를 한 개도 허용하지 않는 완벽한 투구를 이어가고 있었다. 볼코는 오스터먼의 제물 중 한 명이었다. 텍사스대학교는 이번 대회의 강력한 우승 후보였고, 그 중심엔 압도적인 왼손 투구를 구사하는 오스터먼이 있었다. 그러나 6회에 주자가 나갔고, 도루까지 성공해 2루로 진출했다. 오스터먼은 전략적으로 다음 타자를 고의 4구로 내보내고 다시 한번 볼코와 승부를 펼쳤다. 하지만 이 열 번째 대결에서 볼코가 결정적인 안타를 터뜨렸고, 결국 볼코의 팀이 우승을 차지했다.

마치 루이스 고든 퓨가 그랬듯이, 캘리스타 볼코에게도 아주 잠깐 사이 내면의 극적인 변화가 일어난 듯 보였다. 루이스 퓨는 기록적인 북극점 수영에 성공하기 직전에 두 차례의 큰 실패를 겪었다. 볼코 역시 그해 오스터먼과 맞선 아홉 차례의 타석에서 모두 삼진아웃을 당했다. 하지만 그다음 순간 인생에서 가장 중요한 타석에 섰을 때, 볼코는 승패를 결정짓는 안타를 쳐냈다. 퓨와 볼코의 내면에 도대체 어떤 변화가 일어난 것일까?

변화한 것은 바로 그들의 인식이었다. 그 결과 그들의 상태도 변했다. 볼코는 자신이 성취하고 싶은 목표에 깊이 연결되고, 부정적인 생각을 긍정적이고 성공적인 생각으로 끊임없이 바꿈으로써 결정타를 쳐낼 수 있었다. 볼코는 날마다 자기 목표를 확인하고 시각화했다. 시즌이 시작되기 전부터 벌어질 수 있는 경기 상황을 머릿속에 그리면서 몇 달에 걸쳐 날마다 시각화 수련을 되풀이했다. 볼코가 바로 그 상황, 캣 오스터먼이 마운드에 서 있고, 경기의 승패를 결정지을 주자가 2루에 나가 있는 상황에서 자신이 타석에 서는 모습을 그렸다. 그 상황에서 안타를 쳐 내는 모습을. 볼코는 훗날 오스터먼이 자신과 승부를 내려고 자기 앞의 타자를 고의 4구로 내보내자 오히려 자신감이 차올랐다고 회고한다. 마침내 1루로 진루했을 때 머릿속엔 오로지 한 가지 생각뿐이었다. 지난 몇 달 동안 이 장면을 얼마나 많이 머릿속에 그려왔던가. 그리고 마침내 그 모든 게 현실이 됐다.

자기확언의
긍정적인 에너지

자기확언이란 미래에 되고자 하는 모습이 마치 지금 진실인 것처럼 선언하는 말이다. 볼코는 당시엔 실현 가능성이 희박했던 장면을 머릿속에 생생하게 떠올리면서, 자기확언으로 그 장면이 실현될 것이라 단언했다. 자기확언은 반드시 긍정형으로 표현되어야 한다. 즉, "나는 …이다"라고 말하는 것이다. 짧을수록 좋다. 볼코는 다음과 같은 확언을 했다.

1 나는 우리 팀의 MVP(최우수선수)다. [정말 그렇게 됐다!]
2 나는 위압적이고 강력한 타자다.
3 나는 유연하고 믿을 수 있는 수비수다.
4 나는 압박감을 즐긴다. 시합의 열기가 뜨거울수록 뛰어난 실력을 발휘할 수 있다.

5 나는 투 스트라이크를 당한 상황에서 더 뛰어난 실력을 발휘하는 타자다.

6 내 운명은 내가 결정한다.

물론 이 확언들은 볼코가 기울인 모든 노력과 맞물려 있었다. 볼코는 훈련에 막대한 노력을 쏟아부었고 근력운동도 게을리하지 않았다. 경기장 안에서나 밖에서나 지금 이 순간에 온전히 머무는 법도 수련했다. 볼코는 6월에 열릴 결승전의 모습을 꾸준히 머릿속에 그렸다. 경기장을 가득 메운 관중과 전국으로 방영되는 텔레비전 카메라 앞에서 타석에 올라 극심한 압박감에 짓눌리면서도 결정타를 쳐내는 모습을 시각화했다. 볼코는 시즌이 시작되기 전에 이미 우승컵을 따내고 나서 기자들과 할 인터뷰 대본까지 써두었다. 그 대본에 따르면 볼코는 기자들의 질문에 대답하고 나서 자신이 어떻게 결정타를 쳐내며 자신의 한계를 뛰어넘었는지 이야기할 작정이었다. 이 대본 덕분에 성공하는 순간을 구체적이고 세세하게 시각화할 수 있었다. 볼코는 결승전에서 우승을 거둔 후 탈의실에 있는 자기 모습까지 시각화했다. 현실에서 이뤄지기 오래전부터 그 일이 어떻게 실현되고 자신이 어떤 감정을 느끼게 될지 수도 없이 그려왔기에, 시합하는 내내 그 감정을 고스란히 체감할 수 있었다.

자기확언을 실천한다고 해서 처음부터 그 내용을 믿어야 하는 건 아니다. 사실은 그 확언을 진심으로 믿지 않을 가능성이 훨씬 높다. 그 말을 이미 믿는다면 굳이 자기확언을 수련하지 않아도 될 것이다. 그 말이 이미 의식의 일부가 되어 있을 테니까. 확언을 되풀이하는 목적은 이를 의식 속에 새겨 넣으려는 것이다. 그러려면 신체를 훈련할 때와 마찬가지로 전략적인 접근과 꾸준한 수련이 필요하다.

믿음을 바꾸는 아주 효과적인 방법으로 자신이 품고자 하는 믿음을 이미 가지고 있는 누군가를 본보기로 삼는 게 있다. 그 인물이 보는 대로 이 세상을 보며, 그의 믿음을 내 것으로 하려 노력하는 것이다. 어떤 상황이 닥칠 때마다 자문해보자. "(이 분야에서 세계 최고인) 그 사람은 자신에게 어떤 말을 되풀이해 들려줄까?" 가령 "나는 다른 사람의 마음을 움직일 수 있는 강연자다"라는 확언을 하고 싶다고 하자. 하지만 지금 당장은 대중 앞에 서는 일이 죽기보다 무섭다. 그렇다면 자신이 가장 좋아하는 ESPN 기자 또는 대중 앞에서 자신감 넘치게 이야기하는 어떤 인물을 떠올려보자. 이들이 카메라 앞에 설 때 어떤 감정을 느끼는지 상상하면서, 그 감정을 자신에게 적용해보는 것이다.

내가 누구인지, 어떻게 살아가야 하는지에 대해 날마다 되새기는 아주 효과적인 방법이 하나 있다. 휴대전화 화면에 자기확언 문구가 하루에 여러 번 나타나도록 설정해두는 것이다.

긍정적인 기분이 들지 않더라도, 자신감이 없더라도 마치 그런 것처럼 행동하라. 당당하게 서서 시선을 높이 들라. 믿음이 있는 자에겐 불가능한 일이 없다는 사실을 기억하라. 믿음은 우리가 반복해서 하는 모든 생각과 말, 특히 감정에서 비롯된다.

어딘가에 줄을 서 있거나 잠깐 여유가 있을 때마다 머리를 맑게, 마음을 가볍게 유지한다면 우리의 생각은 자연스레 목표를 향해 흐르고 자기확언을 떠올릴 것이다. 여러 가지 긍정적인 착상이 떠오를 수도 있다. 우리 의식이 궁극적인 목표와 꿈에 익숙해질수록, 부정적이거나 중립적인 사건에서도 가능성을 발견하는 일이 점차 자연스

7장
2단계: 원하는 삶의 이야기를 쓰는 법

러워질 것이다. 줄을 서거나 교통체증에 갇혔을 때처럼 일상에 잠시 틈이 생길 때마다 자기확언을 마치 주문처럼 되풀이한다면 우리의 에너지가 점점 긍정적으로 변화할 것이다.

미래의 나를 시각화하기

목표를 달성하는 데 흔하게 나타나는 방해 요소가 하나 있다. 그 목표를 이루었을 때 자기 삶의 어느 부분이 부정적으로 변하게 되리라는 잠재의식 속의 믿음이다. 가령 목표가 유명한 운동선수가 되거나 회사의 대표 자리에 오르는 것이라고 해보자. 그 목표를 달성했을 때 인생은 어떻게 바뀔 것인가? 아마도 돈과 명성과 사회적 지위를 얻게 될 것이다. 혹시라도 그 결과가 자기 가치관과 충돌하지는 않는가? 마음속 어딘가에서 경제적인 부를 손에 넣는 일이 도덕적으로 나쁜 일이라고 느낀다면, 잠재의식은 자기 가치관을 지켜내려 애쓰면서 그 목표에 이르는 과정에 훼방을 놓을 수 있다. 예컨대 한 선수의 잠재의식이 어떤 시합에서 승리하는 게 자신과는 어울리지 않는다고, 자신에겐 이길 자격이 없다고 믿는다면 그 선수는 유독 큰 시합이 있을 때마다 빈번하게 부상을 당할 수 있다.

가령 담배를 끊으려는 사람이 있다고 해보자. 많은 흡연자가 담배를 끊는 데 어려움을 겪는 이유 중 하나는 흡연 습관이 여러 사회적 이득을 수반하기 때문이다. 담배를 피우는 사람끼리는 일종의 공통된 유대감이 형성되는데 담배를 끊는다면 이를 잃을 수 있다. 그러므로 실은 니코틴 중독은 흡연 문제의 일부에 불과하다.

믿음을 확장하려면 목표와 꿈이 자신의 참 자아와 어긋나지 않는지 확인하는 작업이 아주 중요하다. 참 자아란 어떻게 살고 어떤 사람이 되고 싶은지에 대한 답이다. 목표와 참 자아가 어긋난다면 잠재의식이 목표를 달성하지 못하도록 방해하려 들 것이다. 마음 깊은 곳에서 그 위대한 목표를 마침내 달성하고 나면 아주 소중한 무언가를 잃거나 안 좋은 영향을 받게 될까 봐 두려워하기 때문이다. 예를 들어 담배를 끊으면 사회적 교류를 잃게 될까 봐 두려워하고, 성공하면 명성을 얻거나 소셜미디어에서 원치 않는 관심을 받게 될까 봐 두려워하는 것이다.

아주 작은 꼬꼬마 시절부터 내 꿈은 항상 NFL이나 NBA, MLB에서 스타 선수가 되는 것이었다. 시카고 컵스에 지명됐던 순간은 말 그대로 내 꿈이 실현된 순간이었다. 초등학교에 다니면서부터 매일 상상해오던 일이었다. 한편 나는 가톨릭 신자인 엄격한 아일랜드계 아버지와 훈육에 있어 한 치의 관용이 없는 일본인 어머니 밑에서 자랐다. 물론 사랑이 넘치는 가정이었지만, 우리 집에선 부와 명성은 인격을 해칠 수 있는 위험한 것으로 간주했다. 사실 그런 부모님의 생각이 온전히 틀렸다고 할 수도 없다.

프로선수 계약에 서명하고 얼마 지나지 않아 시력에 문제가 생겼다. 전엔 한 번도 없던 일이었다. 의사는 동체 시력의 상실이라고 진단을 내렸지만 그 원인은 밝혀내지 못했다. 선수 생활을 하던 5년 내내 이 질환 탓에 고생했고, 결국 선수 생활을 접을 수밖에 없었다. 나는 이 문제가 내 잠재의식 속의 어긋남에서 비롯했다고 생각한다. MLB의 스타 선수가 되고 싶었던 나의 꿈이 마음 깊은 곳 어딘가에서 부모님의 뜻에 동의하는 마음, 적어도 부모님의 의견을 완전히 무시하고 싶지 않았던 마음과 서로 어긋나버린 것이다.

내 이야기가 교훈이 됐기를 바란다. 꿈이 현실에서 실현되는 모습을 시각화하는 한편, 그 꿈이 실현될 때 무엇을 얻게 될지 자문해봐야 한다. 그 이후 삶은 어떻게 변화할까? 혹여 그 변화가 자신이 되고자 하는 사람, 살고자 하는 삶의 방식과 어긋나는 건 아닐까?

꿈이 실현되는 모습, 꿈을 성취한 이후의 삶을 구체적으로 상상해보는 일은 다음의 세 가지 이유에서 중요하다.

1 꿈을 좇는 여정에서 마주할 장애물을 극복하기 위해 필요한 투지, 즉 열정과 끈기를 키우는 데 크게 도움이 된다.

2 잠재의식은 꿈꾸는 삶의 청사진과 감정으로 끊임없이 우리를 이끌며, 이들을 현실에서 실현시키는 방향으로 작동한다.

3 꿈과 믿음이 서로 어긋난다면 이를 미리 알고 해결하는 게 중요하다. 그래야 잠재의식의 방해 공작을 사전에 차단할 수 있다.

시각화를 통해 우리가 되고자 하는 미래의 자신과 연결될 수 있다. 우리는 매일 되풀이하는 생각과 감정으로 지금도 이야기를 써나가고 있다. 그 이야기는 어떻게 펼쳐질까? 내 머릿속에서 세상은 평평한가? 누구나 어떤 식으로든 자신을 한계 짓는 믿음을 품기 마련이다. 하지만 원한다면 얼마든지 그 믿음을 바꿀 수 있다.

3부
내면 근력을 강화하는 6단계

전과자들이 자신에 대한
믿음을 바꾸는 법

딜레인시 스트리트 재단Delancey Street Foundation은 수백만 달러 규모의 자금을 운용하는 사업체로서 지금까지 여러 상을 받았다. 하지만 단순히 사업에서 성공을 거두었기에 이 재단이 특별한 건 아니다. 이곳에서 일하는 직원은 한 명도 빠짐없이 전과가 있는 범죄자다. 대다수가 글을 읽을 줄 모르는 마약 중독자로 다 같이 회사 건물에서 공동체 생활을 한다. 직원 대부분은 한 직장에서 6개월 이상 일해본 적이 없었던 사람이다. 딜레인시에 들어오려면 마약 중독자는 반드시 마약을 즉시 끊어야 하며, 최소한 2년 동안은 이 회사에서 근무하겠다고 서약해야 한다. 딜레인시에 외부 인력은 단 한 명도 없으며 직원들은 자치적으로 공동체의 '질서'를 지키면서 회사를 꾸려나간다. CEO인 미미 실버트Mimi Silbert는 어떠한 정부의 지원도 받지 않고 이 회사를 운영한다. 실버트 또한 공동체에서 직원들과 함께 생활하며 급여도 받지 않는다. 어떻게 이런 일이 가능한 것일까?

심리학과 범죄학에서 박사 학위가 있는 실버트는 자기 성장 분야에서 뛰어난 전문가로, 사람들에게 '성공했을 때의 감정'을 체험하도록 이끄는 데 탁월한 능력이 있다. 박사는 스스로에 대해 심각할 정도로 부정적인 믿음을 품은 폭력적인 범죄자들에게 이렇게 가르친다. 우선은 행동이라도 타인을 배려하고 사회에 기여하는 시민처럼 해보라고 말이다. 그리고 이들에게 서로서로 존중하고 돌보는 법, 무엇보다도 자기 행동에 대해 책임지는 법을 가르친다.

딜레인시의 직원들은 서로 필요한 기술을 가르친다. 하지만 이 회사에서 무엇보다도 값진 가치는 그들이 이곳에서 자기 자신을 넘어선 목적을 찾는다는 것이다. 이 회사에 들어온 직원은 남녀를 불문하고 이렇게 배운다. "과거를 되돌릴 순 없겠지만 선행을 베풀고, 자존감과 사람다운 품위를 회복하고, 주류 사회에서 정당한 자리를 되찾음으로써 저울의 균형을 맞출 수 있다." 비록 속도는 느릴지 모르지만 이 회사에서 직원들은 자기 목표를 성취할 때 어떤 기분이 드는지 조금씩 실감하면서 자신이 되고자 하는 사람으로 변모해나간다.

우리가 그렇게 믿는다면 지구는 둥글지 않고 평평할 것이다. 그 믿음을 바꾸지 않는 이상 진실을 찾아 멀리 모험을 나설 일도 없을 테니, 이 세상이 어떠하다 한들 상관없을 것이다. 역량을 발휘하고 일상을 꾸려나가는 데 중요한 건 오직 머릿속에서 창조해낸 현실뿐이다. 그러므로 머그시가 그랬듯이 믿음을 확장하는 법을 익혀야 한다. 그 믿음을 제대로 활용하려면 이 순간에 온전히 머무는 법을 배워야 한다. 모든 비범한 성취는 지금 이 순간에 온전히 몰입할 때 이루어지기 때문이다.

✓ 목표와 관련해 어떤 믿음을 품고 있는지 점검해보자. 목표를 하나 정하고 나서 그 목표 달성과 관련한 믿음을 세 가지 적는다. 그 믿음은 자신에게 힘을 주는가? 그 목표를 성취하려면 무엇을 바꿔야 하는가?

✓ 어떤 믿음을 형성하려면, 그리고 잠재의식이 그 믿음을 끈질기게 실현하게 하려면 주위 환경을 어떻게 조성해야 하는가?

✓ 머릿속에 떠오르는 생각을 아무런 판단도 내리지 않고 관찰하는 연습을 한다. 생각의 흐름에서 어떤 양상을 발견할 수 있는가?

✓ 목표와 꿈을 상기하게 하는 사진이나 문구를 마련해 매일 볼 수 있는 벽에 붙여둔다.

3단계:
목표에만 몰입하는 법

정신은 절망이나 흥분에 사로잡혀서도 아니 되며,
비관이나 공포에 흔들려서도 아니 된다.
뜻은 가벼우면서도 자각은 깊고 단단해야 한다.

—**미야모토 무사시**宮本武蔵(**무사**), 『**오륜서**』

20세기가 막 밝아오던 무렵, 굴리엘모 마르코니는 무선통신으로 대서양 너머에 메시지를 전달함으로써 역사를 바꾸었다. 무선통신의 시대가 열린 것이다. 하지만 과연 이게 온전히 마르코니의 공이라고 할 수 있을까? 마르코니와 그의 경쟁자 니콜라 테슬라는 이미 존재하던 걸 활용했을 뿐이다. 이들이 전파 자체를 발명한 건 아니었다. 벤저민 프랭클린이 전기를 발명하지 않은 것과 마찬가지다. 전파와 전류는 언제나 그곳에 존재하며, 인류가 발견해 그 에너지를 활용해주기만을 조용히 기다리고 있었다. 아름다움도 현존감이 책에선 현존감이란 단어를 지금 자신이 하는 일에 온전히 몰입하고 집중하는 상태란 의미로 사용한

3부
내면 근력을 강화하는 6단계

다―옮긴이도 자신감도 마찬가지다. 개인적인 경험과 상관없이 이들은 그 자리에서 늘 묵묵히 우리를 기다린다.

아름다움은 곳곳에 있다. 해가 빛나기를 멈춘 적이 있는가? 장엄한 산이 영광으로 빛나는 것을 멈춘 적이 있는가? 성공만을 위해 달리다 보면 마음이 조급해진 나머지 이런 아름다움을 제대로 발견할 여유가 없다. 우리는 성공하기를 원하며, 그것도 지금 당장 성공하기를 바란다. 목표만을 보고 달리면서 어떤 일을 해내는 데 급급해서는 더 좋게, 더 빠르게, 더 쉽게 해낼 방도만을 찾으려 할 뿐이다. 그러다 장애물이 나타나면 부딪쳐 길에 나뒹굴고 만다. 겨우 일어나 다시 달리기 시작한다고 해도 또다시 넘어질 뿐이다. 때로는 너무 거대하고 무거워서 도저히 넘을 수 없는 장벽처럼 느껴지는 장애물이 나타나기도 한다. 이때 대부분이 낙담한 채 물러나지만, 극소수의 몇몇은 밧줄을 움켜쥐고 벽을 오르기 시작한다. 그들은 지금 당장은 아무것도 보이지 않는 순간에도 앞을 내다보는 능력이 있다. 그들의 시선은 저 멀리 지평선을 향한다. 이들이야말로 고난 속에서도 지금 이 순간에 온전히 머무는 법을 아는 사람이다. 그들처럼 인식의 틀을 확장하는 방법을 배운다면, 자신이 놓인 상황을 초월해 늘 우리를 기다리는 기회를 맞이할 준비를 갖출 수 있다.

온전한 몰입의 힘

지금 이 순간에 온전히 머문다는 건 무엇일까? 이는 정신이 과거나 미래를 떠올리지 않는 상태를 의미한다. 불안과 분노, 짜증과 당황, 불쾌감과 두려움은 모두 정신이 과거나 미래에 사로잡혀 있어서 발생하는 감정이다.

반면 지금 이 순간에 온전히 머물 때 시간이 흐르는 속도가 바뀌고, 힘을 들이지 않아도 수월하게 움직일 수 있으며, 감각이 한층 날카로워진다. 시간이 흐르는 속도는 그 순간에 온전히 몰입해서 더 빨리 흐르기도 하고, 그 순간을 한층 날카롭게 인식해서 더 느리게 흐르기도 한다. 때로는 지금 삶이 펼쳐지는 장면을 옆에서 지켜보는 관객이 된 듯한 기분이 들기도 한다. 모든 예술가, 음악가, 운동선수가 한 번쯤은 이런 순간을 경험한 적이 있다고 말한다.

캐나다 전국선수권대회에서 우승한 골프 선수이자 프로 가수인 앤드루 롭은 오페라에서 노래하는 순간을 이렇게 묘사한다. "골프를 치는 것과 마찬가지입니다. 난 지금 내가 해내야 하는 일을 뛰어넘어 그 순간과 하나가 되려고 하죠. 한번은 그런 초월적 감각이 충만했던 한 무대에서 하마터면 정신을 잃을 뻔했어요. 두렵거나 긴장해서가 아니라 내 몸에서 의식이 붕 떠올라서 내가 무대 위에 서 있다는 사실을 깜빡 잊어버렸거든요." 현재에 온전히 집중한다는 건 의식의 더 높은 차원에 이르러, 더 강력한 에너지와 연결되는 일이다.

성공은 그 순간에 집중할 때 찾아온다

이 순간에 온전히 머무는 건 가장 힘겨운 싸움에서 승리하기 위한 초석을 쌓는 일이다. 바로 내면에서 자신과 벌이는 싸움이다. 이

싸움은 단 한 차례로 승부가 결정되는 결전이라기보단 날마다 계속해서 반복되는 여정으로, 최종 결과보다 훨씬 더 중요한 의미와 보상으로 채워진다. 세계적인 베스트셀러 『마인드 파워』의 저자 존 키호는 티베트를 여행하다가 스님들이 모래 그림을 그리는 작업을 목격한 이야기를 전한다.

현지 시장에서 있었던 일이다. 그곳에선 날마다 적갈색 가사를 두른 스님들이 모래를 이용해 정교한 무늬의 만다라산스크리트어로 '원'을 뜻하며, 밀교에서 발달한 상징을 그림 형식으로 나타낸 불화를 말한다—옮긴이를 정성스럽게 그려나가고 있었다. 스님들은 극도의 집중력을 발휘하여 여러 색의 모래를 사용해 복잡하고 정교한 형태의 무늬를 하나씩 완성해나갔다. 언제 가보아도 항상 여섯 명이 넘는 스님이 그림 작업을 이어가고 있었다. 존은 매일 시장을 찾으며, 오늘은 또 어떤 새로운 무늬가 더해졌을지 기대하게 됐다. 그 모래 그림을 마침내 완성하기까진 꼬박 일주일이 넘게 걸렸다.

완성을 기념하는 공들인 의식을 치른 뒤 전혀 예상치 못한 일이 벌어졌다. 스님들이 그림을 단번에 허물어버린 것이다. 수백 시간 동안 공을 들여 완성한 이 아름다운 걸작은 불과 단 한 순간에 사라져버리고 말았다. 존은 이렇게 말했다. "큰 충격을 받았다. 현대 사회에서 노동이란 어떤 결과를 끌어내고자 들이는 노력을 말한다. 중요한 건 일해서 만들어낸 결과다. 하지만 불교에서 중요한 건 최종적인 성취가 아니라 이에 이르는 과정, 그 과정의 순간순간마다 주의를 집중하는 행위 자체다."

그림 8.1은 지금 이 순간에 온전히 머무는 데 필요한 다양한 요소와, 그 모든 요소가 함께 어우러져 공명에 이르는 모습을 보여준다.

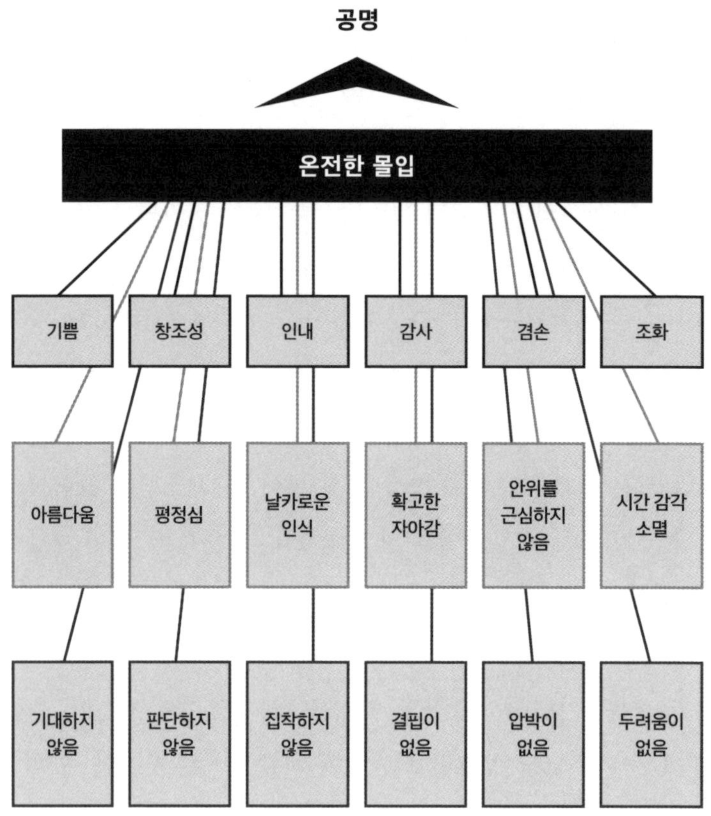

공명이란 진동이 조화롭게 맞물려 강력한 에너지의 흐름이 생기고, 그 덕분에 힘들이지 않고 고양감이 솟아나는 상태를 의미한다.

무언가를 할 때 욕망은 강력한 동기를 부여하는 요소로 작용한다. 욕망이 있기에 자기 자신을 절제하고 역량을 키우는 데 필요한 일을 해내게 된다. 하지만 이 욕망을 제대로 다스리지 못한다면 최고의 역량을 펼치는 데 방해가 될 수도 있다. 간절히 바라는 성공을 이루려면, 욕망은 저 뒷전으로 미뤄두고 그 일을 하는 순간에 온전히 몰입해야 하기 때문이다. 이때 욕망과 열정을 혼동해서는 안 된다. 열정은 현재에 발현되지만, 욕망은 늘 미래에 초점을 맞춘다.

어떤 결과를 간절하게 욕망한다면 그 결과가 실현될지 안 될지를 끊임없이 판단하게 된다. 반면 현재에 온전히 머문다면 오로지 그 순간에만 집중하게 된다. 머릿속의 생각이 사라지고 욕망마저 잠재의식 안으로 가라앉아 이제 더는 결과가 신경 쓰이지 않는 상태가 찾아온다.

버바 왓슨이나 타이거 우즈가 중요한 골프 대회에서 우승이 걸린 퍼트를 쳐내야 하는 순간이라고 상상해보자. 프로선수라도 우리와 다를 바가 없다. 공을 치는 순간 맑은 정신과 얽매이지 않는 마음을 유지할 수 있어야 최고의 역량을 발휘할 수 있다. 공을 홀컵에 넣고 싶은 욕망은 맑은 정신을 흐리기 마련이다. 그 욕망은 미래에 일어날 일을 통제하고 싶어 하는 마음인데, 미래는 우리 뜻대로 되지 않는다. 우리가 미래를 바라봐야 할 때는 오직 공을 치기 직전에 그 공이 홀컵으로 빨려 들어가는 모습을 시각화할 때뿐이다. 공을 치면서 그 순간에 온전히 머물려면 결과에 대한 잡념을 지워버려야 한다. 전설적인 무술가 이소룡은 『물이 되어라, 친구여』에서 이렇게 말했다.

가장 큰 실수는 결투의 결과를 예상하는 것이다. 승리할지 패배할지에 대해서는 아예 생각하지 않는 게 좋다.

최고의 역량을 발휘하는 핵심 요소를 두 가지만 꼽는다면, 첫 번째는 인생이 품은 가능성에 대한 믿음이며 두 번째는 지금 이 순간에 온전히 머무는 능력이라고 말할 수 있다. 좀 더 구체적으로 표현하

8장
3단계: 목표에만 몰입하는 법

자면 위대한 성취를 상상하고 시각화하면서 그 에너지에 연결되는 능력 그리고 경쟁할 때 분석하거나 판단하지 않고 주위 환경을 날카롭게 인식하는 능력이다. 이는 비단 운동 영역에서뿐만 아니라 삶의 모든 영역에서 중대한 역할을 한다.

이제부터 이 순간에 온전히 몰입하는 다섯 가지 방법에 대해 살펴보도록 하자.

① 삶을 단순화하기

> 날마다 더하는 게 아니라 날마다 덜어내는 것이다. 본질이 아닌 건 가차 없이 베어내라. 깨달음을 얻는다는 건 '진정한' 삶을 흐리는 모든 걸 없애는 일이다.
>
> —이소룡, 『물이 되어라, 친구여』

비교와 정보 과잉이 일상이 된 현대 사회에선 정신이 흐트러지기가 너무 쉽다. 정신은 오직 한 번에 한 가지 생각만을 처리할 수 있으므로 여러 걱정거리가 한꺼번에 밀려들면 생각이 뒤엉키고 불안이 뒤따른다. 불안이란 걱정거리가 많아 생각이 지나치게 과밀해진 상태다.

걱정과 생각이 너무 많아지는 이유는 몰입할 만한 하나의 중심이 없기 때문이다. 머릿속에선 생각이 분주하게 뛰어다닌다. '이건 어떡하지? 저건 어떡하지? 누가 이 문제를 해결하지? 저 일을 어떡해야 하지?' 특히 전 세계가 손끝에서 클릭 한 번, 탭 한 번, 스와이프 한 번으로 펼쳐지는 지금 시대엔 이 무수한 정보와 생각을 감당하기가 벅

찰 수도 있다. 하지만 걱정할 것 없다. 이를 해결할 방법이 있다.

2010년의 마지막 날이라고 생각해보자. 늘 안고 살던 걱정거리와 불안감을 품고 평소와 다를 것 없이 바쁜 하루를 보내면서 내일부터 시작될 새해를 생각한다. 그로부터 열이틀 뒤 200년 만에 가장 참혹한 지진이 아이티를 덮치고 수십만 명에 이르는 사람이 목숨을 잃는다. 곧장 비행기에 몸을 싣고 아이티로 날아가, 건물의 잔해 속에서 생존자를 구해내며 일주일을 보낸다. 사람의 목숨을 구하려고 뛰어다니는 그 일주일 동안 마음속에 어떤 걱정이 남아 있을까? 작년에 이루지 못했던 성공에 대해, 얼마 전 패배한 시합에 대해, 기회를 놓친 승진에 대해 생각할 정신이 남아 있을까? 그렇지 않을 것이다. 그저 지금 발밑에 깔린 한 사람을 구하는 일만을 생각할 것이다. 오직 눈앞에 닥친 과업에 온 정신을 집중할 것이다. 이런 집중된 상태에서 두려움 없는 이타심을 발휘할 수 있다. 오로지 지금 이 순간에 온전히 머물 수 있다.

머릿속 잡념을 깨끗이 몰아내는 가장 효과적인 방법은 삶을 단순화해 본질적인 것만 남기는 것이다. 철학자 디트리히 본회퍼는 지혜로운 글을 남겼다. "우리 마음엔 오직 모든 걸 아우르는 헌신 하나밖에 들어갈 자리가 없다."

어쩌면 이런 의문이 들지도 모른다. "어떻게 내가 하나밖에 갖지 못한단 거야? 나한텐 가족도 있고, 자녀도 있어. 일도 해야 하고, 경제적 문제도 해결해야 한다고." 하지만 어떤 상황에서든 평정심과 자신감을 품고 살아가고 싶다면, 삶의 모든 영역에서 최고의 역량을 발휘하고 싶다면, 삶을 단순화하고 마음을 정돈해야 한다. 인생을 바칠 만한 목적을 단 하나만 선택해야 한다면 우리는 무엇을 선택할까?

이렇게 시작해볼 수도 있다. 삶에서 탁월함을 키우고, 배우며 성장하고, 다른 이들에게서도 탁월함을 끌어내는 일에 자기 인생을 바친다면 어떨까?

지금 잠깐만이라도 이 목표에 인생을 바치기로 마음먹었다고 해보자. 그러면 아침에 눈을 뜨자마자 가장 먼저 이 목표에 대해 생각할 것이다. 잠들기 전에도 마지막으로 이 목표를 떠올릴 것이다. 살아가면서 어떤 결정을 내려야 한다면 이 목표를 기준으로 삼을 것이다. 뚜렷한 목적이 있을 때 용기를 내기가 훨씬 더 쉽다. 자신이 무엇을 위해 사는지 잘 알기 때문이다. 그리고 한 가지 대상, 한순간에 집중하기도 훨씬 쉬워진다. 바로 '지금 이 순간'이다.

2014년 마이클 펠프스는 음주 운전으로 붙잡혔다. 이 사건을 계기로 우울증에 빠진 끝에 나중엔 스스로 목숨을 끊을 생각까지 하게 됐다. 펠프스는 올림픽에서 무려 통산 스물세 개의 금메달을 목에 걸었지만 평생 불안감에 시달렸다. 사실 그 불안감 뒤엔 더 깊은 문제가 숨어 있었다. 펠프스는 자신의 정체성에 대해 의문을 품었다. 나는 누구일까? 이것이 과연 내가 진정으로 바라는 것일까? 그는 자신이 어떻게 회복할 수 있었는지에 대해 털어놓는다.

가장 중요한 건 있는 그대로의 자신을 편안하게 받아들이고, 거울을 보면서 그 안에 비친 사람을 스스럼없이 좋아하게 되는 거죠. 그 경지에 이르기 위해 가장 중요한 일은 지금 삶에서 뭘 덜어낼지, 어떻게 하면 삶을 단순하게 할 수 있는지에 대한 답을 찾는 일이었습니다.

삶을 단순화한다면 두려움을 떨쳐내고 지금 이 순간에 온전히 머물 수 있다. 그러면 이 현존감은 일상의 사소한 일을 할 때도 함께할 것이다. 설거지를 한다면 지금 씻는 이 접시 하나를 잘 씻는 일에 집중할 수 있다. 체육관에서 운동한다면 지금 하는 동작을 잘 해내는 일에만 집중할 수 있다. 오로지 지금 사용하는 근육에 집중하고 바른 자세만을 생각하는 것이다. 그다음 동작에서도 마찬가지다. 글을 쓴다면 헤밍웨이가 말했듯이 진실하게 한 문장을 쓰는 일에 집중할 수 있다. 주의를 과거나 미래로 돌리지 않고 현재 하는 일의 가장 기본적인 요소에 온전히 집중하는 것이다.

대부분의 사람은 대부분의 시간 동안 그저 자기 머릿속에 머물며 살아간다. 즉, 감각하고 상상하는 대신 분석하고 판단을 내리며 살아간다는 뜻이다. 그 머릿속에서 벗어나 마음으로 들어간다면 비범하고 탁월한 삶이 우리를 기다린다.

오늘 5분이라도 머릿속에서 끊임없이 분석하고, 의심하고, 판단을 내리는 독백을 멈춰보자. 그저 호흡에, 몸에서 느껴지는 감각에 집중한다. 주변 시야를 활용해서 수련하자. 물리치료학 박사 개스턴 코도바Gaston Cordova가 제시한 다음의 방법을 따라 해봐도 좋다.

하던 일을 멈추고, 지금 들리는 소리 중 가장 큰 소리가 무엇인지 귀를 기울이며 관찰한다. 그 소리에 의식을 집중한다. 그다음엔 들려오는 소리 중 가장 작은 소리에 귀를 기울인다. 이제 동시에 이 두 가지 소리에 의식을 집중해보자. 그다음엔 지금 느껴지는 몸의 한 부분에 집중한다. 이제 그 감각에 가장 큰 소리와 가장 작은 소리를 더한다. 지금 우리는 동시에 세 가지 요소에 주의를 집중하고 있다. 어떻게 됐는가? 머릿속의 독백이 멈추었는가?

② 루틴에 집중하기

단순함은 탁월함에 이르는 열쇠다.

—이소룡, 『물이 되어라, 친구여』

매일의 루틴에 집중할 때, 다음의 두 가지를 기억해야 한다.

1 매일 우리가 반복하는 루틴은 '내면 근력'을 키우는 토대가 된다. 삶은 의도했든 의도하지 않았든 반복되는 습관으로 이뤄진다. 삶에서 나타나는 결과란 대부분 지금까지 습관처럼 반복했던 생각과 행동에서 비롯한 것이다.

2 통제할 수 없는 일에 매달리지 말라. 어느 날 루틴을 제대로 지키지 못했다고 해도 그저 그날이 그런 날인 것이다. 루틴을 지키려고 노력해야 하지만, 그렇다고 해서 여기에 집착해서는 안 된다.

프로야구팀 콜로라도 로키스의 경기력 코치 론 스베티치 는 야구 경기에서 이닝 사이의 쉬는 시간에 투수가 할 수 있는 마인드셋 훈련을 소개한다. 스베티치는 이 연습을 '단순한 정신'이라고 부른다.

단순한 정신은 내가 통제할 수 있는 일을 제대로 통제하는 겁니다. 내가 통제할 수 있는 일엔 바로 정신을 단순하게 유지하는 일이 포함되죠. 투수가 정신을 단순하게 유지한다는 건 포수한테 어떤 공을 던질지 신호를 받으면 그 투구를 머릿속에서 그려보고 나서 그대로 공을 던지는 겁니다. 심판이나 점수나 주자나 타자에 대해 생각하기 시작하면 단순한 정신은 무너져버립니다.

이 다른 요소들은 직감적으로 인식해야 하는 것이지, 투수가 투구하는 사이에 분석해야 하는 게 아니다. 스베티치는 자신이 지도하는 투수들에게 이렇게 말한다.

"투구할 때 목표는 단순한 정신을 유지하는 일이야. 지금 던지는 공 하나를 제대로 던지는 일에만 집중하는 거지. 이닝이 끝나고 선수 대기석으로 돌아올 때 스스로 물어보는 거야. '이번 이닝에서 단순한 정신을 적어도 80퍼센트 이상 유지했나?' 그랬다면 이제 그 단순한 정신을 계속 유지하려면 무엇을 해야 하는지 스스로 물어야 해. 방해 요소가 있어 그 순간에 온전히 머물지 못했다면, 단순한 정신으로 다시 돌아가려면 어떻게 해야 하는지 스스로 물어보면 돼."

감사·현존·상상 수련

이제 하루를 힘차게 시작할 수 있는, 강력하고 효과적인 아침 수련을 살펴보도록 하자.

1 **3분 동안 감사하는 마음을 품는다.** 지난 24~48시간 동안 있었던 일을 되돌아보며 감사하고픈 순간을 떠올려보자. 그 순간은 소소하고 구체적일수록 좋다.

2 **3분 동안 지금 이 순간에 온전히 머문다.** 모든 욕망과 걱정거리를 놓아버린다. 눈은 감지 않는다. 주위를 둘러싼 온갖 아름다움 속

에서 지금 이 순간에 온전히 머무르면서, 머릿속에서 떠오르는 생각이 그저 흘러가도록 내버려둔다.

3 **3분 동안 앞으로 닥쳐올 중요한 순간을 시각화한다.** 목표에 대해 생각해도 좋고, 미래에 닥칠 중대한 순간을 떠올려도 좋다. 압박감에 짓눌리고, 플래시 불빛이 터지고, 카메라가 자신을 향하는 순간에도 마음과 정신, 몸 전부 몰입하는 모습을 상상한다.

4 **1분 동안 '내면 근력 깔때기' 수련을 한다.** 우선 바깥으로 나간다. 신발과 양말을 벗는 편이 좋다. 양팔을 Y자로 펼쳐 몸으로 깔때기 모양을 만들고, 우주의 풍요로운 기운이 자기 안으로 흘러 들어오는 모습을 상상한다. 이를 감사와 기쁨으로 받아들인다. 나는 이 수련을 하며 주로 주기도문을 외운다. 각자 자신을 긍정적인 활력으로 채워줄 문구를 외우거나 장면을 시각화하면 된다.

명예의 전당에 오른 외야수 켄 그리피 주니어 선수에게 루틴이 얼마나 중요한지 묻자 이렇게 대답했다.

루틴은 절대적으로 중요합니다. 1월 1일부터 그 시즌의 마지막 경기가 있는 날까지 하루하루 똑같은 루틴을 지키며 삽니다. 날마다 똑같은 길을 따라 차를 몰고, 똑같은 음악을 들으며 구장에 갑니다. 매일 똑같은 시간에 구장에 도착하죠. 옷을 갈아입고, 여유 있게 준비할 수 있도록 일찍 갑니다. 매일 루틴을 지키는 것으로 시즌 내내 제정신을 유지할 수 있는 거예요.

그리피 주니어 선수에겐 매일 루틴을 지키는 일이 경기 결과에 연연해하지 않고 시합하는 과정 자체, 즉 자신이 통제할 수 있는 일에 집중하게 하는 방법이었다.

매일 루틴을 지키고, 자신이 통제할 수 있는 일에만 집중하는 일은 아주 어려울 수 있다. 완벽을 추구하고 항상 더 높은 목표를 좇는 사람일수록 통제할 수 없는 일도 어떻게든 통제하려 애쓰며 힘겨워한다. 주위의 모든 걸 통제하려 한다면 에너지가 분산될 수밖에 없으며 굳이 신경 쓰지 않아도 되는 일에까지 주의를 쏟아붓게 된다. 걱정해야 할 일이 너무 많으니 속도가 현저히 느려질 수밖에 없다. 역설적으로 들리겠지만 통제하려는 욕심을 내려놓는 게 오히려 통제력을 손에 넣는 가장 빠른 길이다.

완벽주의가 현존감 추구를 방해하는 이유

완벽주의란 현존감의 적이다. 완벽해지려고 하거나 작업의 결과를 통제하려는 마음은 현존감을 느끼는 데 가장 큰 방해가 된다. 그런데 현존감은 위대한 작품을 창작하거나 비범한 역량을 펼치는 데 필수 요소다. 나 역시 이 세상에 전해야 하는 글을 일찍 내지 못했다. 어쩌면 이 책도 그런 글에 속할지도 모른다. 오탈자를 줄이고, 문장을 제대로 다듬고, 글이 완벽하다고 느껴지기 전까지 원고를 보내지 못한 것이다. 링크드인의 공동 창립자 리드 호프먼은 링크드인 웹사이트에 실은 글 「이 문단에 오탈자가 없다면 너무 늦게 출간한 셈이다If There Aren't Any Typos In This Essay, We Launched Too Late!」에서 이렇게 설명한다.

만들어낸 작품의 첫 번째 초안이 부끄럽지 않다면, 그걸 너무 늦게 세상에 내놓은 것이다. 수십 년 전만 해도 두 번 재고 한 번 자

8장
3단계: 목표에만 몰입하는 법

르란 말이 유효했다. 당시는 세상이 지금과는 달랐으니까. 하지만 이제는 고객의 요구에 따라 빠르게 수정하고, 조정해나가야 한다.

『쓰기의 감각』의 저자 앤 라모트는 내가 이 책의 초고를 쓰는 데 정말 큰 힘이 되어줬다. 라모트가 책에 쓴 '조잡한 초고'에 관한 글을 읽고 나서 나는 내 글과 나 자신을 판단하는 일을 멈출 수 있었다.

그 어떤 훌륭한 작가도 조잡한 초고를 쓴다. 바로 이런 초고에서 괜찮은 두 번째 원고가 나오고, 훌륭한 세 번째 원고가 완성된다. 사람들이 흔히 성공한 작가에 대해 하는 생각이 있다. 여기에서 성공한 작가란 책을 출간한 작가일 수도 있고, 어쩌면 그 책으로 돈을 많이 번 작가일 수도 있다. 사람들은 성공한 작가라면 응당 매일 아침 자신이 수백만 달러의 가치가 있다고 느끼면서, 자신이 얼마나 훌륭하고 재능이 풍부하고 써 내려갈 이야기가 많은지에 뿌듯함을 느끼면서 책상에 앉으리라고 생각한다. 그들은 심호흡을 몇 차례 하고, 소매를 걷어붙이고, 목을 몇 번 돌려 뻐근함을 풀고 나서는 바로 글쓰기에 몰입하여 처음부터 완벽한 문장을 마치 법원의 속기사처럼 빠르게 타자할 것이라고 생각한다. 하지만 이 모든 건 글을 써보지 않은 사람만이 품을 법한 환상일 뿐이다. 나는 위대한 작가를 몇 명 안다. 독자의 사랑을 받고, 아름다운 글을 쓰며, 그 글로 돈을 많이 벌어들인 작가들이다. 하지만 그들 중 누구도 매일 열정과 자신감에 불타며 책상 앞에 앉지는 않는다. 그 누구도 처음부터 우아한 초고를 쓰지는 못한다. 그래, 좋다. 그런 작가가 한 명 있기는 하다. 하지만 우리는 그를 별로 좋아하

3부
내면 근력을 강화하는 6단계

지 않는다. 그 작가의 내면이 풍성하다고도, 신이 그를 총애한다고도 생각하지 않는다. 오히려 신이라면 그를 못 견디리라고 생각한다.

모든 걸 통제하려는 마음과 완벽을 추구하는 마음의 뿌리는 똑같다. 실패에 대한 두려움이다. 황소 타기 선수가 자기 뜻대로 황소를 통제하겠다고 주장하면 어떤 일이 벌어질까? 그는 아마 그 즉시 내동댕이쳐지고 말 것이다. 역설적으로 들리겠지만 통제할 수 없는 걸 억지로 다스리려 하면 그 욕심을 스스로 내려놓을 때보다 더 통제력을 잃기 쉽다. 팀원이나 직원을 지나치게 세세하게 관리하려고 드는 일과 똑같다. 그들을 통제하려 할수록 반발이 심해지고, 업무 수행 능력은 점점 더 떨어지며, 양측 모두에게 괴로움만 늘어갈 뿐이다.

주위의 사람들에 대해, 직면한 상황에 대해, 원하는 결과에 대해 좌지우지하려는 욕심을 기꺼이 내려놓을 때 현존감을 되찾을 수 있다. 통제할 수 없는 걸 어찌해보려고 애쓸 때는 미처 보지 못할 무한한 가능성에 마음을 열 수 있다.

③ 감사하기

감사할 줄 아는 사람은 강한 사람이다.
감사하는 마음에서 힘이 솟아나기 때문이다.
모든 풍요는 이미 가진 것에 감사하는 마음에서 나온다.

–엘리자베스 퀴블러 로스, 『인생 수업』

정신을 하나로 모아 집중하려면, 자기인식 능력을 키워 내면의 나약한 목소리가 허튼소리를 알아차릴 수 있어야 한다. 보통 더 많은 일을 해내고자 동시에 여러 일을 한꺼번에 처리하려 하지만, 우리 정신은 한 번에 오직 한 가지 생각만을 처리할 수 있다. 오히려 잘된 일이다. 감사하는 마음을 품으면서 동시에 불안해할 순 없기 때문이다. 마찬가지로 감사하는 마음을 품으면서 동시에 판단의 잣대를 들이밀 수도 없다. 우리는 자신이 하는 생각을 잘 살피면서 생각의 속도를 늦추고 목적과 꿈을 향해 나아가게 할 수 있어야 한다. 집착과 그에 따르기 마련인 비판적인 생각을 끊어내야 한다. 그저 감사하는 마음 하나로 이 모든 일을 해낼 수 있다.

아름다운 노을이 지는 풍경이나 숨이 멎을 만큼 인상적인 영화의 한 장면에 넋을 빼앗긴 적이 있는가? 이런 멋진 순간 우리는 나라는 틀에서 벗어나 자기 자신을 내려놓는다. 그전의 감정이 무엇이었든 간에 그 모든 감정은 그저 아름다움에 깊이 감응하는 마음, 그 뒤를 따르는 감사하는 마음으로 대체된다.

감사하는 습관을 들이려면 소소하고 구체적인 순간에 관심을 기울여야 한다. 예상치 못한 미소, 친구에게 걸려 온 전화, 전혀 관계없어 보이는 것들 사이에서 발견한 의미에서 감사를 찾는 것이다. 풀 한 포기에서도 감사한 순간을 발견할 수 있다. 풀은 그 푸른빛으로 대지를 물들이고 동물에게 먹이가 되어주며 무당벌레에게 쉼터를 마련해주는가 하면 뜰에서 뒹구는 개에게 만족스러운 순간을 선물해주기도 한다. 감사하는 마음이 깊어질수록 아름다움이 더 많이 눈에 들어올 것이다.

감사하는 마음은 아름다움과 이어져 있다. 아름다움은 가장 깊은 고통 속에서도 존재한다. 죽음의 수용소 생존자 빅토어 프랑클 박사의 말을 빌리자면, 고통에 합당한 사람이 되는 것 자체가 아름답다. 우리는 자신에게 일어나는 일을 전부 통제할 순 없겠지만, 그 일에 어떻게 반응하고 그 상황을 어떻게 받아들일지는 선택할 수 있다. 우리에겐 언제나 선택권이 있다. 감사하는 마음을 품겠다고 선택할 때, 시야가 한층 확장되고 아름다움을 더 많이 발견할 수 있다.

최고의 역량을 발휘하며 사는 인물들에게 한 가지 공통된 특징이 있다. 다른 이들보다 주위의 양상과 기회를 한층 빠르게, 한층 자주 포착할 수 있는 능력이다. 체스의 거장은 체스판을 보는 즉시 초반에 어떤 수를 둬야 할지, 어디에 어떤 기회가 있는지 단번에 읽어내며 게다가 몇 수 앞까지 내다본다. 반면 체스를 처음 두는 사람은 똑같은 체스판을 보고도 특별한 점은 아무것도 발견하지 못할 것이다. 감사하는 마음도 마찬가지다. 감사하는 연습을 하면 할수록 지금까진 알아채지 못했던 순간에서 삶의 선물과 은혜, 지혜를 찾아낼 수 있다. 감사하는 마음을 자주 품을수록 지금 하는 일에서 지혜와 아름다움으로 이어지는 연결 고리를 더 자주 발견할 수 있다.

감사하는 연습을 하면 아름다움에 감응하는 순간이 늘어날 것이며 창조성도 함께 자라날 것이다. 누구나 일상에서 크고 작은 문제를 해결하며 살아가야 하는데, 창조성이 높아질수록 문제 해결 능력도 크게 향상될 것이다. 창조성이란 본래 명료함과 아름다움에 감응하는 데서 비롯하기 마련이며, 아름다움에 깊이 감응할수록 명료함도 깊어진다. 연기 이론가인 콘스탄틴 스타니스랍스키는 『배우 수업』에서 이렇게 썼다. "주위의 모든 것에서, 모든 몸짓과 자세, 생각, 장면 하나하나에서 아름다움을 찾으려고 하라. 이 연습은 아주 중요하다. 창조성이 높은 사람은 평범한 사람이 무심하게 지나치는 것에서도 아

8장
3단계: 목표에만 몰입하는 법

름다움을 발견하고, 그 아름다움을 끌어낼 수 있어야 한다. 무엇을 보든 먼저 추함이 아니라 아름다움을 볼 수 있어야 한다.”

내일 아침 직장에 출근하면 어김없이 신경에 거슬리던 일을 다시 마주하게 될 것이다. 에어컨이 윙윙거리며 울리는 소리일 수도 있고, 목소리가 큰 동료일 수도 있고, 복사기 앞에 늘어선 줄일 수도 있다. 짜증이 나는 상황은 얼마든지 있고, 짜증이 나는 이유도 모자라지 않는다. 하지만 그렇다 하더라도 주위 환경의 모든 것들이 어떤 식으로든 자신을 도우려고 존재한다고 생각하며 이들을 기꺼이 포용한다면, 설령 인내심을 키우는 데 그칠지라도 전엔 보지 못했던 가능성에 눈을 뜨게 될 것이다. 더불어 창조성에 가닿을 여유도 생길 것이다. 문제는 짜증이 나는 상황이나 사람 자체가 아니다. 중요한 건 그 상황이나 사람에 대해 짜증이 난다고 판단한 끝에 도달한 내면의 상태다.

감사와 겸손의 상관관계

겸손하지 못할 때 그 사람의 잠재력이 크게 손상된다고 믿는다. 그러니 오늘 밤 좋은 경기를 해냈다는 이유 하나만으로 자기 자신에게 도취해서는 안 된다. 우리는 우리가 무엇과 맞서 싸우는지 잘 알고 있다.

—릭 피티노 Rick Pitino(**명예의전당에 이름을 올린 농구 감독**),
《뉴욕 타임스》

오하이오주립대학교 미식축구팀의 전 감독이자 다섯 차례에 걸쳐 팀을 전국대회 우승으로 이끈 짐 트레셀은 매일 선수들이 혼자만의 시간을 보내도록 했다. 그 고요한 시간 동안 각 선수는 자신이 감사하는 걸 적어도 한 가지 이상 생각해내야 했다. 감사와 겸손은 오하이오주립대학교 미식축구팀에서 아주 중요하게 여기는 가치였다. 트레셀은 『승리자의 지침서The Winner's Manual』에서 이렇게 설명한다. "가장 재능이 뛰어난 선수가 가장 열심히 노력하는 선수라면, 진정한 의미에서 성공의 기회를 잡은 셈입니다. 다른 선수들이 모두 그 성과를 내는 선수를 우러러보게 될 테니까요. 그 최고의 선수가 만약 겸손까지 겸비하고 있다면, 정말 위대한 뭔가를 이뤄낼 기회가 온 겁니다."

미국해군본부가 있는 캘리포니아주의 코로나도에 간 적이 있다. 이 책을 쓰고자 비범한 성취자들을 연구하던 중 해군 특수부대 대원들을 직접 만나러 간 것이다. 그곳에서 교관인 조와 하루를 보내며 그에게 특수부대의 일원이 되는 데 겸손이 필요한지 물었다. 조는 즉각 대답했다. 전혀 예상치 못한 대답이었다. "물론입니다. 겸손은 어떤 적과 맞서도 흔들리지 않는 무기입니다. 건물에 진입해 적을 제압해야 하는 상황이 있을 수 있습니다. 그때 자만하거나 만용을 부린다면, 정문을 강제로 돌파하려 할 겁니다. 그렇게 움직였다가는 전부 죽을 수도 있습니다. 하지만 겸손하다면 한발 물러서서 상황을 제대로 파악하고, 은밀히 후방으로 우회해 진입해야 한다는 판단을 내릴 수 있습니다."

겸손하면 더 큰 그림을 볼 수 있다. 한편 자만한다면 조심성이 없어지며 그 결과 목숨까지 잃을 수 있다. 일본 무사 역시 에고에 휘둘릴 여지가 충분했다. 하지만 그들은 자기 목숨보다 명예를 지키는 일에 더 가치를 두었기에, 에고에 자신을 내맡겼을 때 일어날 위험을 감수할 수 없었다. 자만심과 오만은 참 자아를 갉아 먹으며, 정체성을 위협하는 모든 것에서 그저 자신을 지키기에 급급하게 만든다. 반면 겸손은 배울 여지를 남기며, 진정한 자신감과 내면의 평정을 키울 토대를 마련한다.

딜레인시 스트리트 재단의 CEO인 미미 실버트는 전과자의 자아감을 회복하게 하고자 그들에게 겸손과 감사를 가르쳤고, 그 결과 이들을 뛰어난 사업가로 키워낼 수 있었다. 딜레인시재단의 철학은 평생에 걸친 배움이라는 원칙을 기반으로 한다. 이 재단에선 직원 각자에게 다양한 직업 기술을 가르치는 한편 정직, 성실, 타인에 대한 봉사 같은 기본적인 덕목 또한 함께 가르친다. CEO조차 급여를 받지 않는 이곳에서 에고는 숨을 죽일 수밖에 없다. 딜레인시재단에서 실버트가 키워낸 훌륭한 직원들은 자기 자신을 넘어선 목적을 품고 지금 이 순간에 온전히 머물 용기를 낼 때 무엇을 성취할 수 있는지를 전 세계 앞에 당당하게 증명해냈다. 그들을 둘러싼 사회뿐 아니라 그들 내면의 믿음조차 그들을 과거로만 판단하고, 과거에서 벗어나지 못하게 하는 상황에서 이뤄낸 값진 성과였다.

소설가 C.S. 루이스는 『스크루테이프의 편지』에서 겸손의 힘에 대해 다음과 같이 이야기했다.

전 세계에서 가장 훌륭한 대성당을 설계할 수 있고, 그 건물이 전 세계에서 가장 훌륭하다는 사실을 잘 알며, 그 사실에 기뻐하면서도, 그 기쁨이 자신이 그 성당을 지었다는 이유로 더해지거나 다른 사람이 지었다고 해서 덜해지지 않는 사람의 정신 상태를 생각해보자. 그는 자신에 대한 편애에서 완전히 자유로운 것이다.

이게 바로 지금 이 순간에 온전히 머무는 정신, 그 어디에도 얽매이지 않고 온전히 하나가 된 마음이 누리는 자유다.

3부
내면 근력을 강화하는 6단계

④ 주문 외우기

"나는 전 세계에서 가장 뛰어난 선수야." 하루 내내 쉬지 않고 이 말을 나에게 들려줬습니다. "원래 이런 거야. 긴장이 된다 해도 괜찮아. 오늘 내 기분이 어떻든 지금 경기하러 나온 모든 선수가 똑같은 기분을 느낄 거야. 그러니 이제 나가서 해야 할 일을 해내"라고 말이죠.

—브랜트 스네데커Brandt Snedeker, 《워싱턴 타임스》

2007년, 스코틀랜드의 카누스티에서 '올해의 챔피언골퍼' 브리티시오픈의 우승자를 가리키는 공식 호칭—옮긴이 자리를 놓고 경쟁이 벌어졌다. 세계 랭킹 1위를 굳건히 지키던 타이거 우즈는 강력한 우승 후보로 손꼽혔다. 하지만 당시 대회를 압도한 선수는 바로 에스파냐의 세르지오 가르시아였다. 가르시아는 마지막 라운드를 앞둔 시점에서 2위로 쫓아오는 스티브 스트리커를 제외하고는 다른 모든 선수를 6타 차로 앞서고 있었다. 그러나 마지막 몇 홀에서 아일랜드의 파드리그 해링턴이 서서히 선두로 나섰고 결국 가르시아와 4홀의 연장전을 치르게 됐다.

연장전을 치르는 내내 해링턴은 한 가지 주문을 외웠다. 그 똑같은 말을 머릿속에서 몇 번이고 되풀이했다. "나는 승리할 거야. 나는 승리할 거야. 나는 승리할 거야."

결과가 어떻게 될지에 연연하는 건 보통 도움이 되지 않는다. 그러면 현재에 머물지 못하고 미래에 삼켜져, 자신이 원하지만 통제할 수 없는 것에 마음을 빼앗기기 때문이다. 하지만 승리할 것이라는 주문이 그날의 해링턴에겐 효과가 있었다. 주문을 외운 덕분에 해링턴은 잘못될 가능성이나 상황의 중대성에서 정신을 돌리고, 오직 긍정적인 생각에만 집중할 수 있었다. 그리고 마침내 해링턴은 평생 단 한 번도 이루지 못했던 일을 성취했다. 브리티시오픈에서 우승한 것이다.

몇 년 전 나는 몇몇 친구에게 오토바이를 타고 산길을 달리는 여행을 함께하자는 제안을 받았다. 물론 오토바이 면허가 있었지만, 오토바이로 산길을 달려본 적은 한 번도 없었다. 여행을 나선 후에야 내가 기대했던 여행과 현실이 다르다는 사실을 깨달았다. 널찍한 임도를 따라 여유롭게 달리는 걸 상상했건만 실상은 자갈과 그루터기로 가득하고 굽이굽이 꺾이는, 좁고 험한 산길을 달려야 했다. 여행하는 내내 나는 겁에 질려 벌벌 떨고 있었다. 하지만 친구들을 실망시키거나 나 때문에 여행이 지체되게 하고 싶지 않았다. 그래서 내 정신이 자꾸만 두려움이 기다리는 미래로 달려 나가려 할 때마다 '내면 근력' 수련법을 활용해 그 순간에 온전히 머물려고 노력했다. 나는 다음과 같은 실천 도구를 활용했다.

1 크게 노래 부르기: 큰 소리로 노래를 부르는 건 두려운 일을 해내거나 정신을 완전히 집중해야 할 때 효과적이다. 역설처럼 들리겠지만 소리를 내어 노래를 부르면 오히려 눈앞의 일에 더 집중할 수 있다. 뇌가 과거나 미래로 가지 않고 현재에 머물기 때문이다. "높은 건물 위에서 균형을 잡아야 하는 상황에서 노래를 불러보라고 시켰을 때, 도움이 되지 않았던 적은 단 한 번도 없었습니다." 파쿠르도심에서 도구나 장비 없이 건물을 기어오르거나 건물 사이를 뛰어다니는 스포츠―옮긴이 창시자들의 마인드셋을 연구하는 줄리 에인절 박사는 말한다. "내 경우엔 〈맥도널드 아저씨네 농장Old MacDonald〉 노래를 부릅니다. 딱히 좋아하는 노래는 아니지만 항상 도움이 돼요."

2 시각화: ESPN이 우리를 따라다니며 오토바이 여행의 모든 여정을 생중계한다고 상상했다. 내 상상에서 중계진은 어떻게 새내기 선수가 세계 최고 수준의 선수들과 속도를 맞추어 나란히 달릴 수 있는지 감탄을 금치 못하면서, 이 놀라운 선수가 펼치는 비범한 활약상에 대해 끊임없이 이야기를 늘어놓았다.

3 주문 외우기: 다음의 주문을 몇 번이고 되뇌었다. "나는 세계에서 가장 뛰어난 선수다. 나는 세계에서 가장 뛰어난 선수다."

나는 오토바이를 타는 내내 이 세 가지 방법을 번갈아 사용했다. 실은 두려움을 완전히 떨쳐내지는 못했지만, 그렇다고 가속 손잡이를 늦추지도 않았다. 친구들에게 뒤처지지 않고 마침내 목적지에 도착했을 때는 벅찬 감동이 밀려왔다. 이 방법들이 없었다면 완전히 뒤처져서 낙오하거나 억지로 다른 사람들을 따라잡으려다 다치고 말았을 것이다.

추위의 공포를 극복하게 한 주문

일명 아이스맨으로 불리는 윔 호프는 네덜란드의 익스트림 스포츠 선수로, 극한의 추위를 견디는 분야에서 세계기록을 여럿 세웠을 뿐 아니라 여러 극한 상황에 도전한 업적으로 유명하다. 예컨대 호프는 아프리카의 사막에서 물 한 방울 마시지 않으면서 마라톤을 완주하기도 했다. 그의 신체 능력엔 과학자들마저 감탄했다. 과학자들은 심지어 호프의 몸에 내독소세균에 존재하는 독성으로 면역반응을 실험할 때 주로 사용하는 물질—옮긴이를 주사하고 그가 독소를 이겨내고 병에 걸리지 않을 수 있는지를 실험하기까지 했다. 호프는 병에 걸리지 않았다. 심지어 다른 사람 열두 명에게 똑같은 일을 해내는 방법을 가르쳐서 이것이 누구나 배워서 습득할 수 있는 능력이란 걸 증명했다.

2019년 11월, 나는 호프의 고참 트레이너인 다니엘 클뤼켄과 이너마운틴익스피디션Inner Mountain Expeditions이 이끄는 윔 호프 집중 수련 과정Wim Hof Method and High Performance Training Retreat에 참여했다. 내 목표는 내면의 근력과 비범한 역량을 한층 깊이 이해하고 고난이 닥쳤을 때 지금 이 순간에 온전히 머물 수 있는 여러 방법을 배워서 그 지식을 함께 나누는 것이었다. 하지만 개인적인 이유도 있었다. 나는 기억이 닿는 아주 어릴 때부터 추위에 공포심을 품고 있었다. 이를 극복하고 싶었다.

수련 과정엔 극한의 추위와 맞서는 내용이 포함되어 있었다. 내가 참여한 수련 과정은 11월에 노르웨이 중부 지방, 오슬로에서 북쪽으로 세 시간 정도 떨어진 작은 마을에서 진행됐다. 수련 첫날부터 눈길을 20분 정도 걸어 얼어붙은 개울에 도착했다. 그리고 다시 20분을 들여 두껍게 얼어붙은 얼음을 깨뜨렸다. 그다음 수영복만 남기고 옷을 모조리 벗고 그 물 안으로 뛰어들었다. 완전히 미친 짓 같고 정신이 아득할 만큼 무서웠지만, 일단 끝내고 나오니 벅찬 감동이 밀려들었다.

또 하루는 셔츠도 없이 반바지만 입은 차림으로 산행을 떠났다. 어디로 가는지, 목적지까지 얼마나 걸리는지 전혀 알지 못하는 상태였다. 그저 가벼운 산책인데, 야생의 자연으로 들어갈 뿐이었다. '상식'이라고 생각하는 그 어떤 기대도 기준도 없었다. 그 주엔 내내 기온이 영하 8~9도를 맴돌았다. 머릿속에서 어떤 생각이 휘몰아쳤는지 상상이 갈 것이다. 한 걸음 한 걸음을 내디딜 때마다 '안전'의 경계에서 벗어나 깊은 야생으로 들어가고 있었다. 결국 광활한 풍광이 펼쳐진 산 정상에 도달하기는 했지만, 경치를 즐길 기분이 전혀 아니었다. 그 산행은 전부 다 합쳐 두 시간하고도 7분이 걸렸다. 내 의식은 그게 고작 두 시간이라니, 말도 안 된다고 외치고 있었다.

산행하는 동안 나는 두 가지 주문을 끊임없이 외웠다. "내 몸은 사우나다. 내 몸은 사우나다…" 그리고 "내 배낭은 난로다. 내 배낭은 난로다…"라는 주문이었다. 이 두 가지 주문을 외면서 어깨의 긴장을 풀고 느리고 깊게 숨을 쉬려고 노력한 끝에, 마침내 따뜻한 오두막까지 무사히 돌아올 수 있었다. 하지만 내가 이 모든 일을 이뤄낼 수 있었던 힘의 근원은 오직 하나였다. 바로 불가능한 일은 없다는 믿음이다. 추운 건 단지 춥다고 생각하니까 그럴 뿐이라는 믿음, 나는 스스로 생각하는 것보다 훨씬 더 강하다는 믿음이다. 이미 얼어붙은 개울물에 몇 번이나 몸을 담가본 사람으로서 과거엔 도저히 할 수 없다고 생각했던 일을 내가 해낼 수 있다는 사실을 알고 있었다. 눈에 보이는 것에만, 상식적인 이성이 내리는 판단에만 기대지 않는 법도 배웠다.

누가 입 밖에 내어 묻지는 않았지만, 그 산행을 하는 동안 우리는 한 가지 본질적인 질문을 받고 있었다. 두려움에 맞설 준비가 됐는가? 고통을 기꺼이 감수할 각오가 됐는가? 이 순간을 온전히 살아낼 준비가 됐는가?

우리가 그 산행에서 배운 건 이것이었다. 우리는 스스로 생각하는 것보다 훨씬 더 강하다. 생각에서 벗어나라. 분석하고 판단하는 습관을 멈추라. 머릿속 의식은 우리가 삶에서 어떤 일을 해낼 수 있을지 알지 못한다.

⑤ 조급한 마음 단칼에 자르기

조급병의 가장 심각한 증상은 바로 사랑할 힘이 약해지는 것이다.
사랑과 조급증은 본질적으로 양립할 수 없다. 조급증은 일정이 무질
서하기보단 마음이 무질서하다는 뜻이다.

―존 오트버그 박사, 『평범 이상의 삶』

심장병전문의 마이어 프리드먼Meyer Friedman과 레이 로즌먼Ray Rosenman은 그들의 연구서 「조급병을 이기는 방법How to Beat Hurry Sickness」에서 환자 대다수가 '시간에 쫓긴다는 강박감'을 겪는다는 사실을 깨닫고 '조급병hurry sickness'이란 용어를 만들어냈다고 밝혔다. 이들은 조급병을 더 짧은 시간 안에 더 많은 일에 참여하거나 더 많은 성과를 이루려고 한시도 그치지 않고 분투하고 도전하는 병이라고 정의한다. 조급병에 걸리면 늘 불안에 시달리고 매사에 급하게 서두는 행동 양상이 나타난다. 만성적으로 시간이 없다고 느끼고, 무슨 일에든 앞서 나가려고 애쓰면서, 조금이라도 일이 늦어지면 금세 짜증을 내게 된다. 어딘가 익숙하게 들리지 않는가?

자신이 조급병에 걸렸는지 어떻게 진단할 수 있을까? 다음은 조급병에서 나타나는 몇 가지 증상이다.

1 굳이 조급하게 서둘러 갈 이유가 전혀 없을 때도 앞차를 앞지르려 한다.

2 가게 점원이나 다른 운전자를 기다려줄 인내심이 없다. 줄을 서서 기다리는 걸 참지 못한다.

3 쉽게 잠들지 못한다.

4 내내 스트레스를 받는 듯한 기분이 든다.

정작 서두를 일이라고는 아무것도 없는데도 조급해지는 듯한 기분을 느낀 적이 있는가? 마감이 코앞에 닥치지도 않았고 회의에 늦은 것도 아닌데, 어떻게든 눈앞의 차를 추월하고 싶어 안달이 나거나 자기 앞의 줄이 빨리 줄지 않아 짜증이 난 적이 있는가?

런던경영대학원의 리처드 졸리Richard Jolly 교수는 《포천For-tune》에 실린 칼럼에서 지난 10년 동안 자신과 인터뷰했던 경영진의 95퍼센트가 조급병에 걸려 있었다는 사실을 밝혔다. 졸리 교수는 조급병을 보여주는 가장 뚜렷한 징후가 "엘리베이터를 타서 닫힘 버튼을 반복해서 누르는 행동"이라고 말한다. "실제로 닫힘 버튼은 절반 이상이 그저 불만 들어올 뿐 아무 역할도 하지 못합니다. '기계적 플라세보'라고 불리는 거죠. 설사 작동한다 한들 그 단추를 누른다고 시간을 얼마나 아낄 수 있겠어요? 고작해야 5초가 아닐까요?"

나도 예전엔 서둘러 일을 빨리 끝내야 스트레스를 덜 받는다고 생각한 적이 있다. 일을 빨리 해치워야 그 일에 대해 더는 걱정하지 않고, 여유 있게 쉴 수 있다고 생각한 것이다. 하지만 실은 바로 그 조급해하는 마음 때문에 훨씬 더 스트레스를 받았다.

조급증은 신체적 상태가 아니라 정신적·정서적 상태다. 때로는 몸을 재빨리 움직여서 여러 일을 한꺼번에 처리하는 게 가장 현명한 방법일 수 있다. 우리가 내려놔야 하는 건 어수선한 정신과 자신을 재촉하는 마음이다. 조급증은 바삐 움직이지 않으면 무언가를 놓치고 말 것이라는 믿음에서 비롯한다. 그 믿음은 곧 자신에게 확신이 없다

8장
3단계: 목표에만 몰입하는 법

는 걸 의미한다.

스트레스는 실제로 선택의 문제다. 우리를 스트레스로 몰아넣는 건 어떤 상황 자체가 아니며, 그 상황에 대해 우리가 품은 생각이다. 조급해한다면 스트레스를 선택하는 것이다. 모든 게 자신을 이롭게 하려고 힘을 보탠다는 전제를 믿지 않기로 선택하는 것이다. 신이 자신을 보살피지 않으며, 통제할 수 없는 일을 어떻게든 통제하려 애써야 한다는 믿음을 선택하는 것이다.

조급증은 기쁨과 연민을 느낄 여유를 없애버린다. 조급한 마음은 결코 깊은 평안과 자유, 감사 그리고 여기에서 비롯하는 기쁨과 함께할 수 없다. 조급해할 때는 '너와 함께 고통을 느낀다'라는 뜻을 품은 연민이 끼어들 여지가 없다. 연민하는 마음이 우리의 계획을 훼방 놓을 테니까. 본질적으로 연민이란 하던 일을 멈추고 타인의 고통 안으로 발을 들이는 행위다. 조급증은 사랑할 힘을 앗아가며 사랑할 힘이 없으면 조급해질 수밖에 없다.

조급증은 바쁜 생활에서 흔히 나타나는 부산물이다. 바쁨, 즉 삶에 여유가 없는 상태는 지금 이 순간에 온전히 머무는 걸 못하게 막는 아주 큰 걸림돌이다. 《사이언스》에 실린 하버드대학교의 한 연구는 사람들이 아무것도 하지 않기보단 차라리 고통을 느끼는 편을 택한다는 사실을 밝혀냈다. 그 연구에서 참가자들은 6분에서 15분 동안 휴대전화 없이 아무것도 하지 않고 그저 생각만 하기보다 스스로 전기 충격을 가하는 편을 택했다. 현대 사회에 조급증이 얼마나 만연한지 잘 보여주는 실험이다.

트라피스트회 침묵과 노동, 단순한 삶을 중시하는 가톨릭의 한 분파—옮긴이 수도사 토머스 머튼Thomas Merton은 그의 책에서 바쁨이 내면에 자리한 지혜의 뿌리를 죽인다고 말했다.

존 오트버그는 임상심리학 박사 학위를 따고 난 어느 날 자기 스승인 댈러스 윌러드 박사에게 전화를 걸어 자신이 성장의 길을 제대로 걷고 있는지 확인하려고 했다. 존은 댈러스에게 영적으로 건강하게 살아가려면 무엇을 해야 하는지 물었다. 댈러스는 이렇게 대답했다. "조급한 마음을 단칼에 잘라내야 하네." 존은 재빨리 그 말을 받아 적었다. "네, 알겠습니다. 또 뭐가 있을까요?" 댈러스는 참을성 있게 다시 말했다. "다른 건 없어. 조급증은 오늘날 영적인 삶을 사는 데 가장 큰 적이야. 조급한 마음을 단칼에 잘라내야 하네."

조급증은 삶에서 가장 중요한 걸 우선으로 삼지 못할 때 나타난다. 특히 자기 삶에서 하나의 중심을 단단히 세우지 못할 때 조급해하게 된다. 삶의 목적이나 사명이 뚜렷하지 못하면 온갖 것들이 삶의 활력을 앗아간다. 나라는 존재가 여러 방향으로 뿔뿔이 흩어지고 나를 구분 짓는 경계가 흐려진다.

존 오트버그 박사의 『내 영혼은 무엇을 갈망하는가』에 따르면

8장
3단계: 목표에만 몰입하는 법

조급한 마음을 단칼에 잘라낼 때 행동 하나하나에 목적과 의미가 부여되며, 시선이 한층 예리해지고 깊어진다. 우리는 바쁜 일상에 휘말려 지금 여기에 온전히 머무는 능력을 잃고 자신의 참 자아마저 놓쳐버린다. 주위에 늘 존재하는 아름다움을 비롯한 모든 것에 무감각해진다. 지금 이 순간 온전히 살아 있음을 느끼려면 시간이 필요하다. 그 외의 다른 길은 없다.

예일대학교와 하버드대학교에서 학생을 가르치는 헨리 나우웬 교수는 『이는 내 사랑하는 자요』에서 강박적으로 바쁘게 살아가는 이유를 다음과 같이 설명한다.

> 그 이유는 아주 단순하다. 우리의 정체성, 곧 자아감이 위태롭기 때문이다. 토머스 머튼이 말했듯이, 가짜 자아는 사회적 강박으로 조작된 자아다. '강박적'이라는 단어는 실로 가짜 자아를 가장 정확하게 표현해주는 말이다. 이 단어는 가짜 자아가 끊임없이 점점 더 많은 인정을 갈구한다는 사실을 정확히 짚어낸다. 나는 누구인가? 나는 사람들이 좋아하고, 칭찬하고, 감탄하고, 싫어하고, 증오하고, 경멸하는 사람이다.
>
> 피아니스트든 사업가든 목사든 중요한 건 이 세상이 나를 어떻게 인식하느냐 하는 것이다. 바쁘게 지내는 게 좋은 일이라면, 나는 바쁘게 지내야만 한다. 부가 진정한 자유의 상징이라면, 나는 부를 손에 넣어야만 한다. 여러 사람과 알고 지내는 게 내 가치를 증명한다면, 나는 필요한 만큼 많은 인간관계를 맺어야만 한다.
>
> 이 강박 뒤엔 실패를 두려워하는 감정이 도사리고 있으며, 이는 더 많은 일, 더 많은 돈, 더 많은 지인을 손에 넣어 실패를 피하려 하는

3부
내면 근력을 강화하는 6단계

끈질긴 충동으로 모습을 드러낸다.

뚜렷한 목적이 없고 가야 할 길을 찾지 못할 때 우리는 자연스럽게 자아를 삶의 중심에 두고 살게 된다. 이는 곧 자아를 위해 끊임없이 더 많은 걸 손에 넣어야 한다는 뜻이다. 인생의 가장 큰 관심을 자아에 두게 되면 아무리 많이 가진다 한들 진정한 안정감에 이르기엔 역부족이다. 자아가 중심이 되는 삶, 즉 자아를 뛰어넘는 더 큰 목적이 없는 삶에선 자기 자신을 중심으로 그 주위를 빙글빙글 돌기만 할 뿐 참 자아에 가닿을 수 없다. 이는 머리만 어지러운 무익한 추구다.

톱날을 날카롭게 갈 시간을 내지 않으면 생산성은 떨어질 수밖에 없다. 바쁨 속에서도 반드시 '쉼'이 필요하다. 이상적으론 90분마다 한 번씩, 일주일 중 하루를, 7년마다 1년을 쉬어야 한다. 그 쉼이란 일이든 과제든 쇼핑이든 '해야 할 일' 목록에 오를 만한 일은 아무것도 하지 않는 휴식이어야 한다(그러고 보니 나도 쉴 때가 한참 지났다).

일주일에 하루를 쉬면서 미련과 집착을 내려놓고 재충전할 수 있다면 주변에 늘 존재하는 아름다움을 더 잘 발견할 수 있다. 감사 또한 자연스레 따라올 것이다. 도통 감사가 우러나지 않는다면, 바쁜 일상이 삶에서 감사할 여유를 쥐어짜냈을 가능성이 크다. 감사 없이는 절대로 지혜를 얻을 수 없다. 적어도 나는 누구인가, 내 앞에 어떤 가능성이 있는가에 대한 깊은 진실을 이해하는 지혜엔 닿을 수 없다.

진정한 감사와 겸손은 잠시 멈추는 순간 찾아온다. 우리는 멈추어 서서 지금 이 자리에 이르기까지 주어진 모든 것과 내일 열릴 가능성을 진정한 의미에서 보고 느끼고 인식해야 한다. 자의식을 떨치고 스트레스를 줄이고 싶다면, 어떻게든 시간을 내어 자신에게 가장 중요한 것에 마음을 기울여야 한다. 자기 안의 욕망이 자신이 가고자 하는 방향으로 자신을 데려가는지 반드시 확인해야 한다. 충만한 삶을 원한다면 자기 욕망이 사랑, 지혜, 용기로 향하도록 해야 한다. 지금 이 순간에 온전히 머물 수 있다면 그 어떤 장애물이나 정신적 장벽도 뛰어넘을 수 있다. 그 힘이 어떻게 살아야 할지 가르쳐줄 것이다.

: 내면 근력을 켜는 스위치 :

✓ 하루 내내 자신의 현존성 수준을 관찰해보자. 언제 현재에 온전히 몰입할 수 있는지, 언제 짜증이 나거나 기분이 언짢은지, 즉 언제 정신이 과거나 미래에 머무는지를 유심히 살펴본다. 주머니에 메모장을 넣고 다니면서, 지금 이 순간에 온전히 몰입할 때마다 표시한다. 다음 날엔 그 횟수를 좀 더 늘리려고 노력해본다.

✓ 생각을 단순화하는 연습을 해보자. 자신이 그저 생각을 지켜보는 중립적인 관찰자라고 가정하라. 머릿속 생각을 관찰하고 기록하는 연구자나 기자라고 상상해도 좋다. 생각을 관찰하는 행위 자체가 그 생각에 어떤 영향을 미치는가? 통제하려는 욕심을 버리고 잡념에서 벗어났을 때, 주위의 아름다움이 얼마나 더 선명히 보이는지 느껴보자.

✓ 생각과 감정 자료를 수집하는 도구로서 일기를 매일 쓰는 습관을 들이자. 이를 통해 생각의 패턴을 정확히 파악할 수 있다. 처음엔 오늘 감사한 일 몇 가지를 적는 것부터 시작해도 좋다.

✓ 현재에 온전히 머물도록 해주는 다섯 가지 방법에서 하나를 고른다. 하루를 정해 그날은 종일 그 방법을 실천하는 데 집중한다. 나머지 네 가지 방법 또한 하루씩 날을 잡아 실천해본다. 그리고 여섯 번째 날엔 중심을 잡고 그 순간에 온전히 머물며 보내려고 노력한다. 현재에서 벗어났다는 생각이 들 때마다 다섯 가지 방법 중 한 가지를 실천한다.

✓ '쉼'을 연습한다. 1분도 좋고, 하루 시간을 내어서 쉬어도 좋다. 쉴 때는 고요하게 지금 이 순간에 온전히 머물며 감사하는 마음을 품는다.

4단계: 스스로 만든 한계를 넘어서는 법

　　1982년, 로스앤젤레스 다저스엔 스티브 색스란 이름의 2루수가 있었다. 그해 내셔널리그에서 '올해의 신인'으로 뽑힌 유망주였다. 그다음 해 시즌 초반 무렵, 색스가 외야수에게 받아 포수에게 송구한 공이 포수의 정강이 보호대에 맞고 튕겨 나갔고, 그사이 3루 주자가 홈으로 들어와 점수를 올렸다. 색스는 『전환Shift』이라는 책에서 그날을 이렇게 회상한다.

누구나 저지를 수 있는 실책이었죠. 그런데 그 실수에 대해 생각이 너무 많아진 겁니다. 머릿속이 온통 그 생각뿐이었어요. 그러다 신문을 보니, 아직 시즌 초반인데 내가 벌써 실책을 몇 차례 저질렀다는 기사가 있었습니다. '큰일이네. 이러다가는 이번 시즌에만 실책이 백 개가 넘어가겠는걸'이라고 생각하기 시작했어요. 스스로 무거운 부담감을 지우기 시작한 거죠. 그러니 당연하게도 바로 다음 날 또 송구 실수를 저질렀습니다. 그 주에 또 실책을 몇 차례 더 기록했고요. 어느새 떨쳐낼 수 없는 무시무시한 괴물이 머릿속에 떡하니 자리를 잡게 됐습니다.

그 뒤로 몇 달 동안 송구 실책이 끊이지 않았고, 이러다 선수 생명이 정말 끝장나겠다는 확신마저 들었습니다. 송구 실수를 줄이려고 노력하면 할수록 실수는 더 잦아졌습니다. 옛말에 "노력으로 안 될 일이 없다"라고 하잖아요. 내겐 통하지 않는 말이었어요. 팀도 나도 별별 방법을 동원해서 갖은 노력을 다 해봤거든요. 구단에선 오후마다 아무도 없는 다저스타디움에 날 데려갔습니다. 거기서 눈가리개를 쓰고 2루에 서서 1루로 공을 던지는 연습을 했습니다. 그렇게 눈을 가리고도 단 한 번의 실수도 없이 매번 1루에 공을 정확하게 던질 수 있었어요. 그런데 경기에만 들어가면 그 단순한 송구를 도무지 해낼 수가 없는 겁니다.

그러다 샌디에이고 파드리스와의 경기에서 엄청난 실책을 저질렀을 때 완전히 나락으로 떨어지고 말았습니다. 우리 팀이 이기고 있었는데, 경기 막판에 내 쪽으로 공이 왔고 그 공을 던지려다 그만 밖으로 날려버리고 말았거든요. 내 실책 때문에 결국 지고 말았죠. 파드리스와 시합을 하고 나서 일주일 뒤에 집에 전화해서 아버지와 통화했어요. 당시엔 내 송구 문제가 머릿속에 딱 달라붙어 있었습니다. 마치 어디에도 버리지 못한 채 늘 들고 다니는 짐

덩어리처럼 항상 그곳에 있었죠. 그래서 누구와 무슨 이야기를 하더라도 결국 그 문제로 대화가 흘러가게 되어 있었어요.

아버지께서 말씀하셨어요. "내가 해줄 이야기가 있으니 잘 들어봐라. 어느 날 아침에 잠에서 깨어나면, 그 문제가 사라졌을 거야. 내가 잘 알아. 나도 고등학생 때 야구할 때, 똑같은 문제를 겪은 적이 있었거든. 누구한테나 일어날 수 있는 일이야." 아버지께서 그 말씀을 하시자 난 깨달았습니다. 아버지처럼 무섭고 강한 사람한테도 이런 일이 일어난다면 내가 그런 문제를 겪는다 해도 전혀 이상할 건 없겠구나. 정말이지 누구나 겪을 수 있는 일이구나 하고요.

색스가 아버지와 이야기를 나눈 지 여섯 시간 뒤 아버지는 세상을 떠났다. 하지만 아버지의 조언에 힘을 얻은 색스는 서서히 자신감을 회복했고 경기에 다시 재미를 느끼기 시작했다. 색스는 그 시즌 남은 서른여섯 경기에서 단 한 차례도 실책을 범하지 않았다. 1989년엔 메이저리그 2루수 가운데 가장 높은 수비율을 기록했다. 그 뒤에 올스타에 다섯 차례나 선정됐고, 두 차례나 월드시리즈에서 우승했다.

색스는 결국 자기 문제를 해결할 수 있었지만 이와 비슷한 정신적 장벽 때문에 선수 생활을 끝내야만 했던 선수도 많다. 안타까운 일이다. 색스는 몇 달 동안 잠 못 이루는 밤을 보내고 나서야 자기 문제를 해결할 수 있었다. 하지만 이런 정신적 장벽이나 두려움은 실로 아주 쉽고 빠르게 해결할 수 있는 문제다. 심지어 공포증도 마찬가지다. 때로는 단 한 차례의 치료만으로도 해결이 가능하다.

어쩌면 지금 이런 의문이 떠오를지도 모른다. '난 운동선수도 아닌데, 이게 다 무슨 소용이람?' 하지만 다시 생각해보기 바란다. 스티브 색스가 겪은 문제는 형태만 다를 뿐 누구에게나 일어날 수 있는 일이다. 누구나 자신을 보호하려고만 하는 잠재의식이 있다. 이 잠재의식에서 좀처럼 멈추기가 어려운, 이상하고 불편한 정신적 딸꾹질이 일어날 수 있다. 이를테면 프로야구 선수가 리틀리그에서 뛰는 어린 선수도 쉽게 해내는 일, 즉 2루에서 1루로 공을 던지는 일을 갑자기 못하게 되는 것이다.

그렇다면 이런 정신적 장벽이 생기는 원인부터 알아보도록 하자. 우선 색스 선수의 문제로 돌아가서 그의 정신적 장벽이 어떻게 생겨났는지를 살펴보자.

1 실책을 저지른다.

2 자기 실수 때문에 마음이 무겁다.

3 계속 실책을 저지르게 되면 얼마나 괴로울지 생각한다.

4 실책을 더 많이 저지른다.

5 문제에 집착하기 시작한다. 실수가 '강박관념'으로 자리 잡는다.

6 큰 정신적 장벽이 생기고 만다.

잠재의식은 위험을 탐지하는 지킴이

지금 이 순간에도 우리의 잠재의식은 쉬지 않고 일하고 있다. 잠재의식은 크게 세 가지 주요 임무를 수행한다.

1 지금 감지되는 모든 감각 정보를 훑어보며 자신과 관련 있는 정보를 가려낸다. 신체적·정서적으로 자신에게 위험이 될 만한 요소가 있는지 판단한다.

2 사소한 행동 하나하나를 일일이 의식하지 않도록 의식의 배경에서 삶을 운영한다. 이를테면 신발 끈을 묶거나 이를 닦거나 집까지 차를 운전할 때마다 그 모든 과정을 하나하나 생각하면서 수행해야 한다고 상상해보라! 얼마나 피곤할까?

3 자신의 믿음과 일치하도록 주위 상황과 결과를 조정한다. 예컨대 일반적으로 70타를 치는 골프 선수라고 해보자. 라운드 중반에 이르러 이대로만 간다면 60타 초반의 기록을 세울 수 있을 듯하다. 그러면 잠재의식은 결과가 믿음에 부합하게 하고자, 성적이 70타에 가까워지도록 조종하려 든다. 잠재의식은 우리가 무엇을 믿는지에 대해서는 별로 신경 쓰지 않는다. 단지 삶이 그 믿음과 맞아떨어지는지에만 관심이 있다.

잠재의식이 하는 일 중에 여기서 논의하는 주제와 관련 있는 건 바로 첫 번째 임무다. 감각 정보를 분석해 신체적·정서적 위험을 탐지하는 기능이다.

뇌는
재구성할 수 있다

새로운 걸 습득할 때마다 뇌에선 사고와 감정이 오가는 신경 경로가 새롭게 형성된다. 과거에 과학자들은 뇌가 기계와 비슷하게 작동하며, 일단 구조가 형성되고 나면 더 이상 바뀔 수 없다고 생각했다. 하지만 이제 뇌가 끊임없이 진화한다는 사실을 안다. 하버드대학교에서 뇌와 교육을 연구하는 커트 피셔Kurt Fischer 박사의 말에 따르면, "신경과학에서 밝혀낸 몇 가지 핵심 원칙이 있다. 그중 첫 번째는 뇌가 놀라운 정도로 가소성이 뛰어나다는 것이다. 심지어 중년이나 노년에 들어서고 나서도 뇌는 주위 환경에 아주 적극적으로 적응해나간다."

뇌에선 신경 가소성이란 과정을 통해 평생 새로운 뇌세포가 계속해서 만들어진다. 주위 환경에 맞추어 새로운 세포를 만들어내고 기존의 세포를 재구성하는 것이다. 뇌가 이렇게 역동적으로 작용하는 덕분에 우리는 여러 경험을 습득하고 환경에 적응할 수 있다.

이 사실에 어떤 의미가 있을까? 우리가 보고, 듣고, 읽고, 경험하는 모든 게 뇌에 실질적인 영향을 미친다는 뜻이다. 좋은 소식은 말 그대로 뇌에 새로운 정보를 공급함으로써 뇌를 재구성할 수 있다는 것이다. 어떤 정보, 생각, 감정이든 되풀이함으로써 이를 뇌에 새겨 넣을 수 있다. 뇌에 무엇을 새겨 넣고 어떤 신경 경로를 형성하는 데는 그 어떤 한계도 존재하지 않는다. 한편 나쁜 소식도 있다. 두려움이나 불안처럼 강력한 감정을 느낄 때, 뇌엔 부정적인 연결 고리가 새롭게 형성될 수도 있다. 부정적인 생각이나 감정에 매달려만 있다면 바람직하지 않은 신경 경로가 만들어져 몸과 마음이 원치 않는 장소에 도달하게 될 수 있다. 즉 정신적 장벽이 발생하는 것이다.

9장
4단계: 스스로 만든 한계를 넘어서는 법

입스와 공포증은
어떻게 생겨나는가

잠재의식에선 신체적 위험이든 감정적 위험이든 구분하지 않고 모든 위험을 한 범주로 묶어 저장한다. 잠재의식은 호랑이가 자신을 덮치려 하는 상황에서 느끼는 공포와 온라인커뮤니티나 소셜미디어에서 공격당할 때의 공포를 분간하지 못한다. 뇌엔 그 둘이 모두 똑같이 위험한 일이다.

정신적 외상이 크거나 창피한 일을 겪을 때, 특히 어린 시절의 잠재의식은 앞으로 똑같은 일을 겪지 않으려고 그 경험을 기억 속에 단단히 고정한다. 이는 잠재의식이 그 사건이 일어난 앞뒤 사정, 즉 그곳에 누가 있었는지, 어떤 말이 오갔는지를 비롯해 그 상황과 관련한 모든 걸 고스란히 기억에 저장한다는 뜻이다. 그래서 다음번에 이와 비슷한 상황과 마주하게 되면 경고를 보낸다. 잠재의식은 불안과 두려움을 일으켜 경고하기도 하고, 고통스러운 경험과 관련한 행동을 하지 못하게 막아서기도 한다.

잠재의식은 기분 좋은 경험에선 우리를 보호해야 한다고 느끼지 않는다. 오직 고통스러운 경험에서만 방어 태세를 취한다. 따라서 잠재의식은 고통스러운 경험을 정신에 깊이 새겨두려 한다. 경계 태세를 유지하다 미래에 비슷한 상황이 닥쳤을 때 우리를 지켜내기 위해서다.

예를 들어 테니스 선수가 시합에서 아주 결정적인 순간에 주어진 서브를 두 번 다 실패했다. 자꾸 그 실수에 대해 생각하다 보면 머릿속에 그 실수한 장면이 자리를 잡아, 결국 다음번에 중요한 상황에서 또 똑같이 서브를 두 번 다 실패하게 된다. 첫 번째 실수는 별것 아니어서 잠재의식도 그저 흘려보낼 수 있었다. 하지만 두 번째 실수를 저질렀을 때 감정적으로 큰 스트레스를 받았기 때문에 잠재의식은 이를 기억에 고정하려고 한다. 왜? 우리를 보호하기 위해서다. 다시는 똑같은 일을 겪지 않고자 이를 잘 기억해두려는 것이다. 뜨거운 난로를 만지거나 악어에게 물리거나 인터넷에 후회할 만한 글을 올렸을 때는 이런 경고가 크게 도움이 될 것이다. 하지만 스스로 선택한 상황에 대해 잠재의식이 불안과 두려움을 불러일으키는 경우에는 전혀 도움이 되지 않는다.

바로 이런 종류의 불안과 두려움에서 정신적 장벽이 형성된다. 평소라면 능숙하게 해낼 일일수록 오히려 더 생기기 쉽다. PGA 투어 골프 선수 토미 아머는 퍼트할 때마다 겪었던 어려움을 설명하며 '입스yips'란 용어를 만들어냈다. 그는 이 문제 때문에 은퇴까지 해야 했다. 아머는 입스를 '짧은 게임을 방해하는 일종의 뇌 경련'이라고 부른다. 위키피디아에선 입스를 운동선수에게 나타나는 정교한 소근육 운동 능력의 상실이라고 정의하며, 알려진 치료법이 없다고 단정한다. 틀림없이 위키피디아에서 이 항목을 작성한 사람들은 '내면 근력'에 대해서는 들어본 적이 없는 모양이다.

정신적 장벽은 보통 어려운 일보다 쉬운 일에서 생길 때가 많다. 쉬운 일을 할 때 정신이 더 큰 부담을 지우기 때문이다. 이는 쉬운 일조차 망쳐서는 안 된다는 사회적 압박에서 기인한다. NFL에서도 55야드 필드골미식축구에서 먼 거리에서 차는 킥—옮긴이을 찰 때 정신적 장벽을 겪는 선수는 그리 많지 않으며, 오히려 추가득점 킥미식축구에서 거의 반드시 성공해야 하는, 짧은 거리에서 차는 킥—옮긴이에서 정신적 장

9장
4단계: 스스로 만든 한계를 넘어서는 법

벽에 시달리는 선수가 훨씬 더 많다.

잠재의식에 대해 이해해야 중요한 사실은 색스나 토미 아머처럼 정신적 장벽을 겪는다고 해서 어딘가 이상하거나 잘못된 게 아니란 사실이다. 오히려 그 반대다. 정신적 장벽이 있다는 건 잠재의식이 '완벽하게' 작동한다는 증거다. 뱀이나 거미, 기차나 사다리꼴에 공포증이 있다고 해도 마찬가지다.

공포증이란 특정 사물이나 상황에 대해 과도한 두려움이나 불안을 보이는 증상을 의미한다. 공포증에서 비롯하는 두려움은 인생 전체를 지배할 정도로 강렬할 수도 있다. 어쩌면 평생 특정 공포증에 시달렸을지도 모른다. 벼룩이나 담비 한 마리를 볼 때마다, 비행기를 탈 생각을 할 때마다 공포에 사로잡혔을지 모른다. 하지만 공포증에 시달린 지 얼마나 됐든, 증상이 얼마나 심하든 전혀 상관없다. 어떤 종류의 공포증이든 단 한 차례의 치료만으로 정신적 장벽뿐만 아니라 공포증을 없앨 수 있다.

친구에게 거미 공포증이 있다고 해보자. 그 친구는 거미를 볼 때 얼마나 자주 공포에 사로잡힐까? 열 번 봤으면 그중 다섯 번? 여덟 번일까? 그렇지 않다. 친구는 거미를 볼 때마다 100퍼센트의 확률로 공포에 사로잡힌다. 그 이유는 친구의 잠재의식이 자신이 해야만 하는 임무를 '정확하게' 수행하기 때문이다. 그 임무란 두려움의 대상에서 그 친구를 보호하는 것이다.

큰 소리나 추락에 느끼는 두려움을 제외한다면, 태어날 때부터 타고난 두려움은 없다. 대부분 두려움은 후천적으로 학습한 것이며, 그중엔 어느 한순간에 갑자기 형성된 게 많다. 잠재의식이 어떻게 작용하는지 이해한다면 두려움이 생길 때와 마찬가지로 단번에 두려움을 없앨 수 있다. 공포증 역시 색스의 정신적 장벽과 비슷한 과정을 거쳐 형성된다.

1 감정적으로 고통스럽거나 창피한 사건이 일어난다.

2 잠재의식은 이 사건에서 느낀 감정과 의미를 기억에 고정한다.

3 잠재의식은 이 사건을 비롯하여 이 사건이 일어난 전후 사정까지 경고 목록에 덧붙인다. 이 경고는 보통 불안이나 두려움, 혹은 우리의 행동을 물리적으로 방해하는 방식으로 나타난다.

4 잠재의식은 특정 기억과 비슷한 상황이 생길 때마다 우리에게 경고하고자 당시의 고통스러웠던 기억을 재생한다.

5 그 사건에 관한 공포증 또는 정신적 장벽이 형성된다.

논리적인 이유가 없는데도 어떤 특정한 상황이 왜 불편하게 느껴지는지 궁금하지 않은가? 어떤 기폭제나 앵커가 있었을지도 모른다. 고등학교 시절 유행했던 노래를 들을 때마다 참 예뻤던 수지나 잘생겼던 해리와 함께 춤추었던 기억이 떠오르는 것과 마찬가지다. 노래는 기억의 기폭제가 되고, 그 기억은 감정을 불러일으킨다. 노래가 감정을 되살리는 신호로서 작동하는 것이다. 잠재의식 안에서 그 노래와 감정이 서로 단단하게 연결되어 있기 때문이다.

평생 이런 일이 끊임없이 일어나지만, 대부분은 그 사실조차 알아차리지 못한 채 지나간다. 예를 들어 10대 무렵 특정한 종류의 윗옷을 입은 사람한테 위협을 당했다고 해보자. 그 사건 자체는 아예 잊어버렸을지도 모른다. 그런데 어느 날 어떤 사람과 함께 있을 때 이유

9장
4단계: 스스로 만든 한계를 넘어서는 법

모를 불편을 느낀다. 실은 그 사람이 입은 옷이 과거 고통스러운 기억 속의 윗옷과 비슷하기 때문이지만 그 사실을 미처 자각하지 못한 채 넘어간다. 이처럼 잠재의식은 기억조차 하지 못하는 과거를 근거 삼아 조심하라는 경고를 보낸다.

잠재의식 조절하는 법

1997년 플로리다의 포트 세인트 루시 고등학교에 다니는 릭 앵키얼은 《USA 투데이》가 선정한 '올해의 고등학생 야구 선수'로 뽑혔다. 앵키얼은 세인트루이스 카디널스의 지명을 받아 250만 달러의 계약금으로 입단했다. 1999년 스무 살의 나이로 메이저리그에 데뷔했고, 2000년엔 주전 선수로서 시즌 전체를 소화했다. 앵키얼은 그해 무시무시한 활약을 펼치며 무려 타자 194명을 삼진으로 잡아냈다. 비록 타자 90명을 볼넷으로 내보내기는 했지만 말이다. 그는 이 두 부문의 기록에서 모두 상위 10위권 안에 들었다. 2000년엔 내셔널리그 '올해의 신인' 투표에서 2위를 차지했다. 스티브 색스가 같은 상을 받은 지 18년 뒤의 일이었다.

카디널스의 감독 토니 라 루사는 시카고 컵스와 상대하는 지구 우승 결정전 1차전에서, 당시 20승을 기록한 팀의 스타 투수 대릴 카일 대신 신인인 앵키얼을 선발투수로 내보냈다. 앵키얼은 비교적 잘 던지다가 3회에 들어서며 폭투를 던지는 바람에 공이 포수의 손에서 벗어나 뒷그물에 걸리고 말았다. 폭투란 투수가 너무 높거나 낮거나 옆으로 치우치게 공을 던져 포수가 평범한 동작으론 공을 잡기 어려울 때, 그 공 탓에 주자가 진루하면 투수의 실책으로 기록하는 투구다. 앵키얼은 몇 차례 투구를 잘 던지는가 싶더니, 다시 폭투를 던졌다. 그리고 또 폭투를 던졌다. 어떤 공은 너무 멀리 빗나가서 포수가 글러브를 댈 수조차 없을 지경이었다. 라 루사 감독은 앵키얼을 강판시켰다. 앵키얼의 폭투에도 불구하고 카디널스는 우승 결정전에서 승리해, 그다음 내셔널리그 챔피언십 시리즈에서 뉴욕 메츠와 맞붙게 됐다.

며칠 뒤 라 루사 감독은 메츠와 치르는 챔피언십 시리즈 2차전에서 또다시 앵키얼을 선발투수로 내보냈다. 앵키얼은 타자 두 명을 볼넷으로 내보내고 폭투를 거듭한 끝에 한 이닝도 제대로 마치지 못한 채 강판되고 말았다. 며칠 뒤 시즌이 막바지에 접어들어 이미 승부가 기운 경기에서 라 루사 감독은 앵키얼에게 다시 한번 기회를 줬다. 그 시즌을 좋은 기운으로 마무리하라는 배려였다. 하지만 앵키얼은 또다시 제대로 던지지 못했다. 몰락의 시작이었다.

그 무렵 앵키얼은 단 한 개의 스트라이크도 잡아내지 못하는 악몽을 꾸다 한밤중에 벌떡 잠에서 깨어날 때가 많았다. 그다음 시즌엔 첫 경기를 앞두고 극도의 불안을 잠재우려고 시합 전에 보드카를 마셨다. 앵키얼은 곧 마이너리그로 강등됐고, 그곳에서도 4년 동안이나 부진에 시달렸다. 그 뒤에 간신히 메이저리그로 복귀했지만 문제가 곧바로 재발했다. 앵키얼은 마침내 할 만큼 했다고 마음먹고, 선수 생활을 포기했다.

앵키얼의 에이전트는 투수를 그만두고 외야수로 전향하는 게 어떻겠냐고 설득했다. 놀랍게도 앵키얼은 외야수로서 다시 메이저리그에 입성해 완벽한 제구력을 뽐내며 90미터가 넘는 거리에서도 레이

9장
4단계: 스스로 만든 한계를 넘어서는 법

저처럼 정확하게 송구하는 활약을 펼쳤다. 그는 메이저리그 역사상, 베이브 루스라는 전설적인 인물을 제외하고는, 통산 홈런 75개 이상과 탈삼진 200개 이상을 동시에 기록한 유일한 선수가 됐다.

앵키얼은 인터뷰에서 그 운명적인 폭투를 한 우승 결정전이 끝난 뒤의 심정을 이렇게 술회한다.

> 모든 사람을 실망시키고 말았다는 생각에 심장이 내려앉았습니다. 팀 동료들, 코치진, 팬들, 가족들, 카디널스 구단, 함께 자란 친구들까지요. 예전처럼 공을 던질 수 없다는 사실을 깨닫자 내 존재가 송두리째 뿌리 뽑힌 기분이었습니다. 야구를 잘하는 게 곧 나라는 사람을 정의한다고 생각했거든요. 큰 착각이었어요. 그 믿음이 유리처럼 산산이 부서져버리고 나자 아무것도 남지 않았습니다. 생각지도 못한 일격을 얼어맞은 겁니다. 모든 사람이 날 훤하게 꿰뚫어보는 것만 같았어요. 개한테 물려본 적은 없지만, 만약 물린다면 개를 쓰다듬으려 손을 내밀 때마다 '이 개가 나를 물면 어떡하지?'라고 생각할 겁니다. 마운드에 오를 때마다 내 기분이 딱 그랬어요. 무거운 짐이 어깨에 얹힌 듯한 심정이었어요. 얼마나 외롭고 절망스러웠는지, 그 누구한테도 이런 심정을 겪게 하고 싶지 않을 정도였어요.

잠시 복습해보자. 우리는 이미 잠재의식이 항상 우리를 보호하는 임무를 수행하며, '입스'라고도 불리는 정신적 장벽이 생기는 건 잠재의식이 지극히 완벽하게 작동한다는 증거란 사실을 안다. 또한 잠재의식이 오로지 자신이 아는 지식에 근거해 작동한다는 사실도 안다.

색스의 잠재의식은 1루로 공을 던지면 위험이 닥친다고 믿었다. 앵키얼의 잠재의식은 투수로 활약할 때 위험이 닥친다고 믿었다.

그렇다면 어떻게 이 문제를 해결할 수 있을까? 잠재의식에 진실을 알려주고, 그 상황을 새롭게 인식할 수 있는 믿음을 심어주면 된다. 색스의 경우엔 1루에 공을 던지는 일이 잠재의식이 나서서 감시하거나 보호해야 할 만큼 위험한 일이 아니란 사실을 알려주면 됐다. 앵키얼의 경우엔 메이저리그에서 투수로 활약하는 일이 위험한 일이 아니란 사실을 알려주면 됐다.

이런 의문이 떠오를 수도 있다. 도대체 왜 그들의 잠재의식은 애초에 이런 믿음을 품게 됐을까? 왜 불안과 두려움을 불러일으켜 경고해야 한다고 느끼게 됐을까? 아주 좋은 의문이다. 색스의 잠재의식은 그가 1루로 공을 제대로 던지든, 선수 대기석으로 공을 날려버리든 전혀 신경 쓰지 않았다. 앵키얼의 잠재의식 또한 그가 완벽한 스트라이크를 던지든, 타자의 머리 위로 공을 붕 띄우든 전혀 상관하지 않았다. 두 사례에서 모두 잠재의식은 그 당시 자신에게 있던 정보에 기반해 그저 위험이나 위협에서 자신을 보호하는 데만 신경 썼다. 잠재의식은 항상 주위 환경과 감정 상태를 살피면서 어디에 위험이 있는지, 새로운 위협은 없는지를 감지해내려 애쓴다. 그런 까닭에 이 두 선수가 자기 문제를 분석하고 걱정하면 할수록 그들의 잠재의식은 그 행동이 실로 위험하다고 믿게 된 것이다.

색스와 앵키얼이 애초에 자신이 어떻게 공을 던졌는지 신경 쓰지 않았다면, 그들의 잠재의식 역시 전혀 개의치 않았을 것이다. 골프와 테니스에서도 마찬가지다. 잠재의식은 골프에서 60센티미터짜리 퍼트에 실패하든 테니스에서 더블 폴트를 연속으로 세 차례나 저지르

9장
4단계: 스스로 만든 한계를 넘어서는 법

든 전혀 상관하지 않는다. 다만 창피한 감정, 정신적 외상에서 우리를 보호하려 할 뿐이다. 그러나 얄궂게도 이렇게 우리를 보호하려는 과정에서 오히려 더 큰 불안이 생기게 된다.

입스, 정신적 장벽을 없애는 방법

나는 운동선수든 기업의 임원이든 새로운 고객과 일을 시작할 때면 사흘간의 집중 훈련 과정을 진행하며, '내면 근력'이 추구하는 마인드셋의 기본 철학과 핵심 원칙을 가르친다. 그 첫 며칠 동안 우리는 고객의 가장 고통스러운 기억에서 아픔을 덜어내며 정신적 장벽과 두려움, 정신적 외상을 해결하는 중대한 과업을 진행한다. 이는 아주 중요한 단계로, 이것만으로도 고객의 경력을 극적으로 변화시킬 수 있다.

여기에선 정신적 외상이란 용어는 초등학교 시절 창피를 당한 사건처럼 가벼운 일에서 학대와 폭력 같은 심각한 일까지 전부 아우르는 의미로 사용한다. 정신적 외상을 제거한다는 건 이미 일어난 일을 바꾸거나 그 일을 아예 잊는다는 뜻이 아니다. 잠재의식이 그 사건을 처리하는 방식을 재구성해 그 사건이 더는 고통스럽게 느껴지지 않게 한다는 뜻이다. 이미 일어난 일 자체를 바꿀 순 없겠지만, 이를 바라보는 관점은 바꿀 수 있다. 관점이 달라지면 그에 얽힌 고통과 정신적 장벽도 자연스레 사라진다. 잠재의식이 더는 자신을 보호하려 들지 않기 때문이다.

먼저 인생에서 가장 고통스러운 기억을 찾는다. 썩 달갑게 들리지는 않겠지만 이 과정을 거쳐야 삶을 토대부터 바꿔놓을 수 있다. 그러고 나서 그 기억을 재구성한다. 나는 고객에게 아주 잠깐이라도 그 경험을 생생하게 떠올리며 다시 체험해보라고 요청한다. 고통의 정도를 가늠하려는 것이다. 그리고 고통에 1부터 10까지 점수를 매겨보라고 한다. 9점이나 10점을 매길 정도로 고통스러운 경험이 있다면 미처 자각하지 못한다 해도 그 경험이 만들어낸 한계에 갇혀 살았을 가능성이 높다.

그렇게 정신적으로 깊은 상처를 남긴 경험을 일단 찾아내고 나면 이제 잠재의식에 개입해 정신적 장벽, 두려움, 공포증, 정신적외상을 '완전히' 제거한다. 쉽지는 않은 작업이다. 하지만 아마도 바로 이것이 '내면 근력' 훈련을 경험한 고객이 전 세계에서 비범한 성과를 올리는 이유일 것이다.

잠재의식에서 고통을 제거하는 작업을 마치면 우리는 시간을 들여 다시 한번 그 사건을 있는 그대로 떠올린다. 고통이 얼마나 사라졌는지 확인하는 것이다. 나는 고객에게 다시 한번 고통의 강도를 점수로 매겨달라고 부탁한다. 이때는 0에 가까운 점수를 기대한다. 만일 고통이 완전히 사라지지 않았거나 거의 사라진 상태에 이르지 못했다면 다시 한번 과정을 반복한다.

이때 고통스러운 기억을 세세히 살피지는 않는다. 구체적이고 세부적인 사항은 아예 다루지 않는다. 그저 잠재의식이 그 사건을 바라보는 시각을 재구성하고 새로운 믿음을 심을 뿐이다.

정신적 장벽을 비롯해 일상에서 마주할 수 있는 모든 종류의 정신적 혼란을 해소하는 방법은 비교적 간단하다.

9장
4단계: 스스로 만든 한계를 넘어서는 법

1 고통스러운 경험에서 감정을 걷어낸다.

2 가능하다면 그 상황을 바꿀 수 있었을 가장 작은 변화를 찾아본다.

3 정신적 장벽이 형성되었던 그 상황의 기억에 긍정적인 감정을 심어준다. 2단계에서 작은 변화를 찾았다면, 그 변화도 함께 심어준다.

4 원래의 고통스러운 경험에 긍정적인 감정을 고정함으로써, 그 기억을 둘러싼 인식과 믿음을 내게 힘을 주는 방향으로 새롭게 형성한다.

이제 이 단계들을 어떻게 실행하는지 살펴보자.

고통스러운 기억에서
감정 걷어내기

기억에서 감정을 걷어내는 가장 좋은 방법은 관찰자의 시점에서 사건을 바라봄으로써 거리를 두는 것이다. 이런 방식은 '3인칭 시점' 또는 '제3자의 위치에서 보기'라고 한다. 외부자, 그저 지나가던 행인의 관점에서 그 사건이 벌어지는 모습을 지켜보는 것이다. 한편 자신이 그 상황을 직접 경험하는 주체로서 그 사건을 떠올리는 건 '1인칭 시점' 또는 '주인공의 위치에서 보기'라고 한다.

스티브 색스의 송구 실책을 예로 들면 1인칭 시점은 바로 색스 자신이 되어 사건을 직접 경험하는 것이다. 3인칭 시점은 선수 대기석에서 지켜보던 사람 또는 시합을 보던 시청자의 시선으로 이 사건을 지켜보는 것이다. 당사자와 거리가 멀어질수록 감정의 농도가 희석된다. 경기를 지켜보던 시청자로선 송구 실책을 재미있게 여겼을 수도 있고, 시합이 지루하다고 생각했을 수도 있다. 다만 예외가 있다. 색스의 어머니는 텔레비전에서 이 사건을 보고 있었다 하더라도 마치 자신이 실책을 저지른 듯한 기분이 들었을 것이다. 사건이 미치는 감정적 영향에서 벗어나려면, 행동의 주체에서 가능한 한 거리를 둔 인물의 시점으로 사건을 지켜봐야 한다.

제3자의 시점으로 사건을 객관적으로 바라볼 수 있는 효과적인 방법이 하나 있다. 자기 몸에서 빠져나와 마치 열기구처럼 하늘로 둥실 떠오른다고 상상하는 것이다. 일단 떠오르고 나면 저 아래 땅에 있는 자신의 모습이 보일 것이다. 온갖 걱정거리와 문제도 저 아래에 남아 있을 것이다. 더 높이 떠오를수록, 더 넓은 세상이 눈에 들어올수록, 우리의 문제는 아주 보잘것없고 사소하게 느껴질 것이다.

어떤 문제나 고통스러운 기억에서 감정을 걷어내는 또 다른 방법이 있다. 눈을 감고 그 사건을 머릿속에서 흑백영화의 한 장면인 것처럼 재생해보는 것이다.

할리우드식 상상 도구: 영화관 시각화 기법

이 '할리우드식 상상 도구'는 베넷스텔라대학교에서 신경언어코칭을 가르치는 마이클 베넷Michael Bennett에게 10년 가까이 수업을 들으며 배운 기법이다.

이 기법은 고통스러운 기억이나 과거의 실수에서 감정을 걷어내고 그 감정을 더 이상 간직하지 않고 내려놓도록 돕는다. 누군가 옆

9장
4단계: 스스로 만든 한계를 넘어서는 법

에서 지시문을 읽어준다면 이 기법을 연습하기가 훨씬 쉬울 것이다. 지시문을 직접 녹음한 뒤 자기 속도에 맞추어 따라 해도 좋다.

1 눈을 감고 영화관을 상상하라. 머릿속에서 그려낼 수 있는 어떤 영화관이라도 상관없다.

2 그 영화관에 걸어 들어가는 자신의 모습을 상상하라. 텅 빈 극장의 객석 한가운데에 자리를 잡고 앉는다. 그리고 자기 몸에서 빠져나와 극장 뒤편에 있는 영사실로 들어간다고 상상하라.

3 영사실 안 영사기 옆에 서서 눈앞의 유리창에 가만히 손을 대본다. 그 차가운 감촉을 느낀다. 아래를 내려다보면, 텅 빈 극장의 객석 한가운데 앉아 있는 자신이 보인다.

4 이제 영사기를 켠다. 극장 화면에 흑백의 영상이 흐른다. 우리가 감정을 걸어내고 싶은 바로 그 상황을 담은 영상이다. 우리는 여전히 차가운 유리창 뒤에 서서, 극장에 앉아 큰 화면에서 재생되는 영상을 바라보는 자신을 내려다볼 것이다.

5 영상을 다 보고 나면, 재생 속도를 올려 다시 튼다. 처음엔 2배속으로, 그다음엔 4배속으로, 그다음엔 8배속으로 재생한다. 그동안 자신은 내내 영사실의 유리창 뒤에서 이를 모두 지켜본다.

6 이제 다시 자기 몸으로 돌아간다. 그리고 자리에서 일어나 화면으로 걸어 들어간다. 사건의 마지막 장면에 등장하는 자기 자신이 되는 것이다. 즉, 이제부터 1인칭 시점으로 사건을 경험한다. 마음의 준비가 되면, 이제 영상을 2배속으로 거꾸로 재생한다. 그동안 1인칭으로 그 사건을 직접 체험한다. 그다음 재생 속도를 4배속, 8배속, 16배속으로 늘려가며 영상을 세 차례에 걸쳐 거꾸로 재생한다.

가장 작은
변화를 찾으라

고통스러운 기억 속엔 그때 조금만 다르게 행동했더라면 나중에 결과가 크게 달라졌을 법한 지점이 있기 마련이다. 가령 색스는 몇 달 동안 고민하며 기다리지 않고 당장 아버지에게 전화를 걸어 조언을 구했을 수도 있다. 앵키얼은 처음 실책을 범했을 당시에 작전시간을 요청해 포수와 이야기를 나누었을 수도 있다. 두 사람은 앵키얼이 완벽한 제구력을 선보였던 경기를 이야기하며 그 긍정적인 순간을 되새겼을지도 모른다. 완벽한 해결책이어야 하는 건 아니다. 단지 잠재의식이 고통이나 그 고통에서 자신을 보호하려는 욕구를 내려놓게 해줄 가능성이 있는 해법이라면 충분하다.

고통스러운 문제를 어떻게 해결해야 할지 모를 때, 잠재의식은 그 고통과 두려움을 어떻게든 붙잡고 있으려 한다. 이를 해결해야 한다는 사실을 잊지 않기 위해서다. 이때 어떤 해결책을 제시해 잠재의식이 그 감정을 해소하게 해야 한다. 그러지 못한다면 잠재의식은 그 고통과 두려움을 끝까지 붙들고 놓지 않으려 할 것이다.

다만 학대를 당하거나 그 밖의 심각한 정신적 외상을 입었을 때는 상황을 뒤바꿀 만한 작은 변화 같은 건 없을 수 있다. 심각한 정신적 외상을 극복하는 데는 더 장기적인 치유 과정이 필요할 수 있다. 그 과정엔 학대 가해자로서 그 끔찍한 일을 저지를 당시 그들이 느꼈을 두려움과 고통을 직접 체험해보는 일이 포함되기도 한다. 이런 과정을 거치는 건 절대 가해자의 행위를 정당화하려는 게 아니다. 어떤 사람이 내면의 두려움과 고통에 휘둘리면 그런 끔찍한 짓을 저지를 수도 있다는 사실을 피해자가 이해할 수 있도록 도우려는 것이다. 이 과정을 통해 피해자는 자기 경험에서 어느 정도 거리를 둘 수 있게 된다.

긍정적인 에너지가 넘치는 감정을 심으라

기억에서 감정을 걷어내고, 작은 변화를 시각화했다면, 이제 잠재의식이 이 문제를 다르게 처리할 수 있도록 새로운 신경 경로를 만들어줄 차례다. 파블로프의 개가 반응하던 종소리처럼 새로운 연결 고리를 형성하는 것이다. 다만 이번엔 내면에 힘을 북돋아줄 연결 고리여야 한다.

그렇게 하는 한 가지 방법은 여러 자료를 수집해 여기에서 새롭고 치유된 기억을 만들어내는 것이다. 잠재의식은 상상 속에서 느끼는 것과 현실에서 일어난 일의 차이를 구분할 수 없다는 사실을 기억하라. 마지막으로 꾸었던 악몽이나 자녀가 꾸었다고 하는 악몽을 떠올려보자. 실제 상황처럼 생생하게 느껴지지 않았는가? 이 지식을 잘 활용한다면 기억을 치유할 수 있다. 고통스러운 기억에 우리가 느끼고 싶었던 긍정적인 에너지가 넘치는 감정을 불어넣으면 된다. 이를 실천하는 데는 두 가지 방법이 있다. 에너지가 충만했던 순간을 떠올릴 수도 있고, 지금 스스로 그 에너지를 만들어낼 수도 있다.

앵키얼 선수의 사례를 생각해보자. 앵키얼은 메이저리그 경기에 나가 마운드에 선다는 생각만 떠올려도 매번 불안과 두려움에 휩싸였다. 앵키얼이 이와는 반대로 평정심과 자신감을 느끼고 싶었다고 해보자. 이때 변화를 일으키는 첫 번째 단계는 평정심과 자신감에 가득 차 있었던 기억을 떠올려, 그 기억을 앵커로 삼는 것이다. 그다음 단계는 영화관 시각화 기법으로 지구 우승 결정전 경기를 치르던 자기 자신에게 평정심과 자신감을 심어 넣는 것이다. 네 번째 단계에서 그 상황을 거리를 두고 지켜보는 대신 그 장면에 직접 들어가서 방금 심은 긍정적인 감정을 품은 채 그 사건을 1인칭 시점으로 다시 경험한다.

고통스러운 경험에 이런 강력한 감정을 심어 넣으려면 우선 그 감정을 제대로 불러내야 하며, 그 고통의 문제를 해소하고 긍정적인 것으로 바꿔줄 작은 변화를 더해줘야 한다. 그다음엔 새로운 감정을 품은 채 1인칭 시점으로 그 경험을 다섯 차례에서 일곱 차례 정도 되풀이해 체험해야 한다.

긍정적인 감정을 앵커로 기억에 심어 넣기

이제 앵키얼의 사례에서 실천 방법을 구체적으로 살펴보자. 이 사례에서 긍정적인 감정은 평정심과 자신감이다.

1 평정심을 유지하고 자신감이 넘쳤던 순간을 떠올려보자. 그때의 감정을 생생하게 되살릴 수 있도록 모든 감각을 동원해 그 순간으로 깊이 들어간다. 그때의 장면과 냄새, 소리, 맛, 촉감을 하나하나 떠올리면서 그 순간의 기분을 충분히 느낀다.

2 그 순간의 기분에 완전히 빠져들었다면 이제 평정심과 자신감이 몸의 어느 부분에서 느껴지는지 관찰해보자. 몸의 그 부분에 의식을 집중하면서, 또 언제 이런 기분을 느낀 적이 있었는지 다른 기억을 떠올려달라고 잠재의식에 요청한다. 언제 기억인지는 상관없다.

이 새로운 기억 역시 앞서 했던 것처럼 모든 감각을 동원해 생생하게 되살린다. 이 과정을 한 번 더 반복해 평정심과 자신감을 느꼈던 세 번째 기억까지 떠올린다.

3 이 긍정적인 기억과 감각을 충분히 여러 차례 되새겨 그 당시 느꼈던 기분, 즉 평정심과 차분함을 온전히 되살릴 수 있게 되면 이제 그 기분을 그대로 간직한 채로 그 감정이 필요했던 상황으로 들어갈 차례다.

4 흑백영화에서 이 긍정적인 기분이 필요했던 장면으로 들어간다. 이때 1인칭으로 들어가야 한다. 즉, 그 장면을 지켜보는 방관자가 아니라 직접 경험하는 주인공이 되는 것이다. 앞서 찾아낸 세 가지 기억에서 느꼈던 기분을 고스란히 가지고 들어가야 한다. 상황을 해결할 작은 변화도 가지고 들어간다. 이때 영상은 처음에 재생했던 것처럼 흑백으로 시작할 테지만, 긍정적인 기분을 가지고 들어가는 순간부터 컬러 화면으로 바뀐다. 이때부터 영상은 자신감이 넘치던 기억에서 가져온 좋은 에너지로 가득 찬다. 작은 변화 역시 일어날 준비를 갖춘다.

5 이 네 가지 변화, 즉 컬러 화면, 1인칭 시점, 작은 변화, 평정심과 자신감을 담은 영상을 다섯 차례에서 일곱 차례 정도 재생한다.

일반적으로 이 모든 과정을 제대로 실천한다면, 이것만으로도 영구적인 변화가 일어나기에 충분할 것이다. 잠재의식은 아무리 고통스러운 기억이라도 새로운 감정을 불어넣어준다면 언제든 고통을 내려놓을 준비가 되어 있다. 그저 더 강력한 연결 고리가 있는 새로운 믿음과 해결책을 잠재의식에 제시해주기만 하면 된다.

3부
내면 근력을 강화하는 6단계

앱 기법: 최상의 역량을 위한 앵커 창조하기

기억에 최상의 역량을 발휘할 에너지를 불어넣는 방법이 한 가지 더 있다. 에너지를 기억에서 끌어오지 않고 지금 만들어내는 방법이다. 예를 들어 앵키얼은 명상과 시각화 수련으로 평정심과 자신감을 창조해낼 수 있었다. 이렇게 에너지를 전이하는 방법인 앱APP, Anchor Peak Performance 기법에 대해 살펴보도록 하자.

1 고통스러운 기억을 내려놓을 지점을 정한다: 고통스러운 기억이나 문제 상황이 5미터 정도 떨어진 곳에 놓여 있다고 상상하자. 기억이 그곳에 자리 잡은 게 보이면 그 지점을 향해 걸어가 그 위에 발을 딛고 선다. 그 순간 3인칭 관찰자에서 1인칭 주인공으로 시점이 바뀐다. 그러면 고통은 훨씬 더 강렬하고 생생하게 느껴질 것이다. 상처를 씻어내는 일과 마찬가지다. 우선 상처를 잘 보이게 드러내야 치료에 착수할 수 있다.

2 털어낸다: 이제 그 고통스러운 기억에서 빠져나온다. 기억을 놓아둔 그 지점에서 한발 물러나는 것이다. 말 그대로 몸 전체를 흔들고 가볍게 뛰면서 기억과 감정을 털어버린다.

3 최고의 역량을 발휘할 수 있는 상태, 즉 몸과 마음과 정신이 온전히 몰입한 상태로 들어간다: 지금 서 있던 자리, 즉 기억을 놓아둔 곳에서 5미터 떨어진 원래 위치로 되돌아온다. 중심 잡기 수련이나 명상을 하면서 자기 내면에서 최상의 역량을 펼칠 에너지를 창조하라. 긍정적인 이미지나 기억에 집중하는 것도 도움이 된다. '거꾸로 세기 호흡법'을 활용해도 좋다. 10부터 7까지 거꾸로 세면서 코로 길고 느리게 숨을 들이마시고 잠시 숨을 멈췄다가 내쉬면서 6부터 1까지 거꾸

로 센다. 마음이 고요해지고 편안해질 때까지 1분에서 2분 정도 호흡을 반복한다.

4 좋은 에너지를 품은 채 다시 고통스러운 기억으로 들어간다: 의식이 맑게 깨어 있으면서 차분한 명상 상태에 도달했다면, 이제 고통스러운 기억을 놓아둔 지점으로 돌아갈 차례다. 전혀 서두르지 않아도 된다. 자기 속도에 맞춘다. 호흡에 의식을 집중한다. 차분하고 여유 있게 규칙적으로 호흡할 수 있을 때만 걸음을 옮긴다. 혹시라도 호흡이 흐트러진다면 그대로 멈춰 서서 다시 차분하게 숨을 가다듬는다. 그리고 마침내 준비가 다 됐을 때, 다시 그 지점에 발을 딛고 선다. 지금 창조한 좋은 에너지를 품고 그 고통스러운 기억을 경험하는 것이다. 새롭고 긍정적인 활력이 자기 안에서 넘쳐나는 걸 느끼면서 몸을 한 바퀴 돌려 그 상황을 모든 각도에서 관찰한다. 3분에서 4분 정도 그 에너지를 품은 채 그 문제 상황에 머문다. 그 상황을 모든 각도에서 다 관찰하며 모든 것에 대해 평온을 느끼게 됐다면, 이제 그 자리에서 빠져나온다.

긍정적인 감정을 앵커로 삼으라

정신적 장벽이 생기면 잠재의식은 자기방어 태세에 들어가 우리가 하는 행동에 부정적인 감정을 앵커로 삼는다. 다시 말해 그 부정적인 감정이 정신적 장벽을 촉발하는 원인으로 작용한다는 뜻이다. 그러므로 장벽을 없애려면 그 부정적인 감정의 농도를 희석하거나 이상적으론 아예 없애버려야 한다. 여기에 더해 가능하다면 상황을 나아지게 할 작은 변화를 심어 넣고, 마지막으로 그 상황에 우리가 느끼고 싶은 감정을 앵커로 고정해야 한다.

그건 너무 간단하지 않으냐고 생각할 수도 있다. 그렇게 한다고 해서 고통이 영원히 사라질 리가 없다고 생각할 수도 있다. 나 또한 처음엔 믿지 않았다. 정신적 장벽과 고통스러운 기억을 없애는 일을 11년 동안이나 했는데도 그 변화는 볼 때마다 놀라울 뿐이다. 잠재의식의 작용 방식을 일단 이해한다면 엄청난 힘을 손에 넣는 셈이다. 물론 이 과정을 제대로 익히는 데 어느 정도는 연습이 필요할 수도 있다. 하지만 지금 우리는 이 문제를 완전히 치유할 수 있고, 때로는 단 한 차례의 치료만으로도 해결할 수 있으며, 그 효과가 영원히 지속되리란 사실을 알게 됐다. 그것만으로도 어깨 위의 무거운 짐이 덜어진 기분이 들 것이다.

좋은 기억과 그 기억 속의 긍정적인 감정을 모아 고통스러운 경험 위에 덮어씌우든, 원치 않은 감정을 앱 기법을 이용해 긍정적인 감정으로 전환하든, 우리의 목표는 하나다. 잠재의식이 고통스러운 연결 고리 대신 새로운 신경 경로를 사용하게 하는 것이다. 이 방법으로 수많은 사람이 삶을 바꾸었다. 우리의 삶 또한 바꿀 수 있다.

실체 없는 두려움 멈추기

나와 내면 근력 훈련을 함께 하는 고객 중에는 PGA 투어에 출전하는, 세계 랭킹 10위 안에 드는 골프 선수가 있다. 그는 토너먼트

첫날 파 3홀에서 공을 물에 빠뜨렸다. 나는 그에게 다음 날 같은 홀에서 경기를 치르는 모습을 떠올려보라고 한 다음 자신감을 점수로 매긴다면 몇 점인지 물었다. 그는 대답했다. "아주 낮아요. 다시 공이 물에 들어가는 장면만 눈에 선해요."

우리는 15분 동안 통화하며 앞에서 설명한 방법을 연습했다. 그는 남은 대회 기간에 그 홀을 안정적으로 공략하며 버디나 파를 기록했다.

PGA 투어에 출전하는 또 다른 고객은 마스터스 대회에 참가하고 있었다. 대회가 시작되기 하루 전, 그는 내게 유난히 공략하기 어려운 홀이나 자신감이 떨어지는 홀이 있다고 말했다. 우리는 그 홀들을 두고 앞에서 설명한 방법을 연습했다. 그는 대회 기간 내내 그 홀들에서 버디나 파를 기록했고 상위 10위 안에 들며 대회를 마무리했다.

세계적인 톱랭커인 한 선수는 어린 시절 신체적 학대를 겪었다. 우리는 하루 동안 그의 과거를 파헤친 끝에 고통스러운 기억을 찾아냈다. 가장 심한 고통을 10점이라고 할 때, 그는 각각의 기억에 8점, 9점, 10점의 점수를 매겼다. 우리는 그 기억의 속박을 무너뜨리는 작업을 했다. 그리고 그 기억에서 비롯했을지 모를 정신적 장벽을 제거하는 작업을 했다. 모든 과정이 끝나자 그는 이 기억에 0점, 1점, 2점을 매겼다. 무척이나 힘들고 고된 작업이었지만 그만한 수고를 들일 가치가 있었다. 6개월 만에 그는 세계 랭킹 1위에 올랐다.

폭투를 두려워하든 송구 실수를 두려워하든 골프공을 물에 빠뜨릴까 봐 두려워하든 그 기저에 깔린 문제는 모두 똑같다. 잠재의식이 강렬하고 부정적인 감정을 앵커로 삼아 그 사건을 기억에 고정해놓았다는 것이다. 그 앵커를 뽑아낼 수만 있다면, 더 나아가 부정적인 감정을 긍정적인 감정으로 대체해 새로운 앵커를 만들어낼 수만 있다면, 과거에 우리를 붙잡아 세웠던 수많은 상황에서 이제 더는 두려움에 사로잡히지 않고 나아갈 수 있다.

보고 듣고 느끼는 것이
앞날을 결정한다

대부분의 사람에게 잠재의식은 주로 두 가지, 즉 이미지와 감정을 기반 삼아 작동한다. 한편 단어와 소리가 중요하게 작용하는 사람도 있다. 오늘 하루 동안 머릿속에 떠오른 온갖 이미지와 감정을 전부 합산해본다면 삶이 어느 방향으로 나아가고 있는지 가늠할 수 있다. 앵키얼과 색스는 날마다 그들 자신이 원하는 것과는 정반대의 이미지와 감정을 떠올렸다. 하지만 잠재의식은 우리가 무엇을 바라는지는 신경 쓰지 않는다. 그저 자신이 활용할 수 있는 정보, 그리고 그 정보가 우리 안의 믿음과 어떻게 연결되는지에만 관심을 둔다. 자신이 원하는 이미지와 감정을 되풀이해 떠올리고 느낀다면 잠재의식은 결국 그 이미지와 감정을 현실에서 실현하는 방향으로 작동할 것이다. 그 반대의 경우도 마찬가지다.

부디 명심하기를 바란다. 지금 보고 느끼는 이미지와 감정이 우리가 나아가는 방향을 결정한다. 그리고 그 이미지와 감정은 바로 생각에서 비롯한다. 그러므로 무엇을 생각하는지, 그 생각을 어느 쪽으로 이끄는지가 아주 중요하다. 생각이 한 방향으로 쏠릴 때 믿음으로 굳어진다. 바로 이 믿음이야말로 비범함과 평범함을 가르는 기준이 된다. 믿음은 정신적 장벽이 생기는 원인이기도 하지만, 강한 정신적 힘이 샘솟는 원천이기도 하다.

아마 지금쯤이면 깨달았을 것이다. 지금 하는 일이 무엇이든 자기 역량을 최고 수준으로 끌어올리고 정신적 장벽에 가로막히지 않으려면 몸과 마음과 정신을 모두 단련해야 한다는 사실을 말이다. 탁월한 성취를 오랫동안 꾸준히 이뤄내려면 반드시 한 인간으로서 자신을 성장시켜야 한다. 어려운 도전을 마다하지 않고, 과도한 자의식을 내려놓고, 자신을 뛰어넘는 목적을 위해 이득을 포기하는 사람이 되어야 한다. 정신적 장벽에서 마음을 지키는 데 도움이 되는 몇 가지 질문이 있다.

1 기꺼이 불편한 상황을 감수할 수 있는가?

2 바보처럼 보이는 일도 마다하지 않는가? 실수를 인정하고 웃어넘길 수 있는가?

3 기꺼이 실패하려 하는가?

4 실패감이나 심지어 공황 상태에 기꺼이 맞설 수 있는가?

5 지금 하는 일에 단순한 성공을 넘어선 목적이 있는가?

탁월한 성취를 이루고 충만한 삶을 살아가는 이들은 목적지가 아닌 여정에 집중한다. 이 길을 걷는 동안 눈을 크게 뜨고 주의 깊게 귀를 기울인다면 인생에서 마주치는 정신적 장벽을 어떻게 넘을지 삶 자체에서 답을 찾을 수 있을 것이다. 자의식을 내려놓고 과거와 미래에 매달리는 집착을 버릴 수만 있다면 너끈히 위대한 일을 해낼 수 있다. 그 무엇도, 그 누구도 멈추지 못하는 존재가 될 수 있다.

3부
내면 근력을 강화하는 6단계

: 내면 근력을 켜는 스위치 :

✓ 이 세상에서 가장 속이기 쉬운 상대는 바로 자기 자신이다. 나의 정신적 장벽이 무엇인지 혼자 헤아리기 어렵다면, 나를 잘 알고 솔직하게 대답해줄 수 있는 사람에게 물어보자.

✓ 도움을 구하는 게 나약하다고 생각하고 있진 않은가? 폐가 될까 걱정하며 동료나 선후배에게 조언을 요청하거나 그들의 경험을 물어보는 일을 피하고 있진 않은가?

✓ 자신이 하는 일과 삶 전체를 되돌아보자. 꿈에 다가서지 못하게 막는 걸림돌이 되풀이해 나타나는가? 계속 똑같이 다치거나, 실수하거나, 몸이나 마음에 탈이 나는가? 어쩌면 그 이면엔 해결해야만 하는 정신적 장벽이 있을지도 모른다.

5단계:
평정심 유지하는 법

자기 내면에서 성공과 실패가 중요하지 않은 장소를 찾으라,
그 어떤 타협도 없이 오로지 싸움에만 몰두할 수 있는 곳을.

—짐 스틴Jim Steen
(전국대회 31연패 기록을 보유한 케니언대학교 수영팀 감독)

체슬리 설런버거Chesley Sullenberger는 비행기가 수면 위로 떨어지기 90초 전, 승무원과 탑승객에게 안내 방송을 했다. "충격에 대비해주시기 바랍니다." 전투기 조종사 출신인 설런버거('설리') 기장은 U.S. 에어웨이스 1549편이 모든 동력을 상실했을 때 "심장이 바닥으로 내려앉는 듯한, 속이 뒤틀리는 공포"를 느꼈다고 회고한다.

설리 기장에게 주어진 시간은 단 3분 30초였다. 그 짧은 시간 안에 설리는 살면서 한 번도 해본 적이 없는 일을 해내야만 했다. 비행기를 바다에 착륙시키는 일은 보통 대형 참사로 이어지기 쉽다. 1996년 에티오피아 항공 906편이 인도양에 불시착했던 사고에선 탑

승객 대부분이 목숨을 잃었다.

설리 기장은 자신이 해야만 하는 모든 조치를 떠올렸다. 비행할 수 있는 최저 속도를 유지하면서, 가능한 한 느린 하강 속도로 물에 착수해야 했다. 양 날개는 정확히 수평을 유지한 채 기수를 살짝 위로 들어 올려야 했다. 게다가 이 모든 걸 동시에 해야 했다. 설리는 그 당시 엄청난 집중력을 발휘했었다고 회상한다. "그것 말곤 아무 생각도 할 수가 없었어요."

2009년 1월 15일, 설리는 허드슨강에 기체를 무사히 착수시켰다. 죽음의 위협이 눈앞까지 닥치고 설리의 손에 말 그대로 155명의 목숨이 달린 상황이었다. "내가 해낼 수 있단 확신이 있었습니다. 위기가 닥치자 몸에서 격한 생리적 반응이 일어나더군요. 훈련받은 대로 하도록 나 자신을 다잡아야 했습니다. 어떻게든 그 상황에서 침착을 유지해야 했죠. 그게 그렇게 어렵진 않았습니다. 그저 조금 집중력이 필요했을 뿐이에요."

위기의 순간이 닥쳤을 때 설런버거는 두려움을 떨치고 행동에 나섰다. 그렇다면 우리는 어떨까? 이런 용기는 누구나 배워서 습득할 수 있는 것일까? 아마 지금쯤이면 그 답을 알 것이다. 압박감 속에서도 비범한 역량을 발휘하는 능력은 학습할 수 있다. 설리 기장의 능력 또한 학습한 것이었다.

결과가 불확실하고, 그 결과에 너무 많은 게 걸린 상황에서 압박감을 피할 수는 없다. 그 순간 정신은 두려움이 도사리는 미래로 달려 나간다. 하지만 어떤 프로선수는 이런 압박감을 갈망하기도 한다. 달리 보면 이런 상황은 실패할 위험을 기꺼이 감수하고 살아 있음을 온전히 실감할 기회, 자신이 사랑하고 재능 있는 스포츠 분야에서 경쟁할 기회이기 때문이다. 경쟁의 본질은 여기에 있다. 결과를 전혀 알 수 없는 상황에서 자기 재능을 온전히 쏟아부으며 도전과 맞서는 것이다. 탁월함을 추구하는 이들에게 압박감은 오히려 보상으로 작용한다.

이제 압박받는 상황과 현존감, 믿음, 강한 정신력에 대해 알아보고 극심한 압박 속에서도 최상의 역량을 끌어내는 이상적인 상태인 공명도 자세히 살펴볼 것이다. 우선 핵심 용어부터 짚고 넘어가도록 하자.

1 믿음: 나는 누구인가, 무엇을 성취할 수 있는가에 대한 잠재의식

2 현존감: 맑은 정신과 얽매이지 않는 마음으로 지금 이 순간에 온전히 머무는 능력

3 희생양: 실패의 책임을 혼자 뒤집어쓰는 사람

음악에서 공명이란 '연주자가 악기를 연주하지 않았는데도' 현이 저절로 진동하며 소리를 내는 현상을 말한다. 즉, 현 자체는 전혀 건드리지 않았는데도 주위의 특정 주파수에 반응해 저절로 진동하는 현상이다. 이처럼 아무런 노력을 들이지 않고도 자연스럽게 진동이 발생하는 상태, 즉 '공명'은 극심한 압박 속에서도 비범한 역량을 발휘할 수 있는 비결이다.

공명은 지금 이 순간에
온전히 몰입할 때 찾아온다

나는 비록 은메달에 그친다 해도, 금메달을 딴 선수가 완벽하게 펼쳐 낸 세 번의 트리플점프를 보고 전율을 느끼는 사람이 되고 싶지 않은 가? 아름다운 해돋이를 볼 때처럼 그 점프 자체를 보며 그저 감탄하 는 사람이 되고 싶지 않은가? 누구든 그토록 완벽한 점프를 해냈다는 사실에 기뻐하고 싶지 않은가? 그 성공이 누구의 것이든 중요하지 않 고 그 점프를 해낸 사람이 누구든 상관없다. 누구든 그 점프를 완벽하 게 해냈다는 사실에 마치 나 자신이 해낸 양 순수하게 기뻐하며, 그 점 프를 볼 수 있다는 사실에 마냥 행복해하는 그런 사람이 되고 싶지 않 은가?

—티머시 켈러, 『복음 안에서 발견한 참된 자유』

공명이란 지금 이 순간에 온전히 몰입하고 이 순간과 완전히 융화될 때 우리 안에 피어나는 자유와 열정의 에너지다. 공명의 순간 엔 압박에서 오는 스트레스와 고난의 위협마저 흡수해 자기 힘으로 삼 을 수 있다. 운동선수를 비롯해 어떤 분야에서든 세계 수준에 오른 인 물은 최고의 역량을 발휘하는 순간의 기분을 '애써 힘들이지 않음', '편 안', '집중', '날카로운 인식', '조화' 같은 단어로 묘사한다. 이 모든 단어 는 각각 지금 이 순간에 온전히 머무를 때의 느낌이다. 공명은 성공보 단 탁월함을 추구하는 사람, 성공을 그저 부산물로 여기는 사람, 에고 를 다스릴 줄 아는 사람, 두려움보다 사랑을 선택한 사람에게 찾아온 다. 공명의 순간에 깊이 빠져들 때, 자신이 지금 하는 일의 모든 측면을 기꺼이 수용할 수 있다. 지극히 어렵고 고통스러운 부분도 예외는 아니 다. 그 부분 또한 자신이 하는 일의 일부란 사실을 알고 있으므로.

10장
5단계: 평정심 유지하는 법

비범한 역량은 위대한 경험의 부분집합에 불과하다. 위대한 경험은 그 순간에 온전히 몰입해 자신을 잊을 때, 조금 더 정확하게 표현하자면 그 순간에 온전히 몰입해 자신을 발견할 때 '찾아온다.' 판단을 걷어내고 긍정적이고 강력한 에너지와 함께 진동할 때만이 온전히 충만한 상태를 맛볼 수 있다.

압박을 받는 상황에서도 긍정적이고 강력한 에너지를 발휘하려면 스스로 힘을 북돋우는 마인드셋을 갖춰야 한다. 그저 우승컵을 안거나 승진하기만을 바란다면 뜻대로 되지 않는 일이 너무 많기에 어마어마한 압박감에 시달리게 될 것이다. 하지만 삶의 탁월함을 키우고, 배우며 성장하고, 다른 이들에게도 탁월함을 끌어내는 일을 목표로 삼는다면 강인한 정신을 키우고 공명하는 순간을 맞이할 기초를 마련한 셈이다.

온 마음을 다해 살아가는 걸 목표로 삼는 이에게는 바이올린 협주곡을 연주하든 종합격투기 경기장에 오르든 모든 경쟁은 결국 자기 자신을 성장시키려는 과정이다. 온 마음을 다하며 살 때 우리는 자신이 상대할 가치가 있는 적수, 고통을 감당할 자격이 있는 사람이 되기를 열망한다. 삶이 던져주는 온갖 고난을 품위와 고결성을 잃지 않고, 용기 있게 맞서는 사람이 되기를 바란다.

이 길을 선택한다는 건 그저 경기에서 이기거나 당장 최고의 기량을 선보이려 애쓰는 데 그치지 않고 자신을 더 강하게 해주는 전투에 나선다는 뜻이다. 이 전투에선 많은 게 우리 손에 맡겨지며 그 보상 또한 크다. 우리는 자신만의 의식을 지킬 자유, 지금 이 순간에 온전히 몰입할 자유, 그 어떤 결과에도 얽매이지 않을 자유를 누릴 수 있다.

사람들은 성공이 인생을 더 나아지게 해주리라고 믿기에 그토록 간절히 그것을 원한다. 그러나 이건 잘못된 논리다. 삶을 더 풍요롭게 해주는 건 온전한 존재가 되려는 욕망이다. 삶을 충만하게 누리기 위해서는, 그리고 자신감과 용기를 품고 경쟁하기 위해서는 올바른 욕망을 품어야 한다.

그러려면 다음을 목표로 삼아야 한다.

1 배우고 성장해 상대할 가치가 있는 적수가 되는 것, 상대에게서 탁월함을 끌어내는 사람이 되는 것

2 고통을 감당할 자격이 있는 사람이 되는 것, 자신의 탁월함과 이 순간을 타인과 나눌 자격이 있는 사람이 되는 것

〈위대한 토론자들The Great Debaters〉에 나오는 코칭 주문을 생각해보자. 이 영화는 1930년대 흑인으로 구성된 대학 토론팀이 아이비리그 명문 대학의 백인 토론팀을 상대로 승리를 거둔 실화를 바탕으로 만들어졌다.

토론 지도자: 심판은 누구입니까?

팀: 심판은 신이 하실 겁니다.

지도자: 왜 신이 심판입니까?

팀: 이기고 지는 걸 결정하는 건 상대 팀이 아니라 그 분이기 때문입니다.

지도자: 적은 누구입니까?

팀: 적은 존재하지 않습니다.

10장
5단계: 평정심 유지하는 법

지도자: 적은 왜 존재하지 않습니까?

팀: 상대 팀은 내가 말하는 진실에 이의를 제기하는 한 목소리일 뿐이기 때문입니다.

지도자: 그렇다면 진실을 말하십시오.

에고와 집착을 내려놓을 수만 있다면 불가능한 일은 없다. 우리는 진실하게 살아갈 수 있다. 역경은 오히려 우리를 돕는 친구가 될 것이며, 마음을 열고 풍요를 자유롭게 받아들일 수 있다. 위대한 일을 성취하고 비범한 삶을 살려면 반드시 받아들일 줄 아는 사람이 되어야 한다. 그저 작은 막대 사탕만 꼭 쥐고 있는다면 마땅히 누려야 할 그 모든 풍요를 온전히 받을 수 없다. 더 큰 막대 사탕을 갖고 싶다면 지금 쥔 그 작은 막대 사탕을 놓아버려야 한다. 아름다운 바닷가에서 휴가를 즐길 수 있는데도, 골목 진흙탕에서 흙장난을 치겠다고 고집하는 어리석은 아이에 머물지 말라. 온갖 사탕이 가득한 가게가 우리를 기다린다. 믿고 받아들이라.

믿기지 않는
반전 승리

2009년 브리티시 오픈(세계 4대 메이저 챔피언십 대회 중 하나)은 특별한 대회였다. 쉰아홉 살의 골프 명예의 전당 헌액 선수 톰 왓슨이 메이저 대회의 최고령 우승 기록을 깰 듯한 기세를 보였다. 그러나 대회의 72번째 홀이자 마지막 홀에서 보기를 범하면서(즉 1타를 잃고 뒤처지면서), 왓슨은 뜻밖의 상대와 4홀 연장전에 들어가게 됐다. 상대는 메이저 대회에서 단 한 차례도 우승한 적이 없는 스튜어트 싱크 선수였다. 싱크는 바로 직전의 대회에선 예선부터 탈락했고, 일주일 전 아일랜드에서 열린 대회에선 언더파 라운드가 단 한 차례도 없었다. 대회가 시작하기 이틀 전 스코틀랜드에 도착한 싱크는 인터뷰에서 중계진인 마이크 티리코가 "이번 주엔 뭔가 승리할 감이 옵니까?"라고 묻자 이렇게 대답했다. "아뇨, 그런 건 전혀 없어요."

한편 그 주에 싱크에게 없었던 게 또 있었다. 바로 두려움이었다. 흔히 실패 자체보다 '실패할 때의 느낌'을 두려워할 때가 많다. 사람들이 어떻게 생각할까? 창피를 당하면 어떡하지? 하지만 싱크에겐 이런 두려움이 전혀 없었다. 적어도 그 주엔 그랬다. 물론 최근 들어 경기를 잘하지 못했기에 자신감이 가득했던 건 아니었다. 한 번은 경기에서 헛스윙을 한 적도 있었다. 싱크는 어깨를 한 번 으쓱하고는 다시 채를 휘둘렀다. 이때 공은 높이 자란 풀 위에 놓여 있었는데, 아래쪽으로 빗맞아서 그 자리에서 붕 떴다가 다시 떨어졌을 뿐 아무 데로도 가지 못했다.

싱크는 어떻게 우승할 수 있었을까? 싱크는 그 대회에 참가한다는 사실 자체에 감사했다는 것이다. 싱크는 공을 제대로 치지 못하거나 쉬운 퍼트를 놓쳐서 망신을 당할까 봐 전혀 걱정하지 않았다. 또한 실패하는 느낌을 두려워하지도 않았다. 경기하는 모든 순간을, 왓슨이 보여주는 노장의 멋진 활약까지도 받아들이고 즐겼다. "다들 그렇겠지만 나도 팬이었거든요. 톰이 놀라운 활약을 펼치는 모습을 옆에서 지켜볼 수 있다니, 마음이 설레었습니다." 싱크는 두려움이 한 치도 섞이지 않은 긍정적인 에너지를 품고 있었다. 싱크에겐 자신감

10장
5단계: 평정심 유지하는 법

은 없었지만 공명이 있었다.

역량을 선보여야만 하는 상황 자체는 공명에 끊임없는 위협으로 작용한다. 사실 경쟁이라는 것 자체가 더 큰 도전 의식과 즐거움을 끌어내기 위해 고난을 내재한 과정이다. 하지만 그 과정에 몰입하지 못하고 불확실성이 도사린 경쟁의 결과에만 신경 쓴다면 경쟁하는 즐거움을 잃고 만다.

세계 수준의 운동선수, 팀, 기업과 함께 일하면서 나는 사람들이 그 순간에 온전히 몰입하며 역량을 자유롭게 발휘하게 해주는 네 가지 핵심 요소를 규정했다. 압박 속에서도 평정심을 유지하여 공명에 이르게 하는 핵심 요소는 다음과 같다.

1 에고가 아닌 마음을 나누라.
2 점수가 아닌 자기수양을 추구하라.
3 경쟁 상대를 사랑하라.
4 완벽함 대신 현존감을 추구하라.

첫 번째 열쇠,
에고가 아닌 마음을 나누라

『스타트 위드 와이』의 저자 사이먼 시넥Simon Sinek은 음악가가 어떻게 강한 정신력과 투지, 즉 열정과 끈기를 익히는지에 대해 이렇게 설명한다.

음악가의 목표가 단지 그 곡을 완벽하게 연주하는 것뿐이라면 정신력이 강하다고 말할 수 없어요. 그러나 목표가 청중에게 아름다운 음악을 들려주는 것이라면 그때야말로 정신력이 강하다고 말할 수 있죠. 본질은 항상 누군가에게 무언가를 전달하는 데 있어요. 강한 정신력은 에고를 내려놓는 데서 비롯합니다.

결과로 얻는 보상, 가령 우승컵이나 승진에만 마음을 쏟는다면 압박감이 큰 상황에서 실력을 제대로 발휘하기가 어렵다. 한편 자신이 사랑하는 무언가를 다른 이들과 나누는 걸 목표로 삼는다면 그 목표는 힘겨운 순간마다 큰 버팀목이 되어줄 것이다. 설사 최고의 상태가 아니라 해도 그 마음만은 언제든지 실천할 수 있을 테니까.

올림픽 금메달을 딴 농구 선수 돈 스테일리는 이기려고 농구 경기를 한다고 말했지만, 그게 스테일리가 농구하는 이유는 아니었다. 스테일리는 농구 경기장에서 펼쳐지는 놀라운 경험을 만끽하려고 농구를 했다. 스테일리의 꿈은 열정을 다하고 기쁨을 누리며 농구 경기를 하는 것 자체에 있었다. 그 순간에 온전히 몰입하는 경험에 비하면 승리는 부차적인 문제였다. 스테일리는 농구 자체를 사랑했고 세계 최고의 선수들과 함께 농구할 수 있다는 사실에 기뻐했다. 그들이 있었기에 스테일리는 가장 치열한 도전을 마주하고 가장 멋진 경험을 누릴 수 있었다. 스테일리를 앞으로 나아가게 하는 원동력은 바로 농구 자체를 사랑하는 마음, 최고의 선수들과 그 사랑을 함께 나누고픈 열망이었다.

클래라 휴스 또한 마찬가지다. 휴스는 올림픽 메달은 그저 자

10장
5단계: 평정심 유지하는 법

랑할 수 있도록 엄마한테 보내주는 선물일 뿐이라고 말했다. 메달은 "깊은 성취감을 느끼게 해주지 않는다." 휴스의 말에 따르면 깊은 성취감이야말로 자신의 "존재를 충만하게 하고, 삶을 어떻게 살아야 하는지 가르쳐주는 것"이다.

두 선수는 모두 이기고자 경기했지만 승리가 자신이 경기하는 이유가 아니란 사실을 잘 알았다. 이들이 경기하는 이유는 살아 있음을 실감하려는 것이었다. 한 사람 그리고 운동선수로서 배우고 성장하려는 것이었다. 이런 마인드셋이 있었기에, 이들은 압박감 속에서도 평정심을 유지하며 경기할 수 있었고 그 결과 승리할 수 있었다. 승리는 그들의 목표일 뿐 꿈은 아니었기 때문이다.

꿈은 스스로 온전히 다스릴 수 있는 감정이고, 목표는 뜻대로 어찌할 수 없는 결과다. 꿈을 살아낸다는 건 어떤 목표를 이루려는 여정에서 그 멋진 감정을 마음껏 누린다는 뜻이다. 즉, 열정을 품고 사랑하며, 그 순간에 온전히 몰입하는 것이다. 꿈을 이루는 여정에선 어떤 결과가 나타난다 한들 흔들릴 일이 없다. 꿈을 살아낸다는 건 가장 원대한 목표를 추구하면서 그 길 위에 있는 모든 고난과 역경을 포용하는 것이기 때문이다. 결과보단 여정 자체를 사랑하며, 마치 춤을 추듯 그 길을 걸어가는 것이기 때문이다.

미국 역사상 가장 많은 메달을 딴 스피드스케이팅 선수 보니 블레어는 자신이 하는 스포츠를 특별한 관점으로 바라보았다. 이 관점 덕분에 실패를 두려워하지 않고 열정적으로 집중해서 경쟁할 수 있었다. 한 번은 올림픽의 한 종목에서 블레어가 4위를 기록한 적이 있다. 블레어는 그 결과가 그 어떤 금메달보다 더 값지다고 말했다. 그 종목에서 자신의 최고 기록을 세웠기 때문이다. 미국 올림픽팀과 함께 일하는 스포츠심리학자 짐 바우먼Jim Bauman 박사는 블레어를 비롯한 세계 정상급 선수에 대해 이렇게 이야기한다.

> 세계 정상급 선수는 자신이 하는 운동과 그 운동을 하는 이유에 대해 전혀 다른 관점으로 접근합니다. 이탈리아 토리노에서 열린 동계올림픽에 출전한 선수들은 단지 금메달이나 명성, 부 같은 걸 얻으려고 경쟁하지 않았습니다. 선수들은 진정으로 자신의 역량을 어디까지 펼칠 수 있을지 알고 싶어서 경기에 출전했습니다.

정말 뛰어난 선수는 목표보다 그에 이르는 경험을 중시한다. 금메달을 따는 것이나 영업 실적을 일정 수준 달성하는 걸 목표로 삼을 순 있다. 하지만 이들은 그 목표에 이르는 순간순간에 어떤 경험을 하는지, 그 경험에서 어떻게 배우고 성장할 수 있을지에 집중한다. 앞으로 이런 멋진 경험을 더 많이 쌓고 싶기 때문이다. 비범한 역량을 발휘하면서도 균형 잡힌 삶, 충만한 삶을 살아가는 최상위의 성취자는 도전을 갈망하는 한편 그 도전이 의미 있기를 바란다. 결과는 그 과정 끝에 저절로 따라올 뿐이다.

뛰어난 선수는 상대를 이기려고 애쓰기보단 자신이 하는 일에 대한 사랑을 세상과 널리 나누려 한다. 이들은 무언가를 얻어내려고 시합하지 않는다. 자신이 무엇을 나눌 수 있을지, 자신이 어디까지 이를 수 있을지 알아내려고 시합한다. 그리고 그렇게 함으로써 살아 있다는 감각을 가장 생생하게 느낀다.

두 번째 열쇠,
점수가 아닌 자기수양을 추구하라

가라테의 궁극적인 목적은 이기거나 지는 데 있지 않다.
가라테를 수련하는 이의 인격을 갈고닦는 데 있다.

—후나코시 기친 船越義珍(쇼토칸 가라테의 창시자)

결과에 연연하지 않을 때 오히려 다양한 가능성을 그리며 꿈을 실현하는 자기 모습을 생생하게 떠올릴 수 있다. '내면 근력'을 추구하는 이들은 점수나 결과를 이야기하지 않는다. 그것들은 항상 과거나 미래에 속해 있으며 통제할 수 있는 것이 아니기 때문이다. 점수에 연연하는 대신 자기수양을 이루는 데 정신을 온전히 집중해야 한다. 즉, 내려놓고, 헌신하며, 지금 여기에 온전히 머물고, 감사하는 마음을 품는 것이다. 그리고 무엇보다도 매일 반복하는 일상적인 의식과 습관을 중요하게 여겨야 한다.

승패처럼 일시적이고 피상적인 목표를 넘어 한층 뚜렷한 목표를 세울 때 세상을 바라보는 관점이 변화한다. 점수처럼 상황에 따라 변덕스럽게 오르내리는 단기적인 이득에 연연하기보단 자신을 수양하고 삶의 목적을 성취하는 데 집중한다면 그 결과 삶의 모든 게 달라진다. 더는 이 대회에서 반드시 우승하지 않아도 되며, 상사에게 잘 보이지 않아도 되고, 할당량을 채우지 않아도 된다. 경쟁은 '반드시 이겨야만 하는 것'에서 '참여할 수 있어 감사한 것'으로 바뀐다. 자신에게 훨씬 더 강력한 힘을 불어넣는 사고방식이다.

자기수양은 자기절제, 자기인식을 끊임없이 추구하는 것이다.

3부
내면 근력을 강화하는 6단계

승리나 성취는 이 길을 걸을 때 따라오는 부산물일 뿐이다. 모든 하루 하루가 그 전날과 똑같이 중요하다. 우리는 날마다 다음과 같은 질문을 자신에게 던져야 한다.

1 오늘 하루 매 순간 현재에 온전히 머물 수 있는가? 그 순간이 가르쳐주는 것에 마음을 열 수 있는가?

2 오늘 하루 자신에게 진실할 수 있는가?

3 오늘 하루 에고에 집착하는 마음을 버리고, 항상 귀를 기울이며 배울 수 있는가?

위대한 일을 성취하고 싶다면 명심하라. 모든 위대한 성공은 항상 내면에서 먼저 이뤄져야 한다. 자기수양에서 비롯한 탁월한 성취는 '기꺼이 마음을 여는 태도'에서 시작된다. 즉, 기꺼이 헌신하고, 두려움에 맞서며, 자기 안위에 대한 걱정을 내려놓고, 과정에 몰입하는 것이다.

자기수양에선 결과보다 성장에 초점을 둔다. 결과부터 생각하기보다 그에 이르는 과정에 집중하며, 과정에서 겪는 고통과 실패를 성장에 필요한 본질적 요소로서 끌어안는다. 결과에 신경 쓰지 않는 대신 그 여정의 구체적인 세부 사항에 집중한다. 바로 이 세부 사항이야말로 우리의 경험과 역량을 평범한 것에서 비범한 것으로 끌어올리는 핵심이다. 결과에 얽매이지 않기에 그 어떤 상황도 초월할 힘이 있다.

자기수양의 길에서 마주하는 가장 큰 적은 에고다. 에고는 풍요병의 다섯 요소, 즉 소유, 성취, 외모, 돈, 사회적 지위에 집착한다.

10장
5단계: 평정심 유지하는 법

자기수양에선 역설적으로 모든 걸 통제하려는 욕심을 내려놓음으로써 통제력을 얻는다. 한편 에고는 결과에 따라 통제를 당한다. 자기수양이 자유라면, 에고는 긴장과 불안이다. 자기수양엔 필요한 게 별로 없지만 에고는 결핍이 있기에 탐욕스럽다.

NBA 명예의 전당에 이름을 올린 농구 감독 필 잭슨은 선수였을 당시 에고와 감정이 자신을 지배했다고 털어놓았다. 잭슨은 승리에 집착하는 한편 패배를 두려워하며 살았다. 그러나 감독이 되고 나서부터 모든 걸 달리 보기 시작했다. 성공의 덧없음을 깨닫게 된 것이다. 잭슨은 『성스러운 농구』에서 이렇게 말한다. "NBA에서 우승컵을 들어 올린다 한들 그 시점이 지나면 우리를 더 이상 성공했다고 말할 수 없다. 그 순간은 이미 지나가 버렸기 때문이다." 자기수양을 추구하는 이들은 삶에 내재한 인간적인 요소를 이해한다. 인간인지라 최선을 다해서 모든 일을 제대로 해낸다고 하더라도 여전히 '실패'할 수 있다는 사실을 인정하는 것이다.

승리를 뛰어넘어 자기수양을 추구한다는 건 배움과 성장을 삶의 우선순위로 삼는다는 뜻이다. 즉, 경기가 끝났을 때 누가 우승컵을 들어 올리는지보다 자신이 오늘 이 경험에서 어떤 사람으로 성장하는지가 더 중요하다. 이런 마인드셋을 품을 때, 지금 최선을 다하는 데 필요한 위험을 기꺼이 감수할 수 있다. 여기엔 패배의 책임을 뒤집어쓰는 희생양이 될 각오도 포함된다. 실은 진정한 영웅이 되려면 기꺼이 희생양이 될 각오가 필요하다. 영웅이 되는 가장 빠른 길은 여기에 있다.

세 번째 열쇠,
경쟁 상대를 사랑하라

상대는 적이 아니다. 함께 춤을 추는 우리의 짝이다.

—필 잭슨(NBA에서 열한 차례 우승을 거둔 감독), 『성스러운 농구』

뛰어난 운동선수 두 명이 있다. 이 둘은 아주 가까운 친구이자 스키를 누구보다도 사랑하는 사람이다. 오늘은 이 산이 통째로 그들만의 것이며 설질마저 완벽하다. 한 친구가 말한다. "마지막은 산 아래까지 누가 먼저 내려가는지 한판 대결로 끝낼까?" 그리고 그들은 출발한다. 나무 사이를 자유자재로 누비고 솟구치며 산 아래로 내달린다. 마지막엔 거의 동시에 결승선을 통과해서 사진 판정이 필요할 정도다. 이 멋진 활강을 끝낸 두 사람은 하이파이브를 한다.

그때 결승선에 들어오는 장면을 찍은 사진사가 와서 누가 이겼는지 확인하고 싶은지 묻는다. "물론이죠"라고 그들은 대답한다. 이제 자신이 바로 그 스키 선수라고 상상해보자. 옆엔 가장 친한 친구가 함께 있다. 사진을 확인해보니 친구가 불과 몇 센티미터 차이로 자기보다 먼저 들어왔다. 이제 어떡할 것인가? 지금 자신이 졌다는 생각에 사로잡혀 헬멧을 내동댕이치고 씩씩거리며 자리를 뜰 것인가?

나는 2016년 라이더컵 대회에서 만난, 명예의 전당에 이름을 올린 골프 선수 필 미컬슨에게 이 이야기를 들려주고 나서 물었다. "미컬슨 선수라면 어떻게 하겠어요? 헬멧을 내동댕이치고 씩씩거리며 자리를 뜰 건가요?"

미컬슨은 "당연하죠!"라고 대답하더니 웃음을 터트렸다. "무슨

10장
5단계: 평정심 유지하는 법

말을 하고 싶은지 알아요. 중요한 건 스키 자체와 스키를 타는 과정이란 거죠."

친한 친구와 그토록 멋진 순간을 함께하고 나서 갑자기 씩씩거리고 화를 내며 가버리다니, 우습지 않은가? 애초에 스키를 탄 이유가 무엇인가? 엄마한테 전화해서 자신이 빌리나 보비 수에게 이겼다고 자랑하고 싶어서인가? 아니면 그저 스키를 타는 게 좋아서, 자연 속에 몸을 맡기는 순간을 사랑해서, 살아 있음을 온몸으로 실감하고 싶어서, 그 사랑을 공유하는 가장 친한 친구와 이 순간을 함께하고 싶어서인가?

남들 앞에서 자랑을 늘어놓을 권리나 우승컵보다, 심지어는 돈보다 살아 있음을 온전히 실감하고 특별한 순간을 경험하는 게 더 소중하다고 생각할 때 비로소 공명하는 순간을 맞이하고 비범한 성취를 이룰 수 있다.

잠재력을 최대한 끌어내려면 경쟁할 때 자신을 더 밀어붙여 성장시켜줄, 자신보다 실력이 뛰어난 경쟁 상대가 필요하다.

시합 상대를 자신이 갈구하는 경험에 없어서는 안 될 핵심 요소라고 생각하라. 상대를 한 사람으로서 이해하고 사랑할수록, 그 경쟁에서 더 많은 걸 경험하고 더 큰 충만감을 얻을 수 있다. 경쟁이란 상대와 함께 추는 춤이기 때문이다.

내 고객 중 한 사람은 세계 10위 안에 드는 선수였다. 그런데 그는 세계 1위 선수와 맞붙을 때마다 항상 높은 압박감을 느끼며 패배했다. 내 고객은 그 선수와 시합할 때마다 어떻게든 상대를 꺾고 싶어 안

달복달했다. 하지만 '내면 근력' 수련을 시작하고 나서부터 그의 마인드셋이 서서히 달라지기 시작했다. 그는 자신에게 가장 큰 위협이 됐던 상대를 사랑하기 시작했다. 꿈을 위협하던 존재에서 꿈을 이루는 걸 돕는 동반자로 인식을 바꾼 것이다. 그는 다음과 같은 변화를 겪었다.

1 상대 선수에게 감사하는 마음을 품게 됐다. 자기 안의 잠재력을 온전히 펼치려면 최고의 실력을 갖춘 경쟁 상대가 반드시 있어야 한다는 사실을 깨달았기 때문이다.

2 한 사람으로서, 경쟁자로서 상대를 존중하게 됐다.

3 상대 선수가 최고의 실력을 발휘하기를 바라는 마음을 품게 됐다.

새로운 마인드셋을 갖추고 '내면 근력'의 원칙과 수련법을 익힌 끝에, 그는 마침내 세계 1위 선수와의 시합에서 승리할 수 있었다. 최고의 상대와 맞서 싸우기보다 상대의 존재를 자신의 성공에 없어서는 안 될 요소로 받아들인 결과였다.

종종 경쟁 상대가 실수하거나 실력을 제대로 발휘하지 못하기를 바라기도 한다. 그런 마음 자체가 큰 실수다. 내면에 부정적인 에너지를 형성하기 때문이다. 물론 분노나 증오, 또는 상대를 반드시 꺾겠다는 불타는 욕망으로 성공한 슈퍼스타가 없지는 않다. 하지만 그들의 성공 뒤엔 그 밖의 여러 다른 요인이 숨어 있다. 그런 식으로 자신이 원하는 성과를 얻겠다면 그것도 좋다. 하지만 성공을 거두는 한편, 그 과정까지 즐길 수 있는데 왜 그 길을 선택하지 않는단 말인가? 부정적인 에너지 없이도 최고의 역량을 발휘하고 싶다는 불타는 갈망을 이룰 수 있다면 어떨까? 충분히 가능할 뿐만 아니라 훨씬 더 쉽고 성과도 크다. 프로야구팀 샌프란시스코 자이언츠의 정신력 코치 데린 맥메인스는 이렇게 말한다.

> 난 항상 우리 선수들한테 말한다. 경쟁 상대를 사랑하는 경지에 이른다면 전혀 다른 경험을 할 수 있다고. 함께 춤추는 상대를 사랑할 때 몰입의 상태가 찾아온다. 사랑이 두려움을 몰아내기 때문이다. 그때는 도전을 갈망하고 도전받는 순간을 고대하게 될 거다. 집중력이 한층 높아질 거다. 벌랜더나 커쇼를 상대할 수 있다는 사실 자체를 사랑하라. 마이크 트라우트를 상대로 공을 던질 기회를 사랑하라. 게릿 콜과 맞붙을 그날만을 고대하라. 그러면 그 일이 벌어졌을 때 최고의 집중력과 주의력을 발휘할 수 있을 것이다. 상대가 최고의 기량을 보여줄 때 나 또한 최고의 기량을 발휘할 수 있다.

이제 잠시 시간을 들여, 압박을 느끼는 상황에서 최고의 기량을 발휘했던 순간을 떠올려보자. 그 당시 자신의 정신 상태는 어땠는가? 정신이 맑고 명료했는가? 마음 상태는 어땠는가? 자유로웠는가? 몸 상태는 어땠는가? 넘치는 힘을 느낄 수 있었는가?

문제는 어떻게 하면 그런 순간을 더 자주 되풀이해 재현할 수 있느냐는 것이다. 어떻게 압박을 느끼는 상황에서도 오히려 온전히 살아 있음을 실감할 수 있을까? 어떻게 몸과 마음과 정신을 온전히 그 순간에 몰입할까? 어떻게 결과에 연연하지 않을까? 또는 맥메인스가 표현한 대로 어떻게 몰입의 상태를 꾸준히 유지할 수 있을까?

공명과 몰입을 방해하는 세 가지 주요 요인은 다음과 같다.

1 과도한 분석: 정신이 어수선한 상태.

2 지나친 자의식: 실력을 제대로 발휘하지 못하거나 긴장해서 실수를 저지르면 다른 사람들이 어떻게 생각할지를 지나치게 걱정하는 상태.

3 상황과 결과에 대한 끊임없는 판단: 정신이 현재에 머물지 못하고 과거와 미래로 달려가 상황과 결과를 판단하며 그 판단에 감정적으로 반응하는 상태.

이 세 가지 장애물을 만날 때 믿음, 집중력, 자유는 사라지고 만다. 그렇다면 어떻게 이 장애물을 극복할까? 어떻게 내면을 다스려 맑은 정신, 얽매이지 않는 마음, 판단하지 않는 인식을 발휘하는 순간을 더 자주 맞이할 수 있을까? 그 해답의 근본은 한 가지다. 역사상 가장 위대한 하키선수로 손꼽히는 야로미르 야그르도 이에 대해 이야기한 적이 있다. 그것은 두려움 없이 이 순간에 온전히 머무는, 우주에서 가장 강력하며 긍정적인 에너지다. 바로 사랑, 무조건적인 사랑이다. 사랑이 있다면 내가 무언가를 얻으려고 행동하지 않는다. '다른 사람'에게 무언가를 주려고, 그들이 더 나은 사람이 되게 하려고 행동한다. 사랑으로 나아가는 이타적인 여정이야말로 가장 강력한 힘을 품고 있다. 이 여정 자체가 보상이 되는 경지에 이를 때, 공명하는 순간이 찾아온다. 그 순간 놀랍고 위대한 일을 성취해낼 수 있다.

종합격투기 종목의 세계선수권 우승자 조르주 생피에르는 『격투의 길』에서 시합에 나서기 전에 항상 상대 선수를 위해 기도하며 자신과 경쟁할 상대가 있는 것에 대해 신께 감사한다고 말한다. 경쟁 상대를 사랑하는 마인드셋에서 가장 큰 가치는 바로 두려움이 사라지고 긍정적인 에너지가 솟아난다는 점이다. 그 에너지에서 기꺼이 위험을 감수하고, 실패하고, 최선을 다할 자유가 생긴다. 특히 가장 뛰어난 상대와 맞붙어 압박감이 극에 달하는 순간 이 힘은 빛을 발한다. 최고의 실력을 발휘하는 뛰어난 상대와 맞붙을 때, 자신에게 있는 실력을 최대한 발휘할 가능성이 높아지기 때문이다.

우리는 내가 가장 바라는 게 충만한 삶을 온전히 누리는 것이란 사실을 깨달아야 한다. 이 시합에서 이긴다고 해서 과연 그걸 손에 넣을지, 승리가 과연 내게 좋은 일인지 확신할 수 없다는 사실을 마음에 새겨야 한다. 그때야 비로소 긴장을 풀고 경쟁하는 과정 자체에 집중할 수 있다. 시합하는 매 순간을 사랑하고, 경쟁 상대마저 사랑할 수 있다.

상대를 이기는 가장 좋은 방법

살다 보면 꼭 이기고 싶을 때가 있기 마련이다. 그럴 때 우리는 상대가 지기를 바라게 된다. 다시 말해 우리의 에고가 나에겐 승리가, 상대에겐 패배가 주어지기를 바란다. 에고의 이런 마음은 비교를 통해 나와 너를 승자와 패자로 구분하고 내가 우월감을 느끼게 만든다.

나는 경쟁을 좋아한다. 탁구든 농구의 호스 게임Horse, 다른 사람이 성공한 슛을 똑같이 따라 해서 성공해야 하는 슛 경기—옮긴이이든 전략적 보드게임이든 즉석에서 만들어낸 게임이든 다 좋아한다. 그리고 경쟁하면 꼭 이기고 싶다. 이 경쟁심에 대해 곰곰이 생각해본 결과 내가 정말 사랑하는 건 함께 경기하고 경쟁하는 것 자체란 사실을 깨달았다.

도전과 재미에 푹 빠져드는 순간을 사랑할 뿐이지, 게임이 끝나고 이 겼다고 으스대고 싶은 건 아니다.

제대로 실력을 발휘하고 시합을 잘 풀어가기 위해서는 내가 진정으로 원하는 게 무엇인지 계속해서 머릿속에 되새겨야 한다. 그건 결국 이 두 가지다.

1 살아 있음을 실감하며 이 순간을 즐기는 것
2 다른 사람과 깊이 연결되는 것. 그 대상이 내 적수라면 더더욱!

세계선수권대회 결승전을 준비하는 종합격투기 선수라고 해보자. 그 시합을 하려고 어떤 일들을 헤쳐왔는지, 어떤 삶을 살아왔는지, 어떤 기쁨과 좌절의 순간을 겪어왔는지, 상대 선수보다 나를 더 잘 이해할 사람이 이 세상에 또 있을까? 똑같은 보상을 두고 경쟁한다는 건 똑같은 걸 사랑한다는 뜻이다. 상대 선수는 아마도 그 누구도 결코 알지 못할 내 삶의 일면을 가장 잘 이해하는 사람일 것이다.

게다가 그 시합에서 상대 선수에게 승리를 거두는 게 과연 진정으로 자신에게 좋은 일인지 확신할 수 없다. 어쩌면 가장 좋은 일은 마지막 순간에 상대 선수가 나를 꺾고 승리를 가져가는 것일지도 모른다. 기쁨은 탁구나 농구에서 이러이러한 사람을 이겼다고 자랑하고 다니는 데서 오지 않는다. 기쁨은 그 순간을 온전히 경험하는 데서, 온전히 살아 있음을 실감하는 데서 온다. 승패에는 아무 의미가 없다. 상대 선수에 대한 사랑이 있기 때문에 나는 기쁨을 누리며 그 순간에 마음을 온전히 쏟아부을 수 있다.

10장
5단계: 평정심 유지하는 법

그렇다면 어떻게 적수를 사랑할까? 우리는 시합에서 최선을 다함으로써 상대를 존중할 수 있다. 그에게 좋은 경쟁 상대가 되어줌으로써 그의 내면에서 탁월함을 끌어올릴 수 있다. 상대를 사랑하는 데 집중할 때 지금 이 순간에 온전히 몰입할 수 있다. 사랑 자체가 이 순간에 온전히 머물고 자의식에 사로잡히지 않는 감정이기 때문이다. 오로지 승리에만 집착한다면 오히려 더 승리하기가 어려워질 뿐이다. 승리는 미래에 속한 일이며 온전히 통제하지 못하는 일이다. 승리에 집착한다면 정신은 자꾸만 현재에서 벗어나버리고 만다.

무조건적인 사랑과 공명은 깊이 연결되어 있다. 무조건적인 사랑엔 두려움이 없다. 지금 하는 일이나 스포츠, 자기 자신, 경쟁 상대를 무조건 사랑할 때 긍정적이고 두려움이 없는 에너지가 내면의 깊은 곳에서 공명한다. 누군가를, 그리고 자신이 하는 일이나 스포츠를 무조건 사랑한다는 건 순탄한 순간뿐만 아니라 고통스러운 순간마저도 사랑한다는 뜻이다. 고통을 함께 나눌 마음의 준비가 됐을 때 비로소 그 영광 또한 함께 나눌 수 있는 법이다.

쇼트트랙 선수 아폴로 앤턴 오노는 훈련할 때나 경기할 때 일종의 정신적 공기 방울을 만들어 온전히 그 순간에만 집중할 수 있게 한다고 말한다. 실은 상대를 이기겠다는 마음 또한 집중을 훼방 놓는 요소이다. 상대의 실력이 뛰어나거나 이기고 싶은 마음이 간절할수록 특히 그렇다. 하지만 자신만의 공기 방울 속에 머무른다면 이런 방해 요소를 모두 물리칠 수 있다. 자신이 하는 일이나 스포츠, 팀 동료, 경쟁 상대에게 무조건적인 사랑을 품을 때 그 공기 방울 안에 머무르기가 훨씬 쉬워진다. 그중에서도 특히 경쟁 상대를 사랑하는 게 중요하다. 상대가 어떤 경기를 펼칠지, 얼마나 뛰어난 실력을 보여줄지는 아무도 모를 일이다. 어떻게든 상대를 이기려는 마음은 상대가 실수를 저지르기 바라거나 결과에 집착하는 마음으로 쉽게 변질될 수 있다. 이 두 가지 모두 정신을 과거나 미래로 끌어가며 현재에 온전히 머무를 힘을 빼앗는다.

2005년 보드 밀러는 미국인으로서 22년 만에 처음으로 알파인스키 월드컵에서 종합우승을 차지했다. 2008년 월드컵에서도 다시 한번 우승했다. 스키를 진심으로 사랑했던 보드는 모든 도전을 자신이 사랑해 마지않는 이 스포츠를 깊게 경험할 수 있는 기회라고 생각했다. 큰 도전일수록 몸과 마음에서 집중력을 극한까지 밀어붙일 좋은 기회였다. 보드는 성공을 시합의 결과보단 그 시합에서 쌓는 경험에 따라 정의했다. 밀러의 선수 생활에서 유명한 일화가 있다. 어느 국가 대항전에서 밀러는 불공평하게 이득을 보는 걸 원치 않는다며, 미국 팀이 기술적으로 앞설 수 있는 비결을 다른 팀에 공개해버렸다. 물론 미국 팀의 동료들은 당황할 수밖에 없었다. 밀러는 승리를 위해 시합을 하지만 사실 그 무엇보다도 경쟁 자체를 사랑한다.

스포츠심리학자 캘 보터릴 박사는 성장하고 싶다면 '해야 한다'는 마음보다 '하고 싶다'는 마음을 더 크게 유지하라고 조언했다. 이는 경쟁 상대를 사랑하는 마인드셋과 같은 맥락에 있다. 무슨 일이든 '하고 싶다'는 마음으로 임하면 열정을 품고 자유롭게 실력을 발휘할 수 있다. 반면 '해야 한다'는 마음은 우리를 옥죈다. 어떤 시합에서 반드시 이기거나 어떤 계약을 꼭 성사해야 하는데, 그 결과가 자기 통제에서 벗어나 있다면 그곳에 자유란 존재하지 않기 때문이다.

비범한 역량이 비범한 경험의 부분집합이라면, 긍정적인 에너지가 무엇보다 중요하다. 목표를 향해 나아가는 모험 길에서 비범한 경험에 초점을 맞춘다면, 즉 열정을 다하며 그 순간순간을 생생하게 경험하는 데 집중한다면 탁월한 역량을 발휘할 최적의 조건을 마련한 셈이다. 경쟁 상대를 성공을 막는 걸림돌이 아닌 성공에 이르는 여정의 한 부분으로 포용할 때 그야말로 강력한 집중력과 에너지를 손에 넣을 수 있다.

네 번째 열쇠,
완벽함이 아닌 현존감을 추구하라

> 내 생각은 그렇습니다. 이제 막 어떤 일을 시작했다면, 가장 중요한 건 완벽을 추구하지 않는 겁니다. 속도를 추구하세요. 엉망진창인 작품이라도 일단 세상에 내놓으세요.
>
> —놀런 부슈널Nolan Bushnell(아타리Atari, Inc.의 창립자)

부슈널은 새로운 벤처사업을 성공시키는 핵심이 무엇인지를 묻자 위와 같이 대답했다. 가장 위대한 성취를 이룬 사람, 가장 위대한 성공을 이룬 기업은 실패할까 봐 두려워하며 머뭇거리지 않고 대담하게 나아갔기에 성공할 수 있었다는 사실을 되새겨 보자. 이들은 제품이나 서비스를 세상에 내놓기 전에 모든 게 완벽해지기를 기다리지 않았다.

위대한 이들은 성공과 실패를 세상과는 다른 관점으로 바라본다. 세상에선 실패를 개인의 패배, 성공의 갑옷에 난 흠집이라고 생각한다. 그러나 거장은 실패를 성장의 중요한 요소로서 포용한다. 만화가 스티븐 매크레이니Stephen McCranie의 말처럼 "거장은 초심자가 도

3부
내면 근력을 강화하는 6단계

전한 횟수보다 훨씬 더 많이 실패해본 사람이다.”

압박 속에서도 평정심과 자신감을 유지하고 싶다면 성공해야 한다는 집착, 성공한 사람처럼 보이고 싶은 욕심을 내려놔야 한다. 그 대신 자기수양에 이르는 여정을 머릿속에 그리며 지금 이 순간에 온전히 머물며 살아가려고 노력해야 한다. 가장 성공한 사람은 우승컵이나 큰 사무실을 노리기보단 온 마음을 다해 자신의 참 자아를 추구한 사람이다. 가장 중요한 걸 좋는다면 사소한 보상은 부차적으로 자연스레 따라오게 되어 있다.

그렇다면 가장 중요한 것은 무엇인가? 바로 지금 이 순간 내 삶에 펼쳐진 가능성, 주위를 둘러싼 아름다움과 영광을 온전히 받아들이고 이를 누리는 태도다. 바로 그때 공명이 찾아온다.

공명은 우리가 하는 일과 깊이 연결되어 그 행위와 하나가 되는 순간 찾아온다. 예술가는 예술이 되고, 무용수는 춤이 된다. 애써 힘들이지 않아도 몸이 자연스럽게 움직이고, 생각은 최소화하고, 감각은 극대화한다. 우리는 시각화로 이 공명 상태를 강화할 수 있다. 어떤 혼란이 닥치더라도 자신이 원하는 감각을 느끼며 이상적인 경기를 펼치는 모습을 생생하게 그려보면 된다.

모든 위대한 성취는 누군가의 마음속 이미지에서 비롯한다. 탁월함이란 이미 우리 내면에 있으며, 우리는 이를 불러내기만 하면 된다. 예술가는 아름답거나 고통스러운 순간에 생명을 부여하고 자신이 상상한 걸 살아 숨 쉬게 한다. 금메달리스트는 금메달을 따기 전에 이미 시상대에 오른 자기 모습을 본다. 영업 사원은 계약이 성사되기 전에 이미 계약을 성사하는 모습을 머릿속에 떠올린다. 시각화를 이용해 원하는 모습을 마음속에 그리고 그에 따르는 감정을 상상할 수 있다. 상상을 통해 마음과 정신과 몸을 원하는 상태에 맞추어 정렬시키는 것이다. 온갖 고난과 긴장 속에서도 이를 극복하고 꿈이 실현되는 '감각'을 생생하게 느껴보는 건 아주 중요하다.

시각화할 때는 현존감을 그려내는 게 중요하다. 절대 완벽함을 그려내는 게 아니다. 현존감이란 그 어떤 상황도 맞을 수 있게 준비된 상태, 아무런 집착이나 요구나 결핍이 없는 상태다. 이때 현존감을 제대로 시각화하려면 극심한 압박을 받는 상황에서 자신이 느낄 기분을 정확하게 상상해야 한다. 실제와 똑같은 긴장감을 고스란히 느끼면서 그 고난마저 포용하며 '내면 근력'의 원칙과 수련법을 활용해 그 도전에 공명하는 자기 모습을 생생하게 그려내야 한다. 시각화할 때 압박과 스트레스에 감정적으로 대응할 준비를 갖추는 게 중요하다. 다시 말해 경기나 공연을 하다가 어떤 일이 일어나더라도 태연하게 넘길 수 있도록 마음의 준비를 갖춰야 한다는 뜻이다. 바로 그렇기에 일어날 가능성이 있는 온갖 어려움을 한층 과장해서 상상하면서 그런 상황에도 평정심을 유지하는 모습을 시각화해야 한다.

팟캐스트 〈대가를 찾아서〉에서, 조르주 생피에르는 시각화하는 시간의 80퍼센트를 자신이 어떤 동작을 어떻게 수행할지 떠올리는 데 쓰고 나머지 20퍼센트는 어려움이 닥쳤을 때 이를 극복하는 자기 모습을 상상하는 데 할애한다고 했다. 시각화를 제대로 하려면 극심한 압박 속에서 느낄 법한 감정을 고스란히 느껴 봐야 한다. 그리고 '내면 근력'의 원칙과 수련법, 의식 등을 활용해 압박감 속에서도 그 순간에 몰입하고 집중하는 자신의 모습을 생생하게 떠올려야 한다.

어수선한 정신으론 시각화를 제대로 수행할 수 없다. 정신을 차분하게 가라앉히고 꿈꿀 준비를 갖춰야 한다. 그러려면 삶의 여백을 마련해야 한다. 즉, 혼자만의 시간이 있어야 한다는 뜻이다. 삶의 여백이 많을수록 정신이 맑아진다. 맑은 정신과 얽매이지 않는 마음을 갖춰야 좋은 생각이 떠오르는 법이다. 특히 목표나 꿈과 관련한 장면이 많이 떠오를 것이다. 머릿속에선 어수선함과 명료함이 주도권을 쥐고자 끊임없이 다투는 가운데 수많은 이미지가 정신에서 우위를 차지하려고 경쟁한다. 삶의 여백을 마련하고, 정신을 맑게 유지하며, 목표에 대한 뚜렷한 이미지를 떠올린다면 그때부터 무수한 가능성이 열리기 시작한다.

자기 상태를 다스리는 법을 배우고 삶의 원대한 목표를 머릿속의 가장 앞자리에 둠으로써 이 강력한 이미지를 향해 나아갈 수 있다. 수많은 전문가가 인간으로선 불가능하다고 단정한 과업에 도전하면서 루이스 퓨는 이성과 논리적 사고를 뛰어넘어야 했다. 퓨의 코치였던 팀 노크스는 CNN과 한 인터뷰에서 이렇게 말했다.

"사람이 얼음처럼 차가운 물에 들어가면, 그 순간 체온이 급격하게 떨어지면서 뇌가 어서 물 밖으로 나가란 신호를 보냅니다. 루이스가 가장 먼저 해야 하는 일은 그 반응을 조절하는 거였죠."

퓨는 매일 하루에 네 시간을 시각화하며 보내고 한 시간은 실제로 차가운 물에서 수영했다. 그는 자신이 수영하는 모습을 처음부터 끝까지 시각화했다. 퓨는 CNN과의 인터뷰에서 이렇게 말했다.

"입안에서 바닷물의 짠맛을 느낄 수 있어요. 배의 엔진 소리, 팀 노크스 코치가 외치는 소리가 들립니다. 바닷물의 냉기가 피부를 바늘처럼 찌르는 듯한 감각을 느낄 수 있어요. 바닷바람 냄새가 나죠. 난 그 순간을 온전히 경험합니다. 머릿속에서라면 북극점의 바다를 벌써 수백 번도 넘게 헤엄쳐봤죠."

어떤 분야에서 일하든 정신을 고요하게 가라앉히고 미래를 생생하게 그려내는 능력은 아주 중요하다. 모든 일은 두 차례에 걸쳐 일어난다. 처음엔 머릿속에서, 그다음은 현실에서다. 현실에서 얻는 결과는 머릿속에 떠올린 이미지와 그 이미지에 대한 믿음, 그 이미지에 접속하는 능력에 따라 크게 달라진다. 그 이미지는 성공과 성취의 감각을 담고 있어야 한다. 오늘 하루 일하면서 가장 압박감을 느낀 순간은 언제인가? 고압적인 상사 밑에서 일하는가? 경쟁이 극심한 취업 시장에서 직장을 구하려고 고군분투하는가? 회사 내에서 팀을 꾸리려 하든, 침체한 경기 속에서도 사업을 운영하려 하든, 그저 괜찮은 직장을 구하려 하든, 성공 여부는 자신이 원하는 일이 원하는 방식으로 일어나는 모습을 머릿속에서 그려내는 능력에 달려 있다. 스트레스를 받을 법한 상황을 미리 머릿속에 그려보고 그 상황에 자신감 있게 대처하는 모습을 상상할 수 있다면, 막상 그 상황이 닥쳐왔을 때 집중력과 자신감을 유지할 힘을 자신에게 불어넣는 셈이다.

이제부터 성공의 감각을 온전히 맛보고, 압박 속에서도 성공할 수 있다는 믿음에 힘을 실어줄 시각화 기법을 몇 가지 알아보자.

1 **미리보기**: 어떤 활약을 펼쳐야 하는 사건 또는 상황을 시각화하라. 모든 감각을 동원해 그 순간 어떤 느낌이 들지 상상하라. 중요한 시합이나 공연 전날에만 하는 게 아니라, 이상적으론 날마다 잠들기 전에 5분씩 하는 게 좋다. 낮잠을 잔다면 그때도 해야 한다. 자기 실력을 충분히 발휘하고, 그 상황에서 요구하는 역할을 능숙하게 해내는 모습을 머릿속에서 생생하게 그려본다. 협상이나 회의, 발표에 들어가기 전에도 아주 유용하다. 이때 그 상황의 세부 사항을 구체적으로

상상한다. 그곳에 어떤 사람들이 있을 것인가? 자신이 활약을 펼치기 전과 후에 사람들은 무슨 말을 하고 어떻게 행동할 것인가?

2 자신감 넘치는 기억 떠올리기: 어떤 일을 하면서 최고의 감각을 맛보았던 순간을 상기하라. 운동선수라면 최고의 경기를 펼친 순간이, 음악가라면 음 하나하나를 완벽하게 연주한 순간이, 영업 사원이라면 난공불락의 고객을 성공적으로 설득한 순간이 떠오를 것이다. 기억을 하나 골랐다면, 그 순간의 모든 광경과 소리를 세세하게 되살려 그때의 감각을 다시 느껴본다. 그 순간 몸에서 어떤 감각이 느껴지는지에 집중하고 그다음 잠재의식에 비슷한 감각을 느꼈던 또 다른 기억을 떠올려달라고 요청한다. 이 과정을 되풀이하며 떠오른 기억을 차곡차곡 쌓아 올려서 한 가지 강력한 기억으로 완성한다.

3 압박 속에서 평정심 연습하기: 극한의 압박에 짓눌리는 상황을 시각화하라. 어려운 상황을 한층 부풀려 더 큰 압박이 느껴지도록 하자. 상황을 우스꽝스럽게 설정해도 좋다. 잠재의식은 정상에서 벗어난 모습을 한층 선명하게 기억하기 때문이다. 예컨대 나는 PGA 투어에 나서는 골프 선수에게 다음과 같이 상상해보라고 요청한다. 마스터스 대회의 마지막 날인 일요일, 경기 9번 홀에서 선두로 앞서거나 선두의 바로 뒤를 쫓고 있다. 이때 강풍이 불고 굵은 빗줄기가 쏟아진다. 셀 수도 없이 많은 카메라가 내 뒤를 바짝 쫓는다. 여기에 더해 상상할 수 있는 온갖 난관을 덧붙여보라고 요청한다. 현실에선 이보다 더 극적이고, 예측할 수 없으며, 더 압박감이 큰 상황이 절대 일어나지 않을 만큼 극단적인 상황을 시각화해야 한다.

4 이완시키기: 시각화에는 두 가지 종류의 이완이 있다. 하나는 정신을 맑게 하기 위한 이완이다. 예를 들어 머릿속에서 평화로운

자연의 풍경을 떠올리는 시각화다. 다른 하나는 압박받는 상황에서 자신이 이완한 모습을 시각화하는 것이다. 이완시키는 법을 연습할 때는 항상 깊고 느리게 호흡하면서, 심장박동수를 늦추는 연습을 함께해야 한다.

5 기억을 재구성하기: 실수를 저지른 기억을 도무지 떨쳐낼 수 없다면 그 부정적인 기운의 잔재를 걷어내고자 기억을 재구성해야 한다. 머릿속에서 그 장면을 다시 한번 재생하되, 이번엔 자신이 바라는 방식으로 일이 전개되는 모습을 그린다.

6 성공 전후의 장면 상상하기: 비범한 성공을 거두기 전과 후 어떤 하루를 보낼지 모든 세부 사항을 구체적이고 세세하게 상상해본다. 먼저 경기가 끝난 직후 20초 동안 어떤 일이 벌어질지 모든 세부 사항을 구체적으로 떠올린다. 그다음엔 20분 동안의 모습을 어떤 일이 일어나는지, 누가 무슨 말을 하는지, 자신은 어떤 기분이 드는지에 대해 구체적으로 상상한다. 이 시각화에선 마치 영상을 찍듯이 성공을 거두기 전과 거둔 후에 마주하게 될 장면의 모든 부분을 그대로 담아내야 한다. 이 시각화엔 활약을 펼치며 성공을 이뤄내는 실제 모습은 포함하지 않는다.

7 롤모델이나 멘토와 함께하는 상상하기: 이 시각화에선 자신이 역량을 키우고 싶은 분야에서 세계 최고의 실력을 갖춘 인물을 떠올린다. 과거의 인물도 좋고, 현재의 인물도 좋다. 그 인물이 자신에게 격려를 보내고 영감을 불어넣어준다고 상상한다. 예컨대 그 인물이 최고의 활약을 펼치는 경기를 경기장 옆 자리에 앉아 관전하는데, 그 인물이 작전시간을 요청해 우리에게 와서 조언을 구하는 모습을 상상하는 식이다.

나 또한 매번 글을 쓰기 전에 멘토 시각화를 한다. 그리고 시각화를 실행할 때마다 매번 똑같은 노래를 듣는다. 이 노래는 앵커로 이 시각화를 고정하는 데 도움이 된다. 이 시각화를 통해 나는 글 쓰는 행위에 접속하며, 아침마다 맑은 정신과 평정심을 갖추고 창작할 준비가 된 상태로 하루를 시작할 수 있다.

이 모든 시각화에선 고양된 에너지를 생생하게 느끼는 일이 가장 중요하다. 경쟁의 모든 측면을 있는 그대로 받아들이고, 특히 역경을 기꺼이 포용하며, 그 순간에 온전히 머무는 자기 모습을 생생하게 느껴야 한다.

감각에
몸을 맡기라

압박을 느끼는 상황에서 몸에 어떤 감각이 느껴지는지 예민하게 인식하는 능력은 최고의 역량을 발휘하는 데 아주 중요하다. 현대 문화의 생활양식은 감각을 둔감하게 한다. 정신을 맑게 유지하기보다 온갖 잡동사니로 채우기 때문이다. 보고, 듣고, 느끼고, 냄새 맡는 감각을 다시 깨워야만 한다. 시각화할 때 승리하는 순간을 생생하게 맛볼 수 있어야 한다. 감각을 생생하게 경험한 끝에 머릿속에서 그 순간을 재생할 때 상상력을 애써 동원하지 않아도 그 모든 감각을 재현할 수 있어야 한다.

여기에 흥미로운 역설이 있다. 한편으론 감각을 곤두세워야 하지만, 다른 한편으론 감정을 절제하고 다스릴 수 있어야 한다. 날카로운 인식, 자신감, 이완한 상태에서 이뤄지는 집중, 성공에 이르는 활약, 성공에 집착하지 않는 마음. 이 모든 요소를 조화롭게 이루려면 노력이 필요하다. 무엇보다도 자신을 깊게 들여다보고 배우겠다는 각오가 있어야 한다. 절대 쉽지 않겠지만, 그만한 노력을 들일 가치가 있는 일이다.

버지니아대학교 농구팀에서 선수로 활약하기도 했던 더그 뉴버그 박사는 각 분야의 최정상급 인물을 만나 깊은 대화를 나누었다. 그중엔 프로 운동선수, 올림픽 출전 선수, 록 스타, 외과의사 등이 있었다. 박사는 이들이 최고의 역량을 발휘하는 순간 공통으로 나타나는 특징이 무엇인지, 이들이 어떻게 자신감과 집중력을 길러 왔는지에 대해 연구했다. 그 결과 다섯 가지 핵심 질문이 도출되었다. 『아무도 가르쳐주지 않은 가장 중요한 교훈』에 소개된 다섯 가지 질문은 다음과 같다.

1 어떤 감정을 느끼고 싶은가?

2 그 감정을 느끼려면 무엇을 해야 하는가?

3 무엇 때문에 그 감정에서 멀어지는가?

4 어떻게 그 감정을 되찾을 수 있는가?

5 무엇을 위해 기꺼이 노력하려 하는가?

어떤 감정을 어떤 방식으로 느끼고 싶은지 날카롭게 인지한다면 특정 생활양식과 습관을 도입해 그 감정을 느낄 법한 상황을 조성할 수 있다. 어떤 분야에서든 뛰어난 활약을 펼치는 사람은 모두 활약을 펼치기 전에 자신만의 준비 절차를 거친다. 메이저리그의 감독이자 코치인 톰 트레벨혼은 명예의 전당에 오를 법한 선수 중에 자신만의 준비 절차를 집요하게 지키지 않는 선수는 단 한 명도 보지 못했다고 말했다. 이들은 항상 일정한 시간에 구장에 도착하고, 정해진 횟수만큼 땅볼을 처리하고, 특정한 음악을 듣는다. 어떤 선수는 이 절차를 분 단위로 계획해두기도 한다. 절차를 지키는 행위를 통해 공명의 느낌을 불러내는 것이다. 하지만 혹시라도 방해를 받아 절차를 제대로 지킬 수 없게 되는 날엔 자기 자신에게 이렇게 말해야 한다.

"오늘은 원래 이렇게 해야 하는 날이야." 그 방해 요소를 마치 스스로 선택한 일처럼 받아들이는 것이다.

진정으로 자신이 하는 일과 하나가 되려면, 순간순간 온전히 몰입하는 법을 습득해야만 한다. 그래야 극한의 압박 속에서도 흔들리지 않고 몰입한 상태를 유지할 수 있다. 흔히 간과하기 쉬운 것은 바로 자세다. 즉 우리가 서고, 움직이고, 걷는 모양새다. 자세는 에너지와 집중력에 큰 영향을 미친다. 미국 프로야구팀인 샌디에이고 파드리스의 단장 케빈 타워스는 이렇게 지적한다. "어떤 유망주를 발탁하러 가면, 설사 얼굴을 전혀 모른다고 해도 누군지 딱 알아볼 수 있어요. 벌써 버스에서 내리는 걸음걸이와 자세부터 다르거든요."

기대를 버리고
최선을 다하기

비행기가 새와 충돌해 엔진이 망가졌을 때, 설런버거는 즉시 상황이 아주 심각하다는 사실을 깨달았다. CBS의 〈1549편 비행기〉에서 설런버거는 "처음엔 믿고 싶지 않았습니다"라고 했다. 설런버거가 조정하던 점보제트 비행기는 지구상에서 가장 인구밀도가 높은 도시의 상공에서 동력을 완전히 상실했다. 불시에 닥친 생사의 갈림길에서 설리 기장 역시 충격을 받았을 수밖에 없다. 하지만 평소 쌓아온 훈련이 효과를 발휘한 덕분에 설리는 평정심과 집중력, 자신감을 잃지 않을 수 있었다. 설리는 극심한 압박 속에서도 의식적으로 평정심을 유지하는 법을 체득하고 있었기에 어떤 상황이 닥쳐와도 대응할 준비가 되어 있었다.

라이언 도드는 스키점프를 해서 60미터를 날아가기 전 도약대로 걸어가면서, 일본 무사의 주문을 되풀이한다. "기대를 버리자, 만사에 대비하자." 그는 점프하기 전에 불필요하거나 부정적인 생각이 머릿속을 어지럽히기를 원치 않는다. 그래서 그 주문을 외움으로써 정신을 맑게 하고, 욕심을 지워내며, 결과에 대한 걱정을 잠재운다.

도대체 어떻게 하라는 말인지 혼란스러울 수 있다. 결전의 순간이 왔는데 아무것도 기대하지 않아야 한다는 말인가? 가장 강력한 마인드셋은 늘 충만함을 기대하는 한편, 어떤 일이 반드시 일어나야 한다는 집착과 욕심을 내려놓는 것이다. 기대란 원하지만 온전히 통제할 수 없는 미래의 어떤 일을 기다리는 행위다. "기대를 버리자"라고 말하는 건 자기 자신에게 "지금 필요한 건 아무것도 없다. 어떤 상황이 닥쳐도 난 무슨 일이든 헤쳐나갈 수 있다"라고 말하는 것이다. 다음에 시합을 나가거나 발표하기 전에 긴장된다면, 이 주문을 한번 시도해보라. "기대를 버려, 그리고 최선을 다하자. 그러면 어떤 일이든 헤쳐나갈 수 있을 거야." 라이언 도드는 경기 전 준비 절차로 늘 이 주문을 되뇐다.

골프 선수 카일라 이나바는 한 대회에서 전혀 예상치 못한 힘겨운 기상 조건에서 경기해야만 했다. 우박과 눈이 뒤섞여 쏟아지고 강풍이 몰아쳤다. 대회에 참가한 선수 대다수가 힘겨워했다. 그때 이 나바는 '내면 근력'의 원칙 몇 가지를 떠올렸다.

1 통제할 수 없는 일은 '원래 그렇게 되어야 하는 일'이다.

2 '좋지 않은' 날씨는 내면 근력을 수련하는 선수에겐 항상 좋은 일이다. 역경이 클수록 더 좋은 법이다. 다른 선수들은 악조건을 부정적으로만 바라볼 것이므로 집중력과 몰입도가 한 단계 떨어질 것이다. 이럴 때 중립적인 태도를 유지하기만 해도 다른 선수들보다 한발 앞서 나가는 셈이다. 게다가 이 고난을 배우며 성장하기 위해 특별히 마련된 기회라고 받아들인다면 다른 선수들보다 두 발이나 앞서 나가는 셈이다. 그리고 대회는 아직 시작도 하지 않았다.

위대한 인물은 모두 이런 마인드셋을 익히고 있다. 고난이 닥칠 때 좌절하는 대신, 이를 자신이 성장하는 데 필수적인 부분으로서 포용하는 태도다. 다른 선수들이 불평을 늘어놓으며 과연 대회가 취소될지, 언제 취소될지 전전긍긍할 때 카일라는 이 순간에 온전히 머물며 그 상황을 있는 그대로 인정하고 받아들였다. 날씨가 좋아지기를 바라지도 않았다. 카일라는 이 대회에서 우승했다.

버지니아의학대학교의 심장 외과의 커트 트리블 박사는 환자의 생사를 결정하는 수술에 전공의 한 명을 데리고 들어갔다. 환자의 생명이 꺼져가는 듯했다. 하지만 그 전공의는 그런 상황에 대비해 준비를 갖추고 있었다. 《탁월성 저널》에 실린 논문에서 트리블 박사는 이렇게 회고한다.

전공의는 환자에게 산소를 공급하려고 일반적인 틀에서 벗어난 시술을 했다. 마취과의사가 물었다. "와, 전에도 이런 시술을 해본 적이 있나 봐요?" 전공의는 솔직한 태도로 마취과 의사를 보며 대답했다. "없어요. 하지만 머릿속에선 수없이 해봤죠."

다시 말해 그 전공의는 자신에게 닥칠 수 있는 여러 다양한 상황을 상상하면서, 극한의 압박을 느끼는 상황에서도 평정심을 잃지 않는 자기 모습을 그려본 것이다. 뛰어난 성취를 이루는 사람은 극도로 압박받는 새로운 상황을 계속해서 상상하며, 그 안에서 어떤 해결책을 찾을 수 있을지 고민을 절대 멈추지 않는다. 심판의 부당한 판정이나 사나운 날씨, 긴장감, 두려움, 불안 등 그 어떤 상황이 닥친다 해도 유연하게 대처할 마음의 준비를 갖춰야 한다. 그러려면 평정심을 유지할 수 있는 안정적인 정신이 필요하다. 맑은 정신으로 일이 어떻게 흘러가야 하는지에 대해 모든 기대를 내려놓고, 혹시 일어날지 모를 돌발 상황을 끊임없이 상상해야 한다. 설런버거와 트리블 박사가 들려준 전공의의 사례는 이런 정신을 잘 보여준다.

우리는 압박받는 상황을 오히려 성장과 비범한 경험의 기회로 삼을 수 있다. 이런 태도야말로 용기 있는 삶의 핵심이다. 즉각적 만족에 물들고 풍요병이 만연한 우리 문화에선 무엇이 삶에 의미를 부여하는지 잊기가 쉽다. 하지만 자기수양의 길을 걷는다면 성장과 배움을 추구하는 삶을 받아들이고, 공명하는 순간을 맞을 무대를 마련하며, 그 어떤 고난과 역경도 이겨낼 수 있다. 상대를 이겨야만 한다는 욕심을 뛰어넘을 수 있다. 그저 자신이 이룰 수 있는 최고가 되는 일에 집중할 수 있다. 우리가 자신이 하는 일과 하나가 되는 순간 경이로운 경험이 펼쳐진다. 더 자주 승리하게 될 것이다. 예상치 못한 상황에도 대비할 수 있게 될 것이다. 위기의 순간, 위험한 순간을 기회로 삼을 수 있게 될 것이다.

극한의 압박 속에서도 비범한 성취를 이루고 싶다면 과거에 어떻게 했든 상관없이 지금부턴 그렇게 하는 법을 익혀야 한다. '내면 근력'의 마인드셋을 삶의 토대로 집중한다면 과거엔 한 번도 꿈꾸지 못했던 수준까지 역량을 끌어올릴 수 있을 것이다.

: 내면 근력을 켜는 스위치 :

✔ 공명을 느끼며, 최상의 집중력을 발휘했던 순간은 언제였는가? 그 경험을 재현하는 데 도움이 되는 일상적인 습관이나 의식엔 무엇이 있는가?

✔ 지금까지 살아오면서 가장 좋았던 순간, 즉 사랑을 느꼈던 순간을 떠올려보자. 이제 자신의 가장 큰 적수를 떠올려보자. 그 적수는 지금 수단과 방법을 가리지 않고 나를 무너뜨리기 위해 애쓰고 있다. 적수와 경쟁할 때 사랑의 에너지, 그 안에 담긴 현존감과 용기가 내 안에서 솟아나는 모습을 시각화한다. 그 사랑의 에너지가 지금 이 순간에 머물며 집중하는 능력에 어떤 영향을 미치는가?

✔ 다음에 있을 대회나 시험 또는 다음에 해내야 할 큰 과업을 시각화하고, 압박감과 긴장감을 느껴보자. 우선 예상치 못한 큰일이 일어나 상황이 혼란스러워지는 순간 느껴질 당혹감과 긴장감을 깊이 느낀 다음 그런 상황에서도 중심을 잡고 긴장감을 떨쳐내는 자기 모습을 그린다. 평정심과 자신감을 유지하며 그 상황을 헤쳐나가는 자기 모습을 시각화해보자.

✔ 멘토로 삼고 싶은 인물을 몇 명 꼽아보자. 이상적인 작업 환경을 상상하면서 그 안에서 그 인물들이 나를 격려하고 영감을 불어넣어주는 장면을 그려보자.

3부
내면 근력을 강화하는 6단계

6단계:
비범한 리더십

> 챔피언이 된 사람과 챔피언이 되는 문턱에서 멈춘 사람을 가르는 기준은 자기 자신을 넘어서는 무언가를 위해 경기할 수 있느냐, 없느냐의 차이다.
>
> —루 홀츠(명예의 전당에 이름을 올린 미식축구 감독)

오하이오주립대학교 미식축구 감독 짐 트레셀은 케니언대학교의 수영 코치 짐 스틴과 이야기를 나누기 위해 오하이오주의 작은 마을 갬비어를 찾았다. 트레셀은 여덟 시즌 동안 다섯 차례의 승리를 이끈 명장이었지만, 스틴은 전국선수권대회에서 무려 마흔아홉 차례나 우승을 거둔 감독이었다. 맞다. 무려 마흔아홉 번이다. 트레셀과 스틴은 각자의 감독 생활에서 여러 중요한 교훈을 배웠다. 그중엔 지도자를 길러내는 법, 최고의 성과를 위해 과정에 집중하는 법 등이 있었다. 무엇보다도 중요한 교훈은 아마도 가족 같은 팀을 꾸리는 법이었을 것이다.

필 잭슨은 1989년에 NBA 프로농구팀 시카고 불스의 감독으로 취임하며 세계에서 가장 뛰어난 선수, 마이클 조던을 맡게 됐다. 그런데 조던은 훌륭한 선수였지만, 당시 시카고 불스는 훌륭한 팀이 아니었다. 잭슨은 허세가 판을 치는 팀 내에 공감과 이타심이라는 가치를 불어넣었고, 그후 불스는 NBA 챔피언십에서 여섯 차례나 우승을 거두었다. 이후 로스앤젤레스 레이커스의 감독으로 부임한 잭슨은 그곳에서도 다섯 차례 더 우승을 거두었다. 트레셀, 스틴, 잭슨이 감독으로서 성공한 것은 지도력이란 결국 인간 행동을 제대로 이해하는 데서 온다는 사실을 꿰뚫고 있었기 때문이다. 이들은 선수들에게 강력한 동기를 부여하려면 어떻게 해야 하는지 잘 알고 있었다.

뛰어난 지도자는 그 팀의 가능성을 통찰하고 각 팀의 구성원들이 각각 그 수준까지 오르게끔 힘을 실어주는 사람이다. 이들은 팀이 펼치는 활동을 아주 세세한 부분까지 구체적으로 이해하며 이 세부 사항을 구성원 한 사람 한 사람에게 의욕을 북돋우는 언어로 전달한다. 뛰어난 지도자는 자신이 몸담은 스포츠나 일을 이 세상을 보는 새로운 방식을 전달하는 도구로써 활용한다. 어떤 가능성이 펼쳐져 있을까? 좀 더 충만하게 살아가려면 어떻게 해야 할까? 더 깊이 사랑하려면 어떻게 해야 할까? 더 많은 걸 배우고 성장하려면 어떻게 살아야 할까? 가슴을 설레게 하는 미래의 청사진을 제시하고, 배우고 성장할 수 있는 방법을 가르쳐주기만 한다면 누구든지 자기 역할을 훨씬 더 뛰어난 솜씨로 해낼 뿐 아니라 팀에도 깊이 헌신할 수 있다.

지도자의 역할이란 사람들이 자신의 참 자아로 살아가도록 그들을 성장시키고, 그렇게 성장한 이들이 다시 다른 사람들을 똑같이 돕게 하는 것이다. 지도자의 역할엔 전문적인 기술이나 훈련의 영역을 뛰어넘는 일이 몇 가지 있다. 바로 여기에서 세상을 바꾸는 결정적 차이가 생겨난다. 내 경험으로 미뤄볼 때, 위대한 감독과 지도자는 삶과 가르침에서 다음의 세 가지 접근방식을 실천한다.

1 성공을 새롭게 정의한다.
2 선수가 개인을 뛰어넘는 목표와 연결되도록 이끈다.
3 자기수양을 추구하며, 다른 이들도 그 길을 걷도록 돕는다.

가장 훌륭한 지도자는 사람들이 온 마음을 다해 충만하게 살아가도록 이끌고, 그 성장의 여정 또한 즐길 수 있는 문화를 일구어나간다. 그들은 일상에서 자신이 살아가는 모습으로 가르침을 전하고, 자신이 가르치는 바를 몸소 실천하며 살아감으로써 팀 안의 문화를 형성한다. 지도하는 대상이 운동선수든 경영진이든, 지도하는 곳이 야구장이든 사업 현장이든, 비범한 역량을 이끄는 기본 원칙은 모두 똑같다. 그리고 이 모든 건 지도자에서 시작된다. 그러므로 지도자는 단순한 전략과 전술을 뛰어넘어, 자신이 이끄는 사람들의 삶을 힘이 넘치고 풍요롭게 변화시킬 방법을 배워야 한다.

88연승의 비밀

명예의 전당에 이름을 올린 UCLA 농구 감독 존 우든은 전국선수권대회에서 열 차례나 우승을 이끌었다. 그중 일곱 번은 연속 우승이었다. 우든은 『88연승의 비밀』에서 성공을 이렇게 정의한다. "마음의 평화다. 이는 자신이 이를 수 있는 최고가 되려고 모든 노력을 쏟아부었다는 사실을 아는 데서 오는 자기 만족감에서 비롯한다.”

트레셀 감독도 비슷한 생각을 했다. 트레셀 감독의 지도하에 미국 대학 최우수선수 명단에 이름을 올린 맬컴 젱킨스는 《스포츠 일러스트레이티드》에서 이렇게 말했다. “[트레셀] 감독은 무엇보다도 한 팀으로서, 한 사람으로서 지켜야 할 윤리에 기반을 두고 팀을 운영합니다. 그다음으로 팀원 간의 유대감을 중시하고, 마지막에 가서야 미식축구가 있습니다.”

우리 문화에서 성공은 보통 무엇을 가졌는지, 어떤 일을 해냈는지, 남과 비교해서 어떤 위치에 있는지로 평가되기 마련이다. 그러나 우든과 트레셀이 내린 성공의 정의에서 이런 기준은 찾아볼 수 없다. 가장 뛰어난 감독은 선수의 마음을 움직여 선수가 이기심을 버리고 자기수양의 길을 걷도록 이끌며, 팀 전체가 전엔 한 번도 도달하지 못했던 경지에 이르도록 힘을 실어준다. 게다가 선수가 그 목표에 다다를 수 있도록 매일 실천하는 루틴과 의식의 체계를 세운다.

프로스티 웨스터링 감독은 선수들이 무엇보다도 가장 먼저 인간으로서 성장하고 성숙해지는 일에 힘을 쏟았다. 《스포츠 일러스트레이티드》에 따르면, 웨스터링에게 성공의 통상적인 기준은 중요하지 않다. “승리란 바르게 살아가는 법을 습득하면 자연스럽게 따라오는 부산물일 뿐입니다.” 웨스터링은 미식축구보다 “선수의 삶을 바르게 형성하고, 그들의 마음과 정신에 영향을 미치는 일”에 훨씬 더 관심을 둔다고 말한다.

큰 대회가 있을 때마다 프로스티가 지도하는 팀의 선수 중 한 명은 자리에서 일어나 이렇게 말한다. “저들은 우리를 이기러 왔다. 하지

3부
내면 근력을 강화하는 6단계

만 우리는 우리답게 존재하려고 여기에 있다." 참으로 힘이 되는 말이 아닌가.

프로스티가 지도하는 팀이 압도적인 실력을 발휘한 이유는 선수들이 서로는 물론 경쟁 상대까지 존중하고 사랑하는 법을 배웠기 때문이다. 이러한 마인드셋에서 강력한 에너지가 생성됐고 이 에너지를 이용해 최고의 기량을 발휘할 수 있었다.

존 우든은 상대 팀의 동태를 살피지 않았다. 다른 팀이 무엇을 하는지 알고 싶어 하지도 않았다. 그 덕분에 혁신적인 방법을 시도하며 팀의 발전에만 집중할 수 있었다. 우든은 팀을 가능한 한 최고의 수준으로 끌어올리겠다는 각오를 품고 있었다. 굳이 다른 팀과 비교할 필요가 없었다. 어차피 우든의 팀엔 이미 최고의 선수들이 있으니, 별로 어려운 일은 아니었으리라고 생각할 수도 있다. 하지만 우든 감독의 책 『88연승의 비밀』에 따르면 우든 감독은 선수를 직접 영입하지 않았다. 오히려 재능 있는 선수들이 우든을 먼저 찾았다. 사람을 키워내는 우든의 능력이 선수들의 마음을 움직였기 때문이다. 우든은 다른 팀과 비교하는 데 시간을 낭비하기보다 그저 자기 선수와 팀 자체의 성장에만 관심을 쏟았다.

세계적인 경영사상가 김위찬과 르네 마보안은 베스트셀러 『블루오션 경영』에서 우든 감독과 똑같은 생각을 강조한다. "경쟁에서 이기는 유일한 방법은 경쟁에서 이기려고 하지 않는 것이다." 경쟁에서 이기려고 애쓰는 건 팀과 감독이 저지르기 쉬운 가장 큰 실수다. 실은 경기 자체를 제대로 해내는 과정에 집중하는 편이 훨씬 더 좋은 결과를 얻을 수 있다. 이 두 가지는 상당히 다르다. 그저 상대를 이기는 데만 집중한다면, 많은 요소가 내 통제에서 벗어난 결과에 집착하는 셈

11장
6단계: 비범한 리더십

이다. 그럴 때 긴장감이 생기기 마련이며, 그 결과 우리는 지금 이 순간에서 벗어난다. 만약 어떤 일이 온전히 통제하에 있다면, 그건 목표가 아니라 그저 해야 할 일이 될 것이다. 어떤 목표를 달성하려면 그 목표에 이르는 과정 자체에 주력해야 한다.

베스트셀러 『성공하는 기업들의 8가지 습관』의 저자 짐 콜린스는 위대한 기업을 둘러싼 열두 가지 잘못된 신화의 목록을 작성했다. 그중 열 번째 신화는 "가장 성공한 기업은 경쟁사를 이기는 데 주력한다"라는 것이다. 콜린스는 사실은 "미래를 바라보는 기업은 어제의 자신을 이기는 데 주력한다"고 말한다.

나라면 같은 개념을 최고의 팀, 최고의 기업은 자신의 참 자아가 되는 일에 집중한다고 표현할 것이다. 참 자아에 이른다는 건 본능적으로 타고난 자기중심성을 버리고, 그것에서 비롯한 한계를 벗어난다는 뜻이다. 필 잭슨 감독은 이타심과 공감에 집중하면서 자기 팀이 참 자아를 실현하게 했다. 스포츠 세계에서든 비즈니스 세계에서든 최고의 조직은 '승리'와 '이득'을 궁극적인 목표로 삼는 대신, 자신이 하는 일로써 팀 구성원의 삶에 변화를 불러오고 이 세상을 변화시키는 일에 주력한다.

다음은 NBA의 프로농구팀 골든 스테이트 워리어스가 중요시하는 가치다.

1 기쁨

2 공감

3 마음챙김

4 경쟁

팟캐스트 〈대가를 찾아서〉(2019.1.22.)에 따르면 골든 스테이트 워리어스의 감독 스티브 커는 NBA 결승전에서 통산 여덟 차례의 우승을 차지했다. 다섯 번은 선수로서, 세 번은 감독으로서 거둔 승리였다. 프로 팀이라면 내면의 힘을 끌어내는 가치나 청사진이 없이도 승리할 순 있다. 하지만 그런 승리는 오래가지 못한다. 다른 이들과의 깊은 연결, 기쁨, 자신감을 키워주는 체계 없이 그저 재능과 돈만으로 위대함을 꾸준히 발휘하기란 어려운 일이다.

누구나 이익과 손실, 승리와 패배를 넘어서 자신보다 더 큰 무엇의 일부가 되고자 하는 깊은 욕구를 품는다. 하지만 많은 이가 평생 이 욕구를 충족하지 못한 채 더 많은 승리, 더 많은 돈, 더 많은 승진으로 그 결핍을 채우려 애쓰며 살아간다. 그런 삶에선 역량을 발휘하는 데 필요한 진정한 자유를 누릴 수 없기에, 긴장과 불안에 시달릴 수밖에 없다. 미식축구 전국선수권대회에서 다섯 차례 승리를 거둔 짐 트레셀 감독은 『승리자의 지침서』에서 다음과 같이 말한다.

> 물론 목표도 중요하다. 하지만 목표나 목표 달성 여부에 따라 그 사람을 정의할 수 없다는 사실을 이해하는 게 더 중요하다. 승패에 따라 누가 더 나은 사람이 되는 건 아니다. 우리는 자신과 자신이 하는 일을 명확하게 분리할 수 있어야 한다. 목적과 목표를 구분하는 일은 매우 중요하다. 진정한 의미에서 성공을 제대로 정의하려면 그 차이를 제대로 이해하고 있어야 한다.

위대한 조직은 봉사지향적 가치를 추구한다. 짐 콜린스의 연구에 따르면 미래지향적 기업엔 한 가지 공통된 특징이 나타난다. 그 특

11장
6단계: 비범한 리더십

징은 바로 사회에 이바지하는 걸 주요 목적으로 삼고 이익을 그 부산물로 여긴다는 것이다. 달리 표현하자면 이 기업들은 강력한 목적을 중심에 두고 성공을 정의한다. 그 목적이란 바로 다른 사람들의 삶에 변화를 불러오는 것이다.

뚜렷하고 의미 있는 목적이 있다면, 역량을 펼쳐야 할 때 그 순간에 온전히 머물 수 있다. 목표 달성이라는 결과에 연연하지 않기 때문이다. 경쟁하는 순간을 생생하게 경험하며 충만한 삶을 살아가는 돈 스테일리를 비롯한 수많은 올림픽 출전 선수가 이를 증명하는 훌륭한 본보기다. 이들은 승리하겠다고 시합에 나서지만, 그들이 시합하는 이유가 오직 승리에만 있지는 않다.

개인을 뛰어넘는
더 큰 무엇과 연결하다

오늘 밤 난 선수들한테 말했어요. 오늘 경기의 승부를 가르는 차이는 바로 사랑이 될 거라고요. 사랑은 올 한 해 동안 내가 입이 닳도록 말해왔던 겁니다. 우리는 오늘 승리할 겁니다. 우리가 서로 사랑하니까요.

—다보 스위니(미식축구팀 크렘슨 타이거즈 감독), 2017년 대학미식축구 전국선수권대회 결승전 우승 인터뷰

루이스 퓨가 삼각 수영복 하나만 입고 북극점의 차가운 바닷물에서 수영하겠다고 나섰을 때 그에겐 의미 있는 목적이 있었다. 퓨에게 성공이란 지구온난화가 미치는 파괴적인 영향을 알리고, 그에 맞서는 싸움에서 변화를 일으키고자 자신이 해야 할 몫을 다하는 것이

3부
내면 근력을 강화하는 6단계

었다. 이 강력한 목적이 있었기에 퓨는 북극점의 바다에서 1킬로미터를 헤엄친다는 목표를 세울 수 있었다. 그는 날마다 이 목표를 염두에 둔 채 살아갔다. 퓨가 날마다 그를 찾아왔던 지극히 현실적인 두려움을 극복할 수 있었던 건 자신의 목적에서 힘을 얻고 매일 목표에 집중한 덕분이었다.

자기 자신을 뛰어넘는 목표란 그 직접적인 결과가 대의를 위해 봉사하는 것을 말한다. 한편 의미 있는 목적은 자신은 누구인지, 무엇이 자신을 정의하는지 보여주는 선언에 가깝다. 목적은 삶에 의미와 영감을 부여하며, 목표는 나아갈 방향과 집중할 대상을 제공한다.

정기적으로 극한의 위험과 맞서며 두려움을 받아들여야만 하는 집단이 있다. 바로 미 해군특수부대 네이비실Navy SEALs이다. 네이비실에 들어가려면 버즈 훈련이라 불리는 수중 폭파 훈련을 통과해야 한다. 버즈 훈련은 악명 높은 6개월짜리 과정으로, 지원자 대부분이 버티지 못하고 탈락한다. 특히 5일간 이어지는 지옥의 주간 동안 네이비실 지원자는 전부 합쳐 네 시간 정도밖에 잠을 자지 못한다. 깨어 있는 시간엔 내내 정신적·육체적·감정적으로 한계에 내몰린다. 지원자가 어떻게든 팔굽혀펴기를 하나라도 더 하려고 힘을 쥐어짜는 동안 교관은 지원자 코앞에 얼굴을 들이밀고, 고함을 지르며, 호스로 물을 뿌려댄다. 몸과 마음의 세포 하나하나가 이제 더는 못 하겠다고 비명을 지르는 동안 어떻게든 포기하지 않고 버텨내려면, 내면에 훨씬 깊은 무언가가 있어야만 한다. 네이비실의 제프에게 어떻게 지옥의 주간을 버텨냈는지 묻자 그는 대답했다. "오로지 팀만 생각했습니다. 팀을 실망시키고 싶지 않았거든요. 선택지에 포기가 없었다는 것도 도움이 됐습니다. 말 그대로 내 몸 어딘가가 부서지지 않는 한 나를 막을

11장
6단계: 비범한 리더십

수 있는 건 아무것도 없었습니다."

지금 어떤 역할을 맡고 있든 무슨 일을 하든 상관없다. 두려움과 맞서고, 자기 한계를 시험하며, 의심과 불안을 극복할 기회란 언제 어디에나 있다. 생계를 위해 트럭을 운전하든 포뮬러 원 경주용 차를 몰든, 최고경영자로 일하든 신발 가게 판매원으로 일하든 상관없다. 자신이 직업으로 삼는 일이 자기 가치관에 위배되지 않는 한, 그 일에 에너지를 집중하며 놀라운 현존감을 창조해낼 수 있다. 게다가 자신이 하는 일에 사랑, 지혜, 용기를 결합한다면 그야말로 인생 전부를 다 내주어도 아깝지 않을 만큼 강렬한 공명을 경험할 수 있다.

1614년 농민으로 태어난 니콜라 에르망은 가난에서 살아남으려고 군에 입대했다. 독일군에 붙잡혀 전쟁포로가 됐지만 독일군은 에르망의 '대단한 용기'를 이유 삼아 그를 풀어줬다. 그 후 에르망은 샌들을 만들고, 요리사로 일하고, 설거지를 하며 살았다. 그는 자신을 "손만 대면 물건을 망가뜨리는, 덩치만 큰 어설픈 녀석"이라고 불렀다. 어쩌면 에르망이 그토록 어설프고 몸가짐이 서툴렀기에, 한층 겸손하고 평온한 사람이 될 수 있었을지도 모른다.

수많은 사람이 에르망의 따뜻한 에너지에 이끌렸다. 에르망이 세상을 떠나고 나서 그가 쓴 편지와 그가 나눈 대화를 모은 한 권의 책 우리나라에선 『하나님의 현존 연습』이라는 제목으로 출간됐다—옮긴이이 나왔다. 그 책은 수백만 부가 팔렸고 지금까지도 여전히 독자의 사랑을 받고 있다. 에르망의 사회적 지위는 낮았지만 그가 누렸던 평화와 기쁨은 드높았다. 평범한 일상의 순간에 온전히 현존하는 에르망의 능력은 400년이 지난 오늘날까지도 여전히 연구의 대상이 되고 있다. 에르망의 목표는 아주 단순했다. 신의 사랑 안에 온전히 머물며, 이를 다른 이와 나누는 것이었다. 에르망의 영향력은 수 세기가 지난 지금까지 사람들을 감화하고 있다. 훗날 라우렌시오 수사Brother Lawrence란 이름으로 알려진 에르망은 공명하며 몰입하는 힘을 몸소 보여준 인물이었다.

뛰어난 지도자는 팀 구성원들이 공명의 순간을 찾을 수 있도록 돕고, 무엇을 생각하고 어디에 집중할지 바른길을 안내하는 사람이다. 이들은 팀의 구성원 한 사람 한 사람과 연결하는 데 집중하면서 각 구성원이 자신은 누구인지, 자기 앞에 어떤 가능성이 있는지, 자신이 주위에 얼마나 중요한 사람인지에 대해 긍정적으로 느낄 수 있도록 이끈다. 공명이란 모든 관계의 토대 위에 지어지는 것이기 때문이다. 가치와 행동의 관계, 정신과 마음의 관계, 자신과 타인의 관계, 내면과 주위 환경의 관계다.

위대한 지도자가 되려면 이 관계들을 잘 쌓아 올려 그 안의 모든 잠재력을 끌어낼 방법을 연구하고 배워야 한다. 다른 사람과 관계를 쌓는 일은 어떤 식으로든 상대와 통하는 지점을 찾는 데서 시작한다. 아무리 강한 유대감도 처음엔 이런 사소한 교감에서 시작되는 법이다.

교감은 공감을 기반으로 하는데, 공감이란 상대가 느끼는 감정에 접속하는 것이다. 의사소통 능력이 뛰어난 사람은 소통이 대부분 비언어적 통로로 이뤄진다는 사실을 이해한다. 이 말은 곧 우리가 하는 모든 말과 행동이 상대에게 무언가를 전달하므로 '소통하지 않을' 방도가 없다는 뜻이다.

캘리포니아대학교 로스앤젤레스 캠퍼스의 심리학 교수 앨버트 머레이비언Albert Mehrabian은 의사소통에서 내용보다 비언어적 요소가 훨씬 중요함을 강조한다. 그가 의사소통과 비언어적 메시지의 영향력에 대해 연구한 것에 따르면, 대화에서 상대에게 호감을 느끼는

11장
6단계: 비범한 리더십

데 주요한 영향을 미치는 요소는 말의 내용이나 어휘가 7퍼센트, 목소리의 톤이나 속도가 38퍼센트, 표정이나 몸짓, 시선처리 등이 55퍼센트를 차지했다(이른바 '7-38-55퍼센트 법칙'으로 알려져 있다). 예컨대 라스베이거스에선 딜러가 팔짱을 끼고 서 있는 걸 금지하는데, 이런 자세는 고객을 환영하지 않는다는 신호로 보이기 때문이다. 가장 효과적으로 상대와 교감을 쌓는 방법은 상대의 자세나 몸짓 언어, 말투, 자주 사용하는 단어를 은근한 방식으로 맞춰주는 것이다. 이런 방식을 보조 맞추기pacing라고 한다.

예를 들어 보고하러 온 직원이 화가 머리끝까지 난 채 발을 쿵쿵거리며 들어올 때, 그 사람을 제대로 상대하려면 그저 자리에 앉아 조용히 이야기해서는 안 된다. 이럴 때는 그와 함께 발을 맞추어 걸으면서, 그의 목소리만큼 큰 소리로 대답하고, 그가 하는 말을 적극적으로 경청해야 한다. 그러면서 서서히 그를 자리에 앉히고, 한층 편안한 태도로 대화를 나누도록 유도한 다음 본론으로 들어가야 한다. 먼저 상대에게 맞춰주고 나서 이끌어야 한다. 좀 더 구체적으로 말하자면 맞춰주고, 또 맞춰주고, 다시 한번 맞춰주고 나서 이끌어야 한다. 상대가 자신의 지도를 따르기 전에, 자신과 맺은 관계에서 공명을 보고 느낄 시간을 허락해줘야 한다.

한편 누군가와 관계를 맺는다는 건 그 사람이 진심으로 아끼는 대상과 관계를 맺는다는 뜻이기도 하다. 새로운 팀이나 조직에서 일을 시작했다고 해보자. 어서 빨리 팀의 구성원을 한 명씩 알아가고 싶다. 그래서 한 직원과 마주 앉아 이렇게 물어본다. "지금 하는 일에서 개인적으로 가장 중요하다고 생각하는 게 뭔가요?"

상대는 이렇게 대답할 것이다. "매번 도전하는 일이요."

그러면 다시 묻는다. "도전에서 뭘 얻는다고 느끼나요?"

상대는 어쩌면 이렇게 대답할 것이다. "도전과 마주할 때 난 더 창의적으로 생각할 수 있어요. 또 내가 여기에 필요하고 유용한 사람이라고 느낄 수 있고요."

그러면 다시 묻는다. "필요하고 유용한 사람이라고 느끼는 게 왜 그렇게 중요한가요?"

상대는 다시 대답할 것이다. "거기에서 안정감을 얻거든요."

이 문답에서 핵심은 상대에게 무엇이 중요한지, 그 중요한 것에서 상대가 무엇을 얻는지를 알아낼 때까지 계속해서 묻는 것이다. 그러다 보면 상대가 진정으로 원하는 것의 뿌리에 닿을 수 있을 것이다. 보통 같은 대답이 반복되거나 더 깊이 파고들 구석이 없는 대답이 나온다면, 그 분야에서 상대가 가장 중시하는 가치를 발견한 것이다. 안정감이나 사랑, 평화 같은 더 높은 차원의 가치를 끌어낼수록 상대가 욕구를 충족하게 할 방안을 마련하기가 쉽다. 앞의 사례에선 상대에게 안정감이 중요하다는 사실을 이제 알게 됐으니, 그 집단의 목적과 목표에 안정감이란 가치를 더해줄 수 있다.

규모가 큰 집단이라면 팀 구성원과 개별적으로 소통하기가 어려울 수 있다. 지도자는 항상 자신이 이끄는 사람들이 끊임없이 기회를 발견하고, 개인적으로나 직업적으로 성장할 수 있는 길을 찾도록 돕는 걸 목표로 삼아야 한다. 게다가 팀에선 물론 개인의 삶에서 어떤 가능성이 펼쳐질지 보여주는 청사진을 제시해줘야 한다. 한 부서의 수장이나 총괄 관리자라면 팀의 모든 구성원과 일일이 개인적으로 이야기를 나눌 순 없겠지만 팀원들이 진심으로 서로서로 소통하고 응원하는 문화를 일구어나갈 수는 있다. 의미 있는 목적과 뚜렷한 목표, 자

11장
6단계: 비범한 리더십

기수양에 토대를 둔 조직 문화를 구축한다면 이 모든 걸 현실에서 실현할 가능성이 높아진다.

지도자가 사용하는 언어의 중요성

지도자로서 사용하는 언어는 아주 중요하다. 지도자는 끊임없이 선수들의 마음속에 이미지를 불어넣는 사람이기 때문이다. 문제는 그 이미지가 선수에게 득이 되느냐, 오히려 해가 되느냐 하는 것이다.

메이저리그의 월드시리즈에서 세 차례 우승한 감독 데이비 존슨은 내게 이렇게 말한 적이 있다. "감독이 선수 한 명에게 소리를 지를 때는 단지 그 선수에게만 소리치는 게 아닙니다. 그 팀의 모든 선수한테 소리를 지르는 거죠."

자신에게 하는 말이든 다른 사람에게 하는 말이든 우리가 사용하는 표현 하나하나는 아주 중요하다. 잠재의식은 항상 우리가 내뱉는 말을 있는 그대로 받아들이며, 그 말에서 믿음을 형성하기 때문이다.

핵심은 선수가 하지 말아야 하는 일이 아니라 하면 좋겠다고 생각하는 일을 이미지와 감정으로 전달하는 것이다. 이 원칙은 결정적인 순간일수록 중요하다. 뇌는 이미지와 감정에 기반을 두고 작동하는데, '하지 말라'는 말은 이미지로 떠올릴 수가 없기 때문이다.

"공중제비를 넘는 분홍 코끼리를 생각하지 말라." 코끼리가 공중제비를 넘기도 어렵겠지만, 이 말을 들었을 때 공중제비를 넘거나 넘으려고 하는 코끼리에 대해 생각하지 않기란 훨씬 더 어렵다. 여기에서 '하지 말라'는 말은 '삶'이란 단어의 묵음인 'ㄹ'과 같다. '삶'이란 단어를 발음하며 묵음을 무시하듯, 뇌는 '하지 말라'는 말 또한 자연스럽게 무시해버리고 만다.

가령 야구에서 투수가 타자를 볼넷으로 내보내면 안 되는 상황은 아주 흔하다. 하지만 이때 감독이 투수에게 가서 "이번 타자는 볼넷으로 내보내지 마!"라고 말한다면, 즉 투수가 해서는 안 되는 일을 지적한다면, 투수의 잠재의식에 자신이 바라는 것과는 정반대의 이미지를 심어주는 셈이다. 하지 말라고 말하기보단 감독 자신이 '원하는' 모습을 이미지와 감정으로 전달하는 편이 훨씬 더 효과적이다.

미식축구에서도 마찬가지다. 미식축구 감독은 러닝백_{후방에 있}_{다가 공을 받아서 달리는 공격수—옮긴이}에게 "공을 잘 잡아!"라든가 이와 비슷한 말을 하지 "공을 흘리지 마!"라고는 말하지 않는다. 첫 번째 종류의 말은 공을 움켜쥐는 동작과 감각을 떠올리게 하지만, 두 번째 종류의 말은 공을 놓치는 모습을 선수의 머릿속에 심어넣기 때문이다. 물론 그건 감독이 바라는 바가 전혀 아니다.

자기수양을 추구하고
다른 사람도 그렇게 하도록 이끌다

에이브러햄 매슬로는 위대한 인물들의 삶을 연구하면서, 이들에겐 공통으로 신성한 순간을 온전히 경험하고 깊이 있게 사는 능력이 있다는 사실을 발견했다. 매슬로가 제시한 자아실현자의 특징에는 완전한 몰입, 개인의 성장 추구, 자기인식, 게마인샤프트, 감사하는 마음, 고독 추구, 진정한 자기다움을 추구하고 문화적 동화에 저항하는 태도, 자아를 넘어선 목적, 자기방어의 부재가 있다. 이 특징들에서 자기수양과 연결되는 지점을 찾을 수 있다.

《뉴욕 타임스》에 실린 기사에 따르면, 2002년 미식축구 시즌이 시작되기 전 짐 트레셀은 마이애미대학교로 날아갔다. 당시 전국선수권대회 우승을 따낸 팀의 감독 래리 코커에게 한 수 배우기 위해서였다. 그해 트레셀이 지도하는 버카이스는 미국 대학미식축구전국선수권대회 우승 결정전에서 코커의 허리케인스와 맞붙게 됐다. 버카이스는 2차까지 이어진 연장전 끝에 승리를 거두었다. 트레셀은 계속해서 배워나가지 않으면 성장하지 못한다는 사실을 잘 알고 있었다.

지도자가 되려면 반드시 자기수양을 추구해야 한다. 한 집단의 역량을 끌어올리려면 확고한 자신감을 유지하면서도 팀 구성원들을 겸허한 태도로 섬길 수 있어야 하기 때문이다.

필 잭슨은 『성스러운 농구』에서 존 하이더의 『리더십의 도The Tao of Leadership』를 인용한다.

현명한 지도자는 섬기는 사람이다. 마음을 열고, 양보하며, 따르는 사람이다. 집단 구성원의 진동이 그 집단을 지배하고 이끌 때, 지도자는 그 흐름을 따라야 한다. 그러나 이내 집단 구성원의 의식이 변화할 것이다. 지도자의 역할은 집단 구성원이 겪는 과정을 알아차리고, 주의를 기울이는 것이다. 인정받고 주목받고 싶어 하는 구성원의 필요를 충족하는 것이다. 지도자에게 기꺼이 섬기고 따를 지혜가 있다면, 지도자와 구성원 모두 각각 자신이 필요한 걸 얻을 수 있다.

집단을 섬길 때 중요한 부분은 구성원에게 자신을 발전시키는 법을 가르치는 일이다. '목표가 없는' 자기수양의 여정에선 자신을 다스리며 성장하는 길이 끝도 없이 이어진다. 어차피 끝이 없는데 왜 그렇게 성장을 중시해야 하는지 묻는 사람이 있을 수도 있다. 하지만 그 질문은 언젠가는 죽고 말 텐데 왜 살아야 하는지를 묻는 것과 똑같다. 이 여정에선 성장 자체가 목적이 된다. 또는 성장이야말로 진정한 삶의 중심에 놓인 의미라고도 말할 수 있다.

삶에서 가장 멋진 순간은 노력하고, 배우고, 성장할 때, 재능이 있는 분야에서 도전을 받고, 의미 있는 목적을 추구할 때 찾아온다. 시합과 훈련, 동료나 중요한 고객 앞에서 하는 발표는 모두 기회가 될 수 있다. 바로 비범한 경험에 온전히 몰입할 기회다. 마이클 조던은 농구할 때 어떤 게 가장 좋으냐는 질문에 연습할 때가 가장 좋다고 대답했다. 연습은 순수한 농구 자체이기 때문이다. 연습할 때 마이클은 자신이 잘하는 일에서 도전을 받고, 팀 동료들과 깊이 연결될 수 있었다. 그 순간엔 관중도 없고, 점수도 없고, 허례허식도 없이 그저 농구만이 있을 뿐이었다. 마이클이 압박감 속에서도 최고의 역량을 발휘할 수 있었던 것은 연습과 시합이 하나가 됐기 때문이다. 마이클에겐 이 두 가지가 모두 똑같이 그저 공명을 누릴 기회였다.

자기수양은 본래의 모습이 아닌 것을 모두 벗겨내서 진정한 자기 자신을 찾고, 진정으로 원하는 감정을 느낄 수 있도록 인도한다. 자기 수양을 추구한다는 건 맑은 정신과 얽매이지 않는 마음으로 현재에 온전히 머문다는 뜻이다. 하지만 이 현존감을 매 순간 100퍼센트 유지한다는 건 현실적으로 불가능하다. 인간이란 본능적으로 과거와 미래에 머무르고 싶어 하는 성향이 있기 때문이다. 그러므로 끊임없이 성장하려면 계속해서 자기 자신을 새롭게 가다듬어야 한다.

특히 사람들이 마음으로 따르고 싶어 하는 지도자가 되려면 자

11장
6단계: 비범한 리더십

기 쇄신 활동을 멈추지 않아야 한다. 다음은 우리가 실천할 수 있는 자기 쇄신 활동이다.

1 자신이 아는 진리에 집중하라. 그리고 그 진리와 함께할 수 있도록 '내면 근력'의 원칙과 수련법을 활용하라.

2 사랑, 지혜, 용기로 마음을 가득 채우라. 책이나 팟캐스트, 강의, 설교 등을 활용한다. 가장 중요한 핵심 원칙과 개념은 머릿속에 단단히 새겨둔다.

3 가장 가치 있고 자신에게 힘을 주는 걸 우선순위로 두도록 마음을 훈련하라. 이 훈련은 미각을 단련해 건강에 좋은 음식을 먹고 싶게 하는 것과 비슷하다.

4 자신보다 더 지혜로운 사람과 가능한 한 오랜 시간을 함께 보내라.

5 잠들기 전에 하루를 되돌아보라. 감사한 것, 배움의 순간을 찾아내고 오늘 하루를 놓아주라.

6 에고에 대한 감시의 눈길을 늦추지 말라. 에고는 자신을 표현하고 감사하는 대신, 끊임없이 남과 비교하고 자기방어 태세를 갖추려 한다.

7 일주일마다 하루는 몸과 마음, 정신을 재충전하는 시간으로 삼으라.

8 다른 사람에게 솔직한 의견을 구하라.

뛰어난 지도자는 뛰어난 역량을 발휘하는 이들과 마찬가지로 풍부한 상상력을 발휘할 수 있어야 한다. 정기적으로 자신을 새롭게 가다듬지 않으면서 위대한 지도자가 되기란 실로 불가능하다. 지도력을 발휘한다는 건 팀 구성원들이 자신과 서로를 믿을 수 있도록 계속해서 새로운 생각과 동기를 부여하는 일이기 때문이다. 그러므로 지도자는 이 순간에 온전히 머물지 못할 때, 중심을 잡아야 할 때, 자기 자신에 골몰한 나머지 눈앞에 펼쳐진 가능성을 보지 못할 때, 이를 알아차릴 능력을 키워야 한다. 게다가 자기 팀이 성공하는 모습과 그 성공에 이르는 길을 마음의 눈으로 생생하게 그려내고 그 청사진을 팀 구성원들에게 온전히 전달할 수 있어야 한다.

무엇보다도 위대한 지도자는 집단의 요구에 부응해야 한다. 어떻게 해야 그럴 수 있을까? 우선 삶에서 성공의 의미를 새롭게 정의하며 자신부터 사랑, 지혜, 용기가 흘러넘치는 사람이 되어야 한다. 그렇게 된다면 최소한의 말로도 그 가치를 다른 사람들에게 전달할 수 있을 것이다. 사회가 부추기는 충동이나 비교에 휘둘리지 않고 오직 한 사람 한 사람에게 열린 가능성과 그들을 기다리는 영광을 바라보고 나아가야 한다. 비범한 지도자는 스스로 자신을 수양하는 데 그치지 않고, 다른 이들 또한 자기인식, 자기절제, 자기향상을 추구하도록 영감을 불어넣어야 한다. 그래서 그들이 자신을 넘어선 목표를 이루도록 도와야 한다. 지도자가 이 모든 일을 해낸다면 그 집단은 서로 돕고 격려하며 서로 탁월함을 끌어내는 가족 같은 공동체로 거듭날 수 있다.

✓ 팀 구성원과 신뢰를 쌓고 교감하려면 무엇을 해야 할까? 어떻게 이들을 공동의 목표로 안내할 수 있을까? 어떻게 이 목표를 위해 기꺼이 헌신하도록 이끌 수 있을까? 현재 각 팀 구성원의 개인적인 목표와 전망을 얼마나 잘 파악하고 있는지 살펴보자.

✓ 자신과 팀을 위해 성공을 어떻게 새롭게 정의할지 생각해보자.

✓ 팀 구성원들이 개인적으로 성장할 수 있도록 도우려면, 비교하는 습관과 자기중심적인 성향을 버리게 하려면 어떻게 해야 할까? 팀의 환경을 어떻게 바꾸면 좋을까? 팀 구성원이 사용하거나 머무는 방의 벽이나 창문에 어떤 원칙이나 전제, 발상을 붙여 놓으면 좋을지 고민해보자.

✓ 나부터 자기수양을 실천하며 자기인식, 자기절제를 수련하려면 무엇을 더 해야 하는지 고민해보자.

새로운 삶의 길

지금 이 순간은 언제나 그렇듯 참으로 좋은 때다.
그저 우리가 이를 어떻게 써야 할지 안다면.

—랠프 월도 에머슨

인간의 역량은 고정된 것이 아니다. 누구나 노력의 방향을 제대로 설정하여 내면의 성장을 이뤄낸다면 탁월함에 이를 수 있다. 재능은 단지 출발점일 뿐이다. 진정한 차이를 만드는 것은 자신의 가능성에 대한 자기확신, 잡념을 끄고 몰입하는 집중력, 어려움이나 실패를 배움의 기회로 받아들이고 다시 일어나는 회복탄력성이다. 이 요소들이야말로 타고난 천재성을 압도하는 내면의 가장 강력한 힘이자 무기다. 내면 근력이란 자신의 잠재력을 신뢰하며 끝까지 나아가는 과정 그 자체에서 완성된다.

우리는 대부분 지금까지 자기중심적인 태도로 살아왔으며, 그 탓에 삶에 온전히 몰입하지 못했다. 학교에서든 직장에서든 경기장에서든 우리가 펼치는 역량은 그저 목표를 달성하려는 수단일 뿐이었다. 다음 시합에 이긴다. 다음 거래를 성사한다. 남들보다 앞서 나간다. 행복해진다. 하지만 이런 목표를 좇아 치열하게 살아가는 동안, 어딘가에서 자기 자신을 잃어버리고 말았다. 또는 자신이 하는 일을 사랑하는 능력, 경쟁에서 순수한 기쁨을 맛보는 능력을 잃어버렸다. 승리해야 하고 남보다 앞서나가야 한다는 성취지향적인 길을 따르도록 사회에 길든 나머지, 온전한 자아를 놓친 채 온갖 걱정과 근심을 껴안고 살게 됐다. 남들이 칭찬을 건네는 순간에 아주 잠시 인정받는 기분을 누릴 뿐이고, 늘 타인의 시선을 의식하느라 불안에 시달려야 했다. 더 나은 삶을 위해 애썼을 뿐인데, 자유를 잃고 마음이 흩어져 버리고 말았다.

타인과의 비교를 내려두는 것, 진정한 성장을 위해 도전을 마다하지 않는 것은 물론 쉽지 않은 일이다. 그래서 우리는 서둘러 사회가 정의한 성취와 지위를 좇는 길로 돌아가려 했다. 혹은 남들이 걷는 길을 무작정 따라 가려고만 해왔다. 우리는 그저 과거와 미래 사이를 오가며 끊임없이 분석하고, 고민하고, 희망하고, 의심했다.

그것은 어쩌면 무엇을 찾게 될지 확신할 수 없어 불안했기 때문일 수 있다. 또는 잠재력을 제대로 펼치지 못하는 현실을 인정하고 싶지 않았거나, 잠재력을 실현하려면 커다란 어려움을 감수해야 한다는 걸 알았기 때문일 수도 있다. 덧없는 감정에 이리저리 흔들리며 사는 삶에 너무 익숙해진 나머지 우리 앞에 펼쳐진 가능성, 즉 비범한 경험을 하고 뛰어난 역량을 펼치며 충만하게 살아갈 가능성을 받아들일 수가 없었다.

그러나 이제 우리의 길을 가로막던 두려움을 물리칠 방도를 손에 넣었다. 인간 본성에 내재한 자기중심적 성향과 여기에서 초래하는 한계에 대한 지식도 얻었다. 이런 방도와 지식으로 무장한 지금, 우리 앞엔 매일 새로운 선택지가 펼쳐진다. 우리는 두려움을 물리치고 성장을 향해, 평생 지속될 충만감을 향해 나아갈 수 있다. 마음이 이끄는 대로 따르고, 시야를 넓히고, 이 순간에 온전히 머물기로 선택할 수 있다. 통제할 수 없는 결과에 더 이상 집착하지 않기에 집착에 뒤따르던 온갖 두려움과 불안이 사라질 것이다. 기대를 버리고 최선을 다할 것이다. 어떤 노력도 헛되지 않고 내 안의 결실로 남는다는 걸 알게 될 것이다. 이 길에선 창조적인 생각, 아름다움, 모든 순간을 새롭게 일깨우는 집중력을 발견하게 될 것이다. 비로소 단단해진 내면을 발판 삼아 배움과 성장, 위대한 경험을 할 수 있는 길로 들어설 것이다.

배움을 거듭할수록 오래된 믿음이 뒤집힐 것이다. 자기 자신을 뛰어넘는 삶의 목적을 발견하고, 이를 위해 헌신하게 될 것이다. 이 목적에서 힘을 얻어 맑은 정신과 얽매이지 않는 마음을 갖추게 될 것이다. 모든 순간이 품은 아름다움과 탁월함을 발견하게 될 것이다. 이기심을 버리고 다른 이들을 사랑할 수 있게 되면, 그래서 경쟁 상대마저 사랑할 수 있게 되면, 그야말로 충만한 삶을 살아갈 수 있다. 자기 삶을 내려놓으려면 용기가 필요하지만, 마침내 이를 실현하는 순간 참 자아를 찾을 수 있을 뿐만 아니라 공명이 이뤄지는 신성한 순간도 경험하게 된다.

이 책을 쓰면서 이루고 싶었던 목표 한 가지는 외적인 야망을 초월해 공명과 조에, 즉 충만한 삶을 추구하며 살아갈 때 우리 앞에

결론
새로운 삶의 길

어떤 변화가 펼쳐지는지를 세상에 알리는 것이었다. 아마 지금쯤이라면 시야가 점점 넓어지면서 우리 앞에 펼쳐질 놀라운 여정을 단편적으로나마 엿볼 수 있게 됐을 것이다.

이 책에 담긴 기본 원칙을 숙지하고 수련과 연습을 꾸준히 실천한다면 자신감이 쌓이면서 기꺼이 두려움과 맞설 수 있게 될 것이다. 직장에서든 일상에서든 신성한 순간을 경험하게 될 것이다. 열정과 용기를 품고 살아가게 될 것이다. 두려움이 엄습하고 자기확신이 흔들릴 때에도 삶의 매 순간 충만하게 살아가려는 의지를 다질 수 있을 것이다.

'내면 근력'을 추구하는 우리의 작은 공동체는 여러분과 함께 앞으로도 진리를 찾는 여정을 계속해나갈 것이다. 어떻게 살아야 하는가, 어떻게 느껴야 하는가, 어떻게 경쟁해야 하는가 하는 질문의 답을 계속해서 탐구해나갈 것이다. 승리와 패배를 뛰어넘어 우리 자신을 다듬어나갈 것이다. 감정이나 스스로 정한 한계에 얽매이지 않고 주위를 가득 채운 아름다움과 풍요로움을 발견해나갈 것이다.

이렇게 살아가는 동안 믿음은 점점 자라날 것이며, 신성한 순간이 계속해서 펼쳐질 것이다. 내면 근력을 수련하여 우승이 달린 1.8 퍼트를 앞두고도 태연한 골프 선수처럼, 위기의 순간에도 흔들림 없는 손과 맑은 정신을 유지할 수 있을 것이다. 어쩌면 조금은 겁이 날 수도 있다. 불편한 데서 평온을 찾는 법을 배우고 피상적인 것에 매달리던 집착을 내려놔야 하기 때문이다. 하지만 그 보상으로 온전히 충만한 삶을 누릴 수 있기에, 그 무엇과도 바꿀 수 없는 가치가 있다.

온 마음을 다해 나와 이 여정을 함께한다면, 우리가 평생 갈망해온 모든 것에 이르는 비밀을 발견하게 될 것이다. 가장 먼저 내면을 성장시키고, 관계를 가꾸어나가라. 그러므로 구하라, 찾으라, 문을 두드리라. 그리하면 문이 열릴 것이다. 내가 보장한다.

결론
새로운 삶의 길

'내면 근력'에 대해
자주 묻는 질문

1   올림픽 금메달을 따거나 세계선수권 우승자가 되거나 높은 성적으로 좋은 대학에 가는 것 말고는 다른 것엔 아무 관심이 없다면, 어떻게 해야 하나요? 그래도 삶의 목적을 분명하게 세우고 사랑, 지혜, 용기에 집중해야 하나요?

무슨 마음인지 충분히 이해한다. 나 또한 인생의 대부분을 그런 마음으로 살아왔다. 오직 성공에만 몰두한 것이다. 우선 답을 하자면 "아니오"다. 꼭 그렇게 해야 하는 건 아니다. 세계선수권대회에서 우승한 사람 중에서도 자기 마음이 무엇을 가장 원하는지, 자신이 왜 성공하고 싶은지에 대해 한 번도 생각해본 적이 없는 사람이 많다. 하지만 자신이 전 세계에서 손꼽을 만큼의 재능을 타고난 데다 누구보다도 더 열심히 노력하는 사람이 아니라면, 지금 가능한 모든 수단을 다 동원해봐야 하지 않을까?

한편 전 세계를 손에 넣었다 한들 자신의 삶이 충만하지 않다면, 그게 다 무슨 소용이 있겠는가? 어쨌든 자신이 가장 원하는 걸 얻고자 노력하고 싶지 않은가? 내가 가진 모든 잠재력을 다 끌어내서 위대한 경험을 하고, 유대감과 소속감을 느끼며 의미 있는 관계를 맺고, 기쁨이 가득한 삶을 살고 싶지 않은가? 게다가 뛰어난 성과마저 챙길 수 있다. 그야말로 사탕 가게 하나를 통째로 손에 넣는 셈이다. 왜 고작해야 올림픽 금메달, 세계선수권 우승자 자리 같은 작은 막대 사탕 하나에 만족하려 하는가? 그걸 얻는다고 해서 진정한 기쁨과 충만감을 누릴 수 있다는 보장도 없다. 하지만 '내면 근력'를 추구하기로 마음먹었다면, 자신이 바라는 모든 걸 손에 넣을 최고의 기회를 확보한 셈이다. 어쩌면 꿈꾸어온 것 이상의 것까지 얻을 수도 있다.

2 압박감 속에서도 실력을 발휘하려면 자신감이 아주 중요하다고 생각합니다. 하지만 어떻게 높은 자신감을 가지면서도 자만하지는 않을 수 있나요?

"내가 얼마나 실력이 좋은지 사람들 앞에서 증명해야 하지 않을까?"라고 생각한다면, 자신감이 부족한 것이다. 내면 근력을 지닌 사람은 자신을 매순간 타인에게 증명할 필요를 느끼지 않는다. 내면 근력을 지닌 사람은 자신 안에 다이아몬드가 있다는 걸 알고 있다. 다이아몬드는 남이 보지 않아도 언제나 빛나고 있다.

대신 우리는 "자신감을 갖는 게 어렵더라도, 나를 믿고 당당하게 행동해야 하지 않을까?"라고 물어야 한다. 스스로 자신감을 북돋아야 한다. 자신감이 높아지길 바라는 마음은 실력을 더 제대로 발휘할 수 있기를 바라는 마음일 것이다. 그 목적을 달성하는 효과적인 방법은 자기인식을 높이는 것이다(3장을 참조하라).

아무리 자신감이 충만하다 하더라도 실력을 온전히 발휘하지 못할 때가 있다. "오늘 느낌이 좋아. 멋진 하루가 될 거야"라고 생각했는데, 뜻대로 일이 잘 풀리지 않았던 적이 몇 번이나 있었는가? 하지만 일시적인 찬사나 우승컵을 넘어 마음 깊은 곳에서 진심으로 간절히 원하는 게 무엇인지 제대로 파악하고 나서 그걸 추구한다면, 게다가 정신과 몸을 훈련해 그 순간에 온전히 몰입하는 법을 익힌다면, 앞으로 훨씬 더 자주 성공을 거둘 수 있다.

3 어떻게 목표를 집요하고 끈질기게 추구하면서도 동시에 결과에 상관없이 만족감을 느끼며 살아갈 수 있을까요? 이 두 가지는 서로 상충하지 않나요?

훌륭한 질문이다. 수많은 프로선수 역시 같은 고민을 한다. 이 질문을 한 독자는 아마도 어려운 목표를 향해 가고 있을 것이다. 그 과정이 쉽지 않기에 간절한 마음으로 이 책을 들었을 것이다.

많은 연구와 경험적 데이터를 종합해봤을 때, 성공한 인물들은 눈앞에 있는 한 번의 승리에 연연하기보다 진정한 배움과 성장을 목표로 나아갔다. 그 과정에서 벽에 부딪힌다고 해도 포기하지 않았다.

3부
내면 근력을 강화하는 6단계

포기하는 게 합리적으로 보이는 상황에서조차 불굴의 의지를 발휘했고 다시 일어섰다. 이들은 수도 없이 시도했고 실패했으며 또 다시 시도한 결과 성공을 이뤘다. 우리가 늘 자신과 결과를 동일시한다면, 실패했을 때 다시 일어나 자신을 믿고 걸음을 뗄 수 있을까? 성공은커녕, 꿈을 꾸는 일조차 접게 될지 모른다. 바로 그런 의미에서 결과에 대한 집착을 내려놓는 일의 중요성을 강조한 것이다. '내면 근력'의 마인드셋에 따라 경쟁 자체를 사랑하며 자신의 잠재력을 믿는다면 당장의 결과와 상관없이 만족감과 기쁨을 느끼며 탁월함을 향해 정진해나갈 수 있다.

나는 이 책에서 독자들에게 자신이 하는 일 자체를 사랑하고 당장의 승리보다는 성장 자체를 목표로 삼으라 말했다. 경쟁 상대를 존중하고, 세상이나 타인의 잣대가 아닌 나만의 관점으로 나아가라고 말했다. 왜냐하면 이것만이 불안과 두려움을 불러일으키는 자기중심성을 내려놓을 길이기 때문이다. 자기확신을 갖고 집중력을 발휘할 길이기 때문이다. 그리고 바로 이것이 탁월함의 경지에 오른 사람들의 비밀이기 때문이다.

한 가지 더 중요한 것이 있다. 탁월함을 목표 삼아 집요하게 노력하는 한편, 결핍에 발목이 잡히지 않아야 한다. 다른 사람의 인정, 명성, 돈, 사회적 지위를 '갈구'하는 마음에 얽매이지 않는 것이다. 자기확신이 생기면 자신의 결핍에 사로잡히지 않으며 더 위대한 꿈을 꾸고, 새로운 지평선을 발견할 수 있다.

4   자아를 내려놓는데, 어떻게 강한 자기확신을 가질 수 있나요?

역설적으로 들리겠지만, 강한 자기확신을 얻는 가장 효과적인 방법은 자신을 온전히 내려놓는 것이다. 삶에서 마주하는 가장 큰 걸림돌은 자기중심성, 즉 에고다. 지나친 자의식과 과도한 분석에 사로잡힐 때, 온전히 통제하지 못하는 걸 간절히 원하며 여기에 집착할 때, 우리는 스스로 길을 가로막는다. 이런 마음에서 스트레스와 불안감, 두려움이 생겨나기 때문이다.

참 자아에 이른다는 건 자신이 영광을 위해 태어난 존재란 사실을 인식하는 일이다. 그 영광은 무한하며, 본래부터 자기 안에 깃든 가치다. 그 영광에 이르려면 자신의 '자아'와 자신을 둘러싼 모든 욕구, 두려움, 근심을 내려놔야 한다. 자아를 넘어선 더 큰 목적에 자신을 내맡겨야 한다. 상상만 해도 경이롭지 않은가? 이런 마인드셋을 갖추면 어떤 상황에서든 연민, 평화, 기쁨을 누릴 수 있다. 우리 내면의 어디에도 결핍이 없기 때문이다. 다른 이들과 깊은 관계를 맺을 수 있고, 그 순간에 온전히 몰입하기가 훨씬 쉬워진다.

5   '내면 근력'은 스포츠심리학과는 어떻게 다른가요?

내가 이 책에서 다룬 시각화나 자기확언, 긴장 완화 훈련 같은 핵심적인 정신 훈련 기술은 스포츠심리학에서 가져온 것이다. '내면 근력'은 스포츠심리학의 장점을 취하면서, 삶을 더 충만하게 살아가는 법에 대해서도 깊이 있게 다룬다. 그리고 정신적 장벽, 두려움, 고통스러운 기억을 근본적으로 해결하는 방법을 제시한다. 마음과 정신을

단련하여 자신이 지닌 잠재력을 끌어내고, 스스로 만든 한계를 넘어
탁월한 성취를 이루게 돕는 심층 훈련인 것이다. '내면 근력'은 전 세계
수많은 이의 삶을 변화시켰다. 이제 이 책을 통해 더 많은 이들이 자신
만의 비범한 성취를 이루게 되길 희망한다.

결론
'내면 근력'에 대해 자주 묻는 질문

나오며

"내 인생은 실패구나."

19세기의 일본 무사 고야마 분파치로는 커다란 실의에 빠졌다. 그가 영위하던 삶이 순식간에 끝났기 때문이었다. 1867년, 수백 년간 이어지던 무사의 시대가 막을 내렸다. 일본 봉건시대에 무사로 살아간다는 건 명예롭고 존경받는 존재가 된다는 뜻이었다. 무사로서 분파치로는 매일 전투와 검술 훈련, 서예와 시, 다도를 수련하고 자신을 이미 죽은 목숨으로 치부하며 나라와 주군에 헌신했다. 그는 평생에 걸쳐 도덕적 지도력과 책임감, 품위를 구현하려 애쓰며 살아가기로 다짐한 터였다. 그런데 이제 그는 고귀하고 힘 있는 지위에서 끌어 내려져 한낱 무력하고 '평범한 인간'이 되었다.

모든 걸 다 바쳐 쟁취한 특권이 하루아침에 사라지자 그의 마음은 버티지 못하고 무너져 내렸다. 삶의 목적이 사라진 곳에서 술만이 그의 유일한 벗이었다. 비록 위로도 연민도 모르는 벗이었지만.

만일 그때 분파치로가 지금 내가 깨달은 진실을 알았다면 어땠을까? 마음에선 온갖 희망과 꿈, 두려움과 불안이 피어났다가 사그라진다. 바로 이 마음에서 강한 정신이 탄생하고 내면의 힘이 솟아난다. 그런데 자기 자신도 어쩌지 못하는, 덧없는 무언가에 마음을 기댄다면 인생은 부평초처럼 이리저리 흔들릴 수밖에 없다. 분파치로는 자신의 모든 가치를 무사의 역할에 걸었기에, 그 역할을 잃는 순간 모든 걸 잃고 말았다.

이 책을 읽으면서 자기 마음을 깊이 들여다보았을 것이다. 모든 사람은 각자 마음속에 깊은 만족과 기쁨, 자기확신을 얻을 힘을 품고 있다. 그리고 그 힘을 발견하기 위해 자신을 수련하고 단련하는 것보다 더 중요한 일은 없다. 수십억 원을 벌거나 바다가 내려다보이는 집에 산다고 해서 내 안의 가장 원대한 꿈이 실현되지는 않는다. 보통 꿈이라 말하는 건 무언가를 갖게 됐을 때 어떤 기분이 들리라는 '기대'에 불과하다. 자신이 얼마나 성공했는지에 대해 남들이 칭찬하는 모습을 상상하며 행복해할 수도 있다. 바닷가 집에 친구들을 초대해 함께 멋진 시간을 보낼 수 있을지도 모른다. 하지만 꼭 그렇게 되리라는 보장은 없다. 잘 생각해보면, 우리가 '진심'으로 바라는 건 실은 돈이나 물질적 소유가 아니다.

자기 마음 깊은 곳을 찬찬히 들여다보기만 한다면 누구나 진실로 원하는 걸 발견할 수 있다. 그건 분명 온갖 형태의 성공을 갈구하는 욕망을 넘어서는 것이리라. 바로 진정으로 살아 있음을 느끼면서 삶을 생명력과 목적과 의미로 가득 채우는 것, 즉 생을 온전히 충만하

나오며

게 살아가는 일이다. 어쩌면 우리는 스스로 의식하지 못한 채 이 온전한 충만감을 찾아 기나긴 시간을 헤매었는지도 모른다. 누구나 마음을 가득 채우는 깊이 있는 경험을 하고, 의미 있는 관계를 맺고 싶어 한다. 누구도 매 순간 두려움에 움츠러들어 살고 싶지 않다. 용기 있게 나서서 배우고 성장하며 내 용기로 다른 사람의 삶까지 두려움 없이 밝혀주고 싶다는 소망을 품는다. 누구나 마음속엔 이렇게 살아갈 힘이 잠재해 있다. 다만 성공의 상징만을 좇는 함정에 너무나 쉽게 빠진 나머지 정작 중요한 걸 놓치게 될 뿐이다. 분주함에 휘말리는 바람에 진정으로 원하는 게 무엇인지 잊어버린다. 두려움 없이 참된 자신을 찾아 성장하는 길로 곧장 나아가는 대신 덧없는 허상을 좇아다니다 공허의 덫에 걸려버린다.

성장하는 길로 곧장 나아가려면 새로운 마인드셋과 새로운 기술이 필요한데, '내면 근력'이 도움이 되기를 바란다. 이 길을 따를 때 내면의 힘을 키우고, 마음의 평온과 자기확신을 손에 넣을 수 있으며, 삶이 펼쳐놓는 여러 자질구레한 상황에 이리저리 휘둘리지 않을 수 있다. 그러려면 우리 마음이 향하는 진로를 재조정하는 한편 성공의 의미를 다시 정의 내려야 한다. 즉, 감정이나 상태에 얽매이는 게 아니라 한층 굳건하고 견고한 무언가에 가치를 두고 우리 삶을 재단하는 사회의 기준에서 벗어나야 한다는 뜻이다. 우리는 앞서 극한의 압박감 속에서도 탁월한 역량을 발휘하는 법을 배웠다. 깊은 만족과 기쁨, 자기 확신을 느끼며 살아가는 법도 이제 알 것이다.

분파치로의 아들 고야마 요시타카는 한때 위대한 무사였던 자기 아버지가 빛나던 지위를 잃고 알코올중독자로 몰락하는 모습을 옆에서 지켜보았다. 요시타카는 아버지가 자기 정체성을 스스로 통제하지 못하는 어떤 것, 즉 사회적 지위에 맡겨두었다는 사실을 깨달았다. 아들은 자기 삶을 들여다보며 자신이 진심으로 무엇을 바라는지, 인생에서 가장 중요한 게 무엇인지 깊이 고민했다. 오랜 시간 끝에 요시타카는 자신이 욕망하는 게 권력이나 특권이 아닌, 삶을 온전히 충만하게 사는 일이란 사실을 깨달았다. 이후 요시타카의 인생은 타인에게 힘을 행사하는 데서 타인에게 힘을 실어주는 방향으로 길을 틀었다. 그 길의 끝에서 요시타카는 깊은 만족과 기쁨, 자기확신을 누리며 남과 다른 비범한 삶을 살 수 있었다.

이 책은 요시타카의 증손자가 쓴 것이다.

감사의 말

탁월한 삶을 함께 추구하고자 나를 자기 삶으로 초대해준, 모든 세계 최고 수준의 운동선수와 지도자에게 진심으로 감사한다.

특히 2003년 나를 사막으로 초대해 이 놀라운 여정을 시작할 수 있도록 도와준, 프로 시절의 동료이자 룸메이트였던 리키 스크러그스에게 깊은 감사를 전한다. 덕분에 의미 있는 삶을 향해 도전할 수 있었다. 이 책에 담긴 많은 생각은 리키와 함께 나눈, 헤아릴 수 없을 만큼 많은 대화에서 탄생했다.

또한 다음 분들에게도 감사드린다. 밴쿠버에서 만난, 나의 첫 편집자 너태샤 매카트니는 이제 막 글쓰기를 시작한 초보 작가를 위해 자기 시간과 에너지, 재능을 헌신적으로 나눠주었다. 너태샤, 당신은 신이 내게 주신 선물 같았어요. 편집자 제임스 카펜터는 『내면 근력』의 개정판을 더 간결하고 강력하게 다듬는 데 큰 도움을 줬다. 내 출판 대리인인 리타 로즌크랜츠는 초판의 편집을 도와주고, 맥그로힐 출판사와 연결해줬다. 개정판을 편집하는 데도 손을 빌려줬다.

운동선수 라이언 도드와 스튜어트 싱크는 최고의 역량을 키우고 충만한 삶을 추구하는 여정에 대해 수없이 깊은 대화를 나누어줬다. 올림픽 출전 선수 헤더 브랜드는 초판을 작업할 때 큰 도움을 줬다. 헤더의 통찰력과 조언, 지원은 놀라운 선물이었다. 훌륭한 친구로서 초기 독자 역할을 맡아준 제이미 오즈번, 리즈 라비뷰, 리키 스크러그스, 코니 가이어, 디 톰프슨에게도 고마움을 전한다. 또한 편집을 담당해준 스테이시 셰이니펠트에게도 고맙다. 파올라 사무디오는 『내면 근력』의 초판을 에스파냐어로 훌륭하게 번역해줬다. 데이비드 벤톨은 몇 년 전 기독교인 스포츠심리학자를 찾다가 나를 고용해줬다. 가장 필요한 이들에게 '내면 근력'을 전하려고 그와 함께 노력한 시간 동안 나는 놀라운 경험을 했으며, 깊고 의미 있는 관계를 맺을 수 있었다. PGA 투어 캐디이자 코치인 주드 오라일리는 내게 헨리크 스텐손을 소개해줬다. 또한 수많은 PGA 투어 캐디에게도 감사의 마음을 전한다. 특히 브랜던 파슨스, 테디 스콧, 마크 카렌스, 존 우드에게 감사드린다. 바이오해킹을 연구하면서 관련 기법과 착상을 나와 공유해준 개스턴 코도바 박사에게도 감사를 표한다.

그리고 다음 분들에게도 감사의 인사를 전하고 싶다. 샌프란시스코 자이언츠의 정신력 코치 데린 맥메인스와 전 시애틀 매리너스의 정신력 코치 잭 커티스 박사, 콜로라도 로키스 소속의 론 스베티치, 메이저리그의 감독이자 코치 톰 트레벨혼과는 수없이 많은 대화를 나누었다. 캘 보터릴 박사, 데이비드 코펄 박사, 켄 라비자 박사, 짐 바우먼

감사의 말

박사, 짐 로어 박사, 맷 브라운 박사를 비롯해 지혜와 통찰을 나누어준 수많은 스포츠심리학자에게도 감사드린다. 티머시 켈러 박사, 대럴 존슨 박사, 댈러스 윌러드 박사는 그 놀라운 구상과 착상으로 그 어떤 스승보다 내 삶에 큰 영향을 미쳤다.

이 책을 쓸 때 도움을 준 모든 네이비실 대원과 회사 경영진, 운동선수, 코치 들에게도 감사드린다. 리처드 로페즈, 조너선 마이클과는 탁월함과 충만한 삶을 추구하는 방법에 대해서 수없이 많은 대화를 나누었다. 내 첫 PGA 고객인 헨리크 스텐손은 기꺼이 2011년 가을 PGA 투어에 나를 소개해줬다. 조슈아 메드캐프는 작가로서의 경험과 통찰을 나누어줬다.

2007년과 2008년, 브리티시콜럼비아대학교의 남녀 골프팀은 용기 있는 삶에 대한 영감을 불어넣고 헌신을 몸소 보여줬다. 루이스 고든 퓨에게도 감사한다. 우리가 모두 자신을 넘어선 강력한 목적을 찾고 그 목적에 삶을 헌신할 수 있도록 영감을 불어넣어줬다. 북미 전역의 후터파공동체에, 특히 제임스밸리공동체와 워든공동체에 감사의 마음을 전한다. 지난 37년 동안 나를 따뜻하게 맞아주고, 신의 사랑을 나누어줬다. 내가 공동체에 머물며 글을 쓸 수 있게 해주고, 그들의 놀라운 삶의 방식을 경험할 수 있게 허락해줬다.

부모님께서 평생 베풀어주신 사랑과 인도, 이 책의 초판을 읽고 남겨주신 감상에 감사한 마음을 전한다. 우리 형제 데이브와 패트, 마이크와 큰 영감을 준 누나 나오미에게도 고맙다. 마지막으로 무엇보다도 내게 베푸신 큰 축복에 대해 신께 감사드린다.

지은이 **짐 머피**

함께하는 선수마다 생애 최고의 커리어 하이를 만들어주는 멘탈 코치. 아마존 종합 베스트셀러 1위,《뉴욕 타임스》베스트셀러 1위 작가이자 마인드셋, 행동 변화 분야에서 가장 주목받는 전문가다.

브리티시콜롬비아대학교에서 코칭 과학을 연구하며 석사 학위를 받았다. 이후 메이저리그 텍사스 레인저스팀의 코치와 남아프리카공화국 올림픽 대표팀 코치를 역임했으며, 현재는 세계 정상급 선수와 기업 리더들의 멘탈 코치로 활동하고 있다.

저자가 구축한 '내면 근력Inner Excellence' 훈련은 올림픽 금메달리스트 골프 선수 넬리 코다부터 세계 신기록을 세운 스키점프 선수 라이언 도드, 타이거 우즈의 코치 매트 킬렌 등 여러 분야의 프로들에게 '인생을 완전히 바꾼 수련법'으로 손꼽힌다. 내면의 변화를 통해 탁월한 성취를 끌어내는 이 훈련은 테슬라 모터스부터 타코벨과 피자헛, 유나이티드 캐피탈 등 유수의 기업들까지 채택하고 있다.

『내면 근력』은 2009년 처음 출판된 이후 영국, 프랑스, 독일 등 27개국에 번역 출간되었으며, 전 세계에서 75만 부 이상 판매되었다.

옮긴이 지여울

한양대학교 토목환경공학과를 졸업하고 토목 설계 회사에서 일하다가 현재는 출판 전문 번역가로 일하고 있다. 『열다섯이 여든에게 묻다』, 『가장 오래 살아남은 것들을 향한 탐험』, 『커브볼은 왜 휘어지는가?』, 『실존주의자로 사는 법』, 『진리의 발견』 등을 우리말로 옮겼다.

내면 근력
결국 멘탈 게임이다

펴낸날 초판 1쇄 2026년 4월 26일
　　　　초판 4쇄 2026년 5월 11일
지은이 짐 머피
옮긴이 지여울
펴낸이 이주애, 홍영완
편집장 최혜리 편집 홍은비 디자인 박정원 마케팅 김준영 해외기획 정수림
펴낸곳 (주)윌북 출판등록 제 2006-000017호
주소 서울특별시 마포구 동교로19길 28
홈페이지 willbookspub.com 전화 02-323-3777 팩스 02-323-3778
블로그 blog.naver.com/willbooks X(트위터) @onwillbooks 인스타그램 @willbooks_pub
ISBN 979-11-5581-922-7(03190)